FOLIO BIOGRAPHIES
collection dirigée par
GÉRARD DE CORTANZE

Calvin

par

Jean-Luc Mouton

Gallimard

Crédits photographiques :

1,12 : The Art Archive / G. Dagli Orti . 2 : Noyon, musée du Noyonnais. 3, 11 : Noyon, musée Jean Calvin / S.H.P.F. 4 : Bridgeman Giraudon. 5 : Archives Gallimard. 6 : C. et V. Blatt / Lightmotif. 7 : Jean-Luc Mouton. 8 : Genève, musée International de la Réforme. 9 : Noyon, musée Jean Calvin – E. Moulic / Faculté de théologie protestante, Paris. 10 : Noyon, musée Jean Calvin. 13 : Noyon, musée Jean Calvin – E. Moulic / S.H.P.F.

© Éditions Gallimard, 2009.

Après avoir suivi une formation de juriste, de théologien et de journaliste politique, et exercé diverses missions dans le protestantisme — il a été responsable national des Éclaireurs unionistes de France et aumônier universitaire à Strasbourg —, Jean-Luc Mouton se consacre depuis une vingtaine d'années à la presse écrite nationale. Ancien chef du service politique au quotidien *La Croix*, il a collaboré à de nombreuses émissions de radio, en particulier sur France Culture où il a animé une rencontre culturelle et religieuse hebdomadaire. Il est actuellement directeur de l'hebdomadaire protestant *Réforme*.

Préface

27 mai 1564. En ce début d'après-midi, quelques personnes s'avancent sous le soleil printanier vers le cimetière de Plainpalais, aux abords de la ville de Genève. Dignes, mais visiblement affectées, elles s'approchent d'une large fosse de terre fraîchement retournée. De ce petit groupe émergent les silhouettes de Théodore de Bèze, le successeur et confident, Antoine, le frère du défunt, Marie, sa sœur et quelques intimes. La foule des anonymes ne participe pas à l'événement. Pas de cérémonie. Pas de discours. Pas d'hymnes. La fosse commune est ouverte, béante, devant le petit cercle. Lentement, sans un mot, le corps du défunt est porté en terre. Il repose là, entouré d'un simple linceul. Sans cercueil, simplement cousu dans un drap de grosse toile. Il n'y aura ni tombe, ni pierre tombale, ni aucun signe visible. Aucun lieu de mémoire... L'homme que l'on porte ainsi en terre s'appelle Jean Calvin.

Celui que l'on considère parfois comme le fondateur d'une nouvelle civilisation venait d'être porté en sa dernière demeure selon les strictes ordonnances ecclésiastiques décidées en 1541 par la Compagnie des pasteurs de Genève. L'ancien monde, l'unité de la chrétienté venaient peut-être de se fissurer irrémédiablement, la société qui émergeait ne serait plus jamais tout à fait la même : il en était l'auteur et le principal responsable. Il le percevait. Il se savait « choisi et envoyé », mais rien ne devait le distinguer des autres mortels. Tout était don et grâce reçue. Radicalement. Définitivement. Une existence qu'il voulait totalement tendue vers un seul labeur : « Porter et annoncer la vérité de l'Évangile ». Une vie pleine et saturée d'événements marquants qu'il voulait radicalement marquée par le sceau de la non-appartenance à soi.

Quelle que fut la vie de cet homme, sa mort seule impose un certain respect. Le sentiment diffus d'une personnalité d'une force de conviction et d'un radicalisme hors du commun.

Et pourtant... Une véritable calamité aux yeux de l'histoire que ce Jean Calvin ! Contesté, vilipendé, caricaturé. Que n'a-t-on écrit et professé sur le réformateur de Genève...

Visage émacié, regard de fer, teint jaunâtre à l'image des affections biliaires et migraineuses dont il souffrait... Il est peu de dire que les images posthumes du grand maître de la Réforme ne lui ont pas rendu service. Les joues glabres, la peau diaphane, les yeux cernés par des veilles prolongées. À peine devine-t-on un corps chétif et malingre. Un collier de barbe soigneusement effilé tombe en arrondi sur le col fermé. Front studieux, regard de braise : un nerveux, doublé d'un intellectuel. À grand-peine, l'idée d'une sobriété recherchée est suggérée dans ces rares portraits posthumes qui le montrent le chef recouvert d'une coiffe d'une élégante simplicité.

Qu'attendre d'un tel visage froid et plutôt dur, sinon quelques solides inquiétudes ? Calvin n'est-il pas celui qui a commandité l'exécution de Michel Servet ? N'est-ce pas lui qui a formulé cette sinistre doctrine de la double prédestination qui semble sceller pour éternité le sort de tout un chacun ?

Calvin lui-même n'a jamais nié une certaine raideur : « J'ai eu beaucoup d'infirmités [...] mais [...] mon intention était bonne et mes vices m'ont toujours déplu[1*] », explique-t-il au soir de sa vie. Mais s'il accepte d'être jugé, c'est moins selon ses défauts personnels ou ses qualités, qu'il feignait de considérer comme quantité négligeable, que selon sa fidélité à la vocation qu'il s'était tracée : donner un « écho vigoureux » de la parole divine. Calvin appartient à une génération convaincue d'avoir retrouvé le texte biblique et son message dans sa pureté originelle. Rien ne devait pouvoir le détourner de cette vocation sacrée. D'où les combats, les coups, la véhémence de ses joutes d'intellectuels, les débats vitupérant contre toutes les dérives, portés de part et d'autre de l'échiquier confessionnel. Ses attaques contre Rome et la papauté et ses dérives « superstitieuses » n'ont d'égales que ses emportements contre les « séditieux et les illuminés » issus des courants anabaptistes. Ses adversaires, tant du côté catholique que protestant et luthérien, ne l'ont pas non plus ménagé.

---

* Les notes bibliographiques sont regroupées en fin de volume p. 387.

Une mauvaise image qui ne reflète en réalité que l'écho encore intense des débats que la Réforme calvinienne a provoqués au XVIe siècle. Polémique avec l'Église catholique qui devait se prolonger par les « guerres de Religion », affecter durablement l'histoire religieuse et l'histoire tout court de l'Europe entière, et laisser en France d'incoercibles traces. Mais incessantes querelles aussi au sein même du protestantisme naissant. Calvin ne fut certes pas étranger aux outrances verbales envers ses coreligionnaires accusés de promouvoir l'erreur ou la confusion en lieu et place du « véritable évangile ». Toujours est-il que la littérature polémiste luthérienne a largement contribué au discrédit dont on accable généralement Calvin. Les historiographes et les théologiens allemands n'ont pas peu contribué à l'image détestable du Réformateur. Hostilité qui, du reste, finit par déborder le cadre du christianisme pour s'enrichir encore au contact du camp laïque et positiviste dans la France du XIXe siècle. Témoin ces innombrables rues ou avenues Michel Servet, du nom du malheureux théologien, condamné au bûcher à Genève sous l'autorité de Calvin... Comme un reproche et une condamnation toujours vivante d'un Calvin, modèle d'intolérance et de fanatisme religieux. Jusqu'à l'invraisemblable amalgame suggéré par le livre de Stefan Zweig[2] à la veille de la Seconde Guerre mondiale décrivant un Calvin triste et cruel, chef d'une « Gestapo des mœurs » dont la terreur théocratique stérilisera Genève des siècles durant. Un horrible Calvin qui prend pour Zweig les contours d'un national-socialisme d'avant-garde qu'il oppose à un formidable Castellion, « homme le plus savant de son époque », humaniste érudit qui, sans fortune ni armée, s'élèvera seul contre « la violence de Calvin ». Un Castellion, avouons-le sans ambages, bien plus moderne que Calvin en ce qui concerne la tolérance et le droit à la liberté de pensée. C'est ce même Castellion qui, au moment où Calvin, victime consentante d'un siècle d'une inhumanité furieuse et meurtrière, laisse Servet aller au bûcher, s'écrie : « Tuer un homme, ce n'est pas supprimer une hérésie, c'est tuer un homme. » Admirable formule qui demeure cependant l'exception au cœur d'une Renaissance empreinte d'autant de lumières, d'humanisme naissant que de violences et de barbaries.

Conter la vie de Calvin revient à reprendre le fil d'un procès qui a débuté de son vivant et s'est développé sitôt son décès connu. C'est ainsi que le travail de ses premiers biographes, Théodore de Bèze, son successeur à Genève, et Nicolas Colladon, en porte indubitablement la marque. Et cette trace affecte directement la connaissance que nous avons de Calvin. Ou, plutôt, que nous n'avons pas.

Nicolas Colladon s'est attaché très longuement à réfuter les allégations mensongères de ses adversaires montrant Calvin sous les traits d'un « être charnel, égocentrique et replié sur lui-même, voué à la seule satisfaction de ses désirs mondains, de sa volonté de briller et de dominer ». La démonstration de ses affidés se devait de révéler un Calvin sobre, affable et dénué de toute passion humaine. Ni ambitieux ni avare, un homme qui n'a pas vécu pour lui-même et toujours chastement. Un homme d'une « médiocrité louable » qui mangeait peu, dormait encore moins, mais vivait en « s'oubliant soy-mesme pour servir à Dieu et au prochain ». Mieux, si Nicolas Colladon s'est résolu à écrire une biographie du Réformateur, c'est comme à regret. Il fallait bien rendre justice au maître contre les fausses rumeurs et calomnies qui circulaient sur son compte mais, en même temps, il fallait que soit transmise cette « vérité » sur Calvin : la propre personne du Réformateur importe peu, seule compte la « mémoire de sa doctrine », celle qui consiste à accroître la « gloire de Dieu ». La vie de Calvin devait être la narration d'une vie offerte à Dieu, un témoignage rendu à la certitude de l'infinie miséricorde de Dieu. Et ainsi devait disparaître l'existence même d'un homme, ses passions, ses enthousiasmes, ses déchirements ou ses peurs derrière la présence du Seul qui devait être craint et aimé, Dieu révélé dans l'Écriture. C'est dans la préface qu'il rédige tardivement de son commentaire du livre des Psaumes que Calvin évoque le plus directement et précisément son itinéraire et le moment qu'il veut décisif de sa vie : sa conversion. Mais cet événement intime qui oriente le cours même de sa vie n'est pas raconté sous la forme d'une histoire personnelle. Il s'agit bien plutôt de situer le moment de sa conversion dans la lignée des retournements des grands prophètes de la Bible. La faiblesse, l'aveuglement et les résistances humaines ne sauraient venir à bout de la volonté du Seigneur de se choisir des témoins de son amour parmi les hommes. Calvin affiche cette seule certitude directrice, celle d'avoir été appelé. Comme les témoins des temps bibliques, à leur exemple et lié à leur histoire, Calvin conte son cheminement vers Dieu dans le seul but d'édifier et d'encourager ses lecteurs à se « tourner vers Dieu[3] ».

Le Réformateur semble de fait avoir dressé nombre d'obstacles pour qui tenterait d'en savoir un peu plus sur sa personne, sa vie intérieure ou son intimité. Un désir puissant d'anonymat que l'on ne peut séparer de la logique théologique de l'absolue souveraineté de Dieu qu'il professait. Être à Dieu revient, en effet, dans le discours de Calvin, à être comme absent à soi-même pour être entièrement dépendant de la grâce de Dieu. Calvin se voulait la sentinelle et le témoin privilégié de Dieu dans l'histoire du monde à laquelle il participait. Le « moi » de la rhétorique employée par Calvin dans ses multiples écrits n'engageait donc pas le sujet parlant, mais participait du seul service de Dieu. L'emploi même du « je » dans les commentaires bibliques se veut guidé par la négation de soi au profit de la seule affirmation de la volonté divine. Calvin se laisse découvrir au fond comme l'être absent de la pensée calvinienne. Un déni de soi que le maître de Genève a poussé aussi loin qu'il le pouvait. Il a demandé lui-même à être enterré dans une fosse commune et anonyme afin que nul ne s'avise de lui rendre quelque culte du souvenir que ce soit. Si un tel déni de soi ne peut emporter l'adhésion, il force malgré tout un certain respect. Une telle puissance de conviction et de fermeté n'est pas vraiment si courante.

Plus étonnant, encore, on ne connaît quasiment pas de portrait peints ou de gravure de son vivant. Un seul tableau, qui le révèle d'ailleurs moins froid et austère que d'autres plus tardifs, semble avoir échappé à sa vigilance.

Mais cette volonté d'effacement a produit d'autres effets que ceux escomptés. Impossible de ne pas pressentir que cette absence à soi a nourri la mauvaise image de ce Calvin au visage émacié, distant et d'une austérité glaciale. Une glace que le Réformateur semble ne jamais avoir voulu rompre, alors qu'on le devine si facilement boulimique, travailleur acharné, emporté par une verve et une qualité d'écriture uniques. Parole inlassable, active et vive à lire ses traités, ses innombrables lettres et ses terribles polémiques. Un oubli de soi qui peine à masquer l'être de feu et de passion qu'il devait être. Il mène toute sa vie une sorte de guerre à outrance contre les papistes, les anabaptistes hérétiques, les libertins spirituels... avec une verve plutôt réjouissante, une fougue, ce que d'aucuns appellent une « logique d'exécration » époustouflante. Très loin de toute image aussi pieuse que mièvre, il est entier, combattant, passionnément vivant jusqu'à son dernier souffle. Une manière d'être qui déborde de toutes parts l'homme caché et « amolli » qu'il affectait de paraître. Le « je » que le Réformateur a voulu enfouir ne cesse au fond de se dévoiler dans toute sa force et son énergie mystérieuse dans ses textes.

Certes, quand il s'exprime en chaire, il se veut le porte-parole de Dieu, quand il s'adresse au Magistrat, c'est au nom de la Compagnie des pasteurs et de l'Évangile. Idem pour les correspondants de toute l'Europe, ou quand il rédige des libellés ou des traités… C'est toujours en tant qu'enseignant de la vérité de Dieu qu'il agit. Il est, affirme-t-il, simple instrument de la gloire de Dieu. Mais il est en réalité beaucoup plus qu'il ne veut bien l'admettre. Calvin vit et se mobilise dans la parfaite conscience d'être un acteur de Dieu. Un acteur profondément engagé et responsable dans le grand théâtre du monde. Les scènes de sa propre vie, celles de ses amis ou ennemis sont transformées en autant d'événements déterminants pour l'à-venir de Dieu et celui du monde. Conscience imprégnée du sentiment d'une tragédie qui se jouait sous ses yeux et dont il était l'acteur, sinon principal, du moins privilégié. Ses hésitations sur la conduite à tenir face aux progrès de la Réforme en France dans les dernières années du XVIᵉ siècle en portent indirectement témoignage. Fallait-il composer, accepter un compromis qui aurait assuré paix et sécurité aux religionnaires de France ? Ou attendre un renversement, une libération définitive des anciens enfermements, l'avènement des temps nouveaux promis par Dieu lui-même ? Calvin a conscience d'un basculement possible du monde qu'il s'emploie à porter de toute son espérance, mais surtout par toute la puissance et la permanence de sa parole. Une parole qui frappe par son omniprésence et sa force. Il correspond sans relâche avec tout ce que l'Europe compte d'autorités intellectuelles, spirituelles ou politiques. Il écrit et dicte ses lettres jusqu'à l'épuisement. Les traduit lui-même du français en latin et *vice versa*.

Suit et commente les événements du temps. Intervient sur tous les sujets qu'on lui soumet ou dont il entend se mêler, des plus anodins aux plus déterminants. Prêche cinq ou six fois par semaine, deux fois le dimanche. On le porte en chaire à la fin de sa vie alors qu'il ne quitte sa couche que pour cet office.

La biographie de Calvin s'avère tout le contraire de ce qu'elle prétend donner à comprendre. Certes, l'essentiel est bien pour le Réformateur le témoignage rendu à l'unique gloire de Dieu, il se veut, tel qu'il se décrit dans une lettre à la duchesse Renée de Ferrare, « un fort inutile serviteur de l'Église[*] ». Mais loin de l'humilité et de l'effacement affiché, Jean Calvin se révèle traversé par une exubérance, une puissance évocatrice et un engagement hors de tout entendement. Sa vie n'est pas sombre, sobre, austère et taciturne, mais remplie de couleurs vives, de saveurs et d'expressions viriles et rudes telles que le XVIe siècle nous les a

---

[*] *Opera Calvini*, correspondances. *Ioannis Calvini opera quae supersunt omnia*. Ces « œuvres de Calvin » seront abondamment citées dans le présent ouvrage. L'édition des *Opera Calvini* consiste en une œuvre de 59 volumes édité par G. Baum, E. Cunitz, et E. Reuss qui ont travaillé à cette mise en forme et publication durant la période qui va de 1863 à 1900. Une époque où le renouveau véritable des études consacrées à Calvin, après des années de silence, s'est fait jour. On peut trouver de même un grand nombre de textes de Calvin dans *Les Œuvres françaises de J. Calvin recueillies pour la première fois, précédée de sa Vie par Théodore de Bèze et d'une notice bibliographique*, éd. P.-L. Jacob [Lacour], Paris, Ch. Gosselin. Le *Recueil des opuscules des œuvres en français* mis en forme par Max Engammare à Genève, en 1566, est aujourd'hui disponible en CD-Rom. Depuis mars 2006, on peut consulter les *Opera Calvini* via *Calvini opera database*, un DVD qui a été édité par The Institute for Reformation Research sous la direction de Herman J. Selderhuis. Les *Œuvres françaises de J. Calvin* et une partie des *Opera Calvini* sont aujourd'hui accessibles sur le Web, site Gallica de la Bibliothèque nationale de France (BNF) et sur *Calames*, catalogue en ligne des archives de l'Enseignement supérieur. Les manuscrits appartiennent à la Bibliothèque nationale et universitaire de Strasbourg.

léguées. Très loin de « l'austère qui se marre », il n'est que passions intellectuelles, tumultes et emportements au service de ce qu'il discerne comme l'essentiel de Dieu. Il n'est pas l'humble et insignifiant serviteur qu'il affecte d'être, mais un maître spirituel soulevant les oripeaux d'un monde en train de disparaître, l'acteur conscient de jouer au cœur du théâtre du monde une pièce décisive, le prophète à l'image de ceux des grandes figures du Premier Testament, Moïse, Josué, Job, David… qu'il a pleinement conscience d'incarner dans sa fonction de théologien.

Il est difficile aujourd'hui d'imaginer ce que fut ce combat contre tous les ordres de ce monde du XVIᵉ siècle. Les périls, les persécutions, les exécutions sont le lot quotidien de ses interlocuteurs français. Calvin donne parfois le sentiment de développer une pensée traquée, enfermée et en même temps usant de la dernière énergie pour refuser la fatalité d'un recul ou d'une extinction du message évangélique. La permanence des dangers qui affectent tous ceux qui ont embrassé la Réforme est un poids qui ne s'allège jamais pour lui. D'où sa véhémence, ses condamnations sans appel. Comme si l'irruption du message évangélique avait engendré un mouvement de rénovation du monde qui dépassait par son ampleur et ses conséquences ce qu'avaient imaginé les réformateurs. Comme Luther, paniqué face à la révolte des paysans qu'il laissa férocement réprimer, Calvin, agressé et attaqué de toutes parts, réserve ses condamnations les plus définitives aux anabaptistes coupables à ses yeux d'un radicalisme qui menaçait directement l'équilibre du monde et son ordre. Comme si Luther et Calvin, à son tour, s'étaient trouvés dans l'impossibilité de penser et d'appréhender dans toute son ampleur le mouvement que la Réforme avait déclenché. La question qui semble hanter Calvin est bien celle de l'élection. Si Dieu nous a attirés à lui par sa seule bonté, explique-t-il, la question demeure du : « Pourquoy est-ce que je suis des éleus ? Pourquoy Dieu m'a-t-il choisi à soy[4] ? » Une interrogation qui ne devait pas, selon lui, rester sans réponse. Cette conscience de la bonté de Dieu envers soi doit en réponse déterminer une glorification de Dieu, un don de soi à Dieu, à son service et auprès des autres. Mais pour quelle mission ? Et jusqu'où ?

Pour Calvin, ce combat devait être total. Il fut, de fait, en réponse à ce qu'il estimait être l'acte déterminant de la bonté de Dieu tournée vers lui un immense lutteur de Dieu. Un homme rempli de véhémence et de violence contre ce qu'il estimait être un « gouffre sans fond », la recherche de Dieu « en détresse et fâcherie » en « doute et feintise » et non pas en assurance. Un lutteur pris dans la tourmente du message qu'il avait déclenché, entre force, assurance et haine contre ce qu'il jugeait détourner le monde des hommes de son unique fin, l'amour et la glorification du Dieu biblique. Une haine qui le conduira à mener un combat sans limites contre l'impureté, celle des actes de chair ou celle d'une parole fausse. Souillure qu'il attribuait au pouvoir de « Satan » et pensait toujours menaçante et prompte à resurgir, se faisant prophète d'un Dieu qui ne tolère aucun écart, qui ne transige pas et rejette ceux qui altèrent sa gloire. Une théologie que l'on peut juger aujourd'hui, à la fois féconde et datée, libre et entravée.

La réponse de Calvin au sens de la mission qu'il pensait avoir reçue de Dieu n'est assurément plus audible telle quelle par l'homme contemporain. Cette manière de défendre les droits de Dieu, Sa dignité ou Sa gloire, fût-ce au détriment de la vie de personnes humaines, ne peut être acceptée. « Tuer un homme [coupable d'hérésie], ce n'est pas éradiquer l'hérésie, mais tuer un homme[5] », Castellion a radicalement raison contre Calvin. Le réformateur de Genève ne sut ni ne put entendre cet argument. Son combat n'était pas celui des droits de l'homme, ni même celui de la liberté de conscience qui viendront bien plus tard au cœur des réformés. Lui, était envahi, hanté par l'imminence du procès et du jugement porté sur le monde ancien dominé et écrasé par une religion de superstition, de manipulations et d'esclavage. Une entreprise de libération de l'histoire des hommes que rien ni personne ne devait entraver. Ni contester. Au risque de s'y perdre.

Reste pourtant qu'aujourd'hui plus de quatre-vingts millions de personnes dans le monde se réclament très directement de la doctrine réformée. Sans évoquer l'influence considérable du calvinisme dans le nord de l'Europe et dans le monde anglo-saxon. La théologie de Calvin obtiendra une fortune immense aux États-Unis à la suite des puritains et des mouvements religieux protestants, tous ou presque, issus de la tradition réformée initiée par le réformateur de Genève. De là à considérer Calvin comme l'inventeur d'une civilisation ? Pourquoi pas ?

En soulignant fortement la participation du travail de l'homme à l'œuvre de Dieu, Calvin a conféré au travail une dignité et une valeur spirituelles qu'il n'avait ni dans la scolastique ni, à plus forte raison, dans l'Antiquité. Nul doute que cette révolution-là ait pu avoir d'immenses répercussions dans le développement économique des sociétés européennes influencées par le calvinisme. Notamment parce qu'il ouvrait la voie à la spécialisation et à la naissance d'emplois nouveaux, une des grandes lois du monde industriel.

Cette nouvelle image de Dieu, proposée par Calvin, celle d'un Dieu actif et suscitant par son appel la même activité chez les humains, entraîne une modification de l'échelle des valeurs et une valorisation extrême du travail. Calvin met en avant l'action qui découle de la foi. Il manifeste également un grand intérêt pour la vie économique et sociale : l'Écriture, sans fournir un modèle d'organisation sociale, livre des repères éthiques utiles à l'organisation de la société des hommes. Comme l'a souligné l'historien du protestantisme, Émile-Guillaume Léonard[6], le calvinisme crée un type d'homme et développe une civilisation entière : non seulement la religion concerne toute la vie — économique, professionnelle, familiale —, mais tout doit concourir à la gloire de Dieu. On trouve dans le calvinisme une insistance particulière sur la nécessité de la sanctification, de l'obligation, pour le chrétien, de manifester sa régénération par des œuvres, de témoigner de l'amour divin en menant une vie exemplaire consacrée à manifester la gloire de Dieu sur terre. Pour Calvin, parmi les vivants de ce monde, c'est le travailleur qui est le plus semblable à Dieu.

Sans oublier, sur un tout autre plan, qu'il n'y aurait eu ni Descartes ni Kant sans Calvin. Jean-Jacques Rousseau lui-même note dans le *Contrat social* que « ceux qui ne considèrent Calvin que comme théologien connaissent mal l'étendue de son génie[7] ». C'est une manière de souligner les implications pratiques, sociales, politiques ou culturelles des mutations théologiques introduites par Calvin et leur contribution à l'évolution du comportement des hommes. De même, l'une des sources de l'esprit critique moderne est certainement l'accent mis par les réformateurs sur la lecture personnelle. Comment ne pas mentionner aussi l'importance de cette idée d'alliance avec Dieu qui est devenue en quelque sorte le modèle du contrat politique et social, sinon conjugal ?

Calvin et les réformateurs ont d'une certaine manière accouché d'un autre monde, celui de la sécularisation occidentale que nous connaissons aujourd'hui. Car il a fallu être assez tranchant pour briser les hiérarchies d'une histoire jusque-là entièrement comprise dans et par l'Église romaine et catholique. Un combat relayé aujourd'hui par les courants laïcistes qui ont oublié ou évacué ce qu'ils doivent à la Réforme.

L'ambition de Calvin est sûrement plus théologique que civilisationnelle. Il est avant tout un inlassable commentateur de l'Écriture. Son combat est d'ordre spirituel, sa vocation est d'être au service du « pur Évangile ». Rappelant la radicale altérité d'un Dieu qui ne peut être réduit à une quelconque espérance, il exige de l'homme une nécessaire « modestie » dans laquelle ce dernier se doit de demeurer sous peine de se perdre. Nul doute cependant que la fracture de la Réforme au XVIe siècle est toujours au cœur de l'émergence du monde moderne et contient encore un message pour les sociétés du XXIe siècle.

Enfances

> *Il me souvient de ce que j'ai vu faire aux marmousets de notre paroisse petit enfant...*[1]

C'est au pied des imposantes et lourdes flèches de la cathédrale de Noyon que naît par un beau jour d'été 1509 Jean Cauvin, dit Jean Calvin*. La maison familiale se situe au cœur du quartier canonial. Petites rues étroites entre le réfectoire, l'officialité qui sert à la fois de prison et de salle de justice, la salle capitulaire, le bâtiment du trésor et la bibliothèque du Chapitre. Une cité comme blottie et recroquevillée autour de sa cathédrale dont l'aspect pesant et sombre ne peut que frapper le visiteur. Appelée parfois « Noyon la sainte », la ville et ses environs regorgent de sanctuaires de saints et de pèlerinages. L'Église y est puissante, dominatrice, envahissante. Les querelles entre clercs, évêchés contre abbayes assurent l'essentiel de l'actualité. Au XVe siècle, le Chapitre cathédral et l'abbaye de Saint-Éloi se disputent, pendant soixante

---

* Le nom Calvin est dérivé de la latinisation en *calvinius* du patronyme familial.

ans, l'insigne honneur de posséder le corps du ministre de Dagobert ! Mais c'est assurément Notre-Dame de Noyon, première manifestation de l'architecture gothique, qui vaut plus sûrement à Noyon sa renommée au Moyen Âge. Cathédrale des sacres, après la mort de Pépin le Bref, Charlemagne en personne y est couronné roi de Neustrie. En juillet 987, c'est Hugues Capet qui y est sacré roi des Francs. Au moment de la naissance de Calvin, le siège de Noyon était occupé par Charles de Hangest qui appartenait à la noblesse des environs. Détail qui aura son importance, il semble bien que Calvin sera, dès son enfance, en relation étroite d'amitié avec plusieurs membres de cette famille, en particulier avec la branche des Montmor. C'est ainsi qu'il se rendra plus tard en compagnie de trois jeunes gens de Hangest à Paris pour y faire ses études. C'est à l'un deux, Claude, abbé de Saint-Éloi, qu'il dédiera sa première œuvre de jeune humaniste, son commentaire sur le *De Clementia* de Sénèque. Amitiés et fréquentations qui ne seront pas sans conséquences sur les manières et les goûts quelque peu aristocratiques dont fera montre le Calvin de la maturité.

Pour l'heure, le jeune Jean Calvin grandit au cœur même de cette « cité spirituelle » qu'est Noyon au début du XVIe siècle. Une imprégnation religieuse et catholique d'autant plus forte que son père, Gérard Cauvin, fréquentait avec assiduité ces lieux d'Église, lui qui présidait aux destinées financières du Chapitre. La famille de Calvin s'était élevée à la petite bourgeoisie grâce à la ténacité et à l'ambition de ce père. Reçu bourgeois de la ville en 1497, Gérard Cauvin semble issu d'une famille d'artisans ou de bateliers venue de Pont-l'Évêque, cité toute proche. En 1481, il est greffier communal. Par la suite, il devient notaire du Chapitre, puis agent fiscal et secrétaire de l'évêque, avant d'être promu au rang de « procureur » du Chapitre cathédral. Autant dire qu'il assure la gestion et la conduite des affaires du clergé local. Une charge qui lui permet de prendre rang parmi les notables noyonnais. En 1497, il est admis dans les rangs de la bourgeoisie ; ce qui lui confère une très honnête aisance financière qui se confirme par son mariage avec la fille d'un ancien hôtelier de Cambrai, Jeanne Le Franc. Jeanne donne naissance à quatre garçons, Charles, Jean, Antoine et François. Et, sans doute, à deux filles, Marie et une autre dont on ignore le nom. François meurt en bas âge. Charles deviendra prêtre et sera un temps accusé d'hérésie. Peut-être pour avoir suivi les idées de son frère Jean ? Il meurt excommunié en 1537. Marie et Antoine suivront le Réformateur à Genève et vivront à ses côtés. On retrouve d'ailleurs leurs traces dans le testament même de Calvin. Mais ces enfants doivent affronter très tôt une enfance sans mère. Jeanne meurt précocement en 1515. Jean Calvin a alors six ans.

A-t-il gardé quelques souvenirs de cette prime enfance aux côtés de sa mère ? Difficile à savoir. « Vrai que je n'aime pas parler de moi, […] le plus modestement qu'il me sera possible, j'en parlerai [2] », écrit Calvin dans son Épître à Sadolet. Et effectivement, hormis quelques notes en ouverture de tel ou tel commentaire des Psaumes, Calvin n'évoque quasiment jamais son enfance ni ses origines. Ni même quelque aspect de sa personnalité que ce soit. C'est ainsi qu'aucun de ses écrits ne porte trace d'un regret ou d'un souvenir de cette mère trop tôt disparue. Nul doute cependant qu'un sentiment de solitude et d'abandon a pu envahir la conscience de l'enfant Calvin. Nul doute que la figure de la mort, si présente en une période hantée par sa cruelle puissance, a pu l'affecter durablement. L'enfant, ayant perdu un fil conducteur et protecteur autant qu'un espace affectif et médiateur, s'est peut-être renfermé et reclus dans la solitude avec pour seule compagne cette certitude d'une justice divine implacable qui n'épargne même pas ce qui peut sembler le plus cher à tout un chacun. D'autant que son père, qui reste le seul espace d'amour possible, se remarie assez tôt et l'envoie, encore enfant, au collège à Noyon tout d'abord, puis à Paris.

Seule mention connue de cette période, Calvin raconte dans un passage de son *Traité des Reliques*, comment il prit part aux rituels de la « piété enchantée » de Noyon et des environs. Entraîné par sa mère, il se souvient d'avoir « baisé » une partie du corps de sainte Anne, la mère de la mère de Dieu dont les reliques étaient conservées dans l'abbaye cistercienne d'Ourscamp. C'est au détour d'un paragraphe plutôt insolite du *Traité des Reliques* qu'il raconte « Sainte Anne, mère de la vierge Marie, a l'un de ses corps à Apt en Provence, l'autre à Notre-Dame-de-l'Ile, à Lyon. Outre cela, elle a une tête à Trèves, l'autre à Düren-en-Juillers, l'autre en Thuringe, en une ville nommée à son nom. Je laisse les pièces qui sont en plus de cent lieux ; et entres autres, il me souvient que j'en ai baisé une partie en l'abbaye d'Ourscamp près Noyon, dont on fait grand festin [3] ». Il se rappellera encore que « petit enfant » il avait assisté à la « diablerie de la Saint-Michel ». Il revient dans les dernières lignes de ce même *Traité des Reliques* sur cette religion de superstitions qu'il condamne alors sans appel : « Il me souvient de ce que j'ai vu faire aux marmousets de notre paroisse petit enfant. Quand la fête de Saint-Étienne venait, on parait aussi bien de chapeaux et affiquets les images des tyrans qui le lapidaient (car ainsi les appelle-t-on en commun langage), comme la sienne. Les pauvres femmes voyant les tyrans ainsi en ordre les prenaient pour compagnons du saint et chacun avait sa chandelle[4] ». « Une religion de femmes et d'enfants » que Calvin condamnera plus tard avec la dernière énergie.

Mais dans cette dénégation même, comment ne pas ressentir aussi la douleur muette de la perte d'une mère disparue trop tôt ? Il est impossible de ne pas imaginer les conséquences douloureuses de la perte de sa mère pour l'enfant sensible et fragile qu'il semble avoir été. Calvin s'attarde, sans cacher sa propre mélancolie, dans l'un ou l'autre de ses commentaires bibliques sur ces mères « plus tendres et plus affectueuses envers leurs enfants que les pères ⁵ ». Des mères, explique-t-il, dont la vocation est de s'occuper avec attention et prévenance de leurs enfants dans un foyer familial au sein duquel elles régneront et seront toujours présentes. Il reste que l'on ne peut sans risque de contresens attribuer à cette perte de la mère le ressort définitif du futur réformateur, désormais animé par une sourde et puissante angoisse. Si l'explication psychanalytique ne manque jamais d'intérêt, elle ne peut tenir lieu de mode d'explication définitif de toute existence par-delà les temps et les lieux. Expliquer que le discours du futur réformateur était sous-tendu par une angoisse originelle due à cette absence maternelle sur laquelle il ne cesse de revenir en décrivant un univers de ténèbres morales, de peur de la mort, de corruption humaine, d'action satanique, d'oubli de Dieu ou de mélange abominable de sacré et de profane... peut sembler une hypothèse un peu facile et gratuite. Que cette émotion d'enfance ait pu rejoindre un imaginaire commun à l'angoisse d'un siècle, pourquoi pas ? Mais comment estimer à sa juste valeur la réalité du traumatisme psychologique d'un enfant du XVIᵉ siècle au moment où la mort n'est pas l'exception, mais une réalité quotidienne ? Les enfants morts en bas âge sont alors plus nombreux que les vivants, les décès des mères en couches, une fatalité que rien ne vient contrecarrer. De là à en tirer la conclusion que Jean Calvin fut de ce fait un croyant précocement troublé, soumis à un délitement de son identité, enclin à des séquences d'assurance, succédant à des moments de doutes abyssaux... il n'y a un pas qu'il nous semble bien hasardeux de franchir.

Il est vrai cependant que l'existence du jeune garçon n'est pas, dès lors, simple et facile. Ambitieux pour Charles et Jean, en particulier, ou abandon face à une charge éducative trop lourde, on ne sait, toujours est-il que le père décide de doter ses fils d'un bénéfice ecclésiastique pour financer leurs études sans trop imputer sur les revenus de la famille. Ses bons rapports avec l'évêque et le Chapitre feront le reste. Gérard Cauvin obtient pour son fils Jean la chapellerie attachée à l'autel de la Gésine à la cathédrale de Noyon, un ingénieux système qui revenait à conférer à un enfant mineur une dignité ecclésiastique. Le nouveau chapelain, tonsuré comme le voulait la coutume au cours d'une cérémonie, se déchargeait sur un vicaire du soin de chanter messes et offices. La différence entre le faible salaire du desservant et le revenu des terres appartenant à la chapelle constituait ce que l'Église d'alors appelait benoîtement un « bénéfice ». En l'occurrence ce « bénéfice » servait à payer les études que le très jeune chapelain allait entreprendre. Calvin ou son père varieront d'ailleurs souvent en ces matières de bénéfices ecclésiastiques. Calvin renonce en 1529 à cette chapellerie de la Gésine, puis la reprend en 1531, pour en changer en 1537. Il devient alors titulaire de la cure de Saint-Martin-de-Martheville qu'il échange contre celle de Pont-l'Évêque. Pour y renoncer définitivement alors qu'il embrasse les idées évangéliques. C'est d'ailleurs autour de ces affaires de « bénéfices » qu'aura lieu la première brouille de son père avec les nobles chanoines. Peu après le départ de Jean pour Paris, le Chapitre refuse de laisser à Charles et à Jean la totalité de leurs bénéfices à cause de leurs absences du chœur. Chicane, sans doute, à la suite d'un autre événement : la protestation que Gérard Cauvin formule contre l'incarcération d'un nommé Billiard, élève prometteur de l'évêque. Le père du futur Réformateur semble ici prendre résolument le parti de l'évêque Jean de Hangest dans la querelle qui l'oppose aux chanoines. Querelle qui prendra un tour plus lourd et dramatique pour Gérard Cauvin, puisque ces derniers seront conduits à prononcer contre lui une excommunication. Événement qui ne sera pas sans conséquences sur le devenir du brillant humaniste qu'était devenu Jean Calvin au moment des faits.

Jean Calvin a douze ans lorsqu'il entre au collège des Capettes de Noyon. Son père le destine alors à la théologie. Calvin le confiera plus tard dans son *Commentaire du livre des Psaumes* : « Dès que j'étais jeune enfant, mon père m'avait destiné à la théologie[6]. » C'est dans ce collège que Calvin se lie d'amitié avec les neveux de l'évêque, les fils du sire de Montmor, Joachim et Yves de Hangest, ainsi qu'avec leur cousin Claude, futur abbé de Saint-Éloi. Le jeune Calvin semble même avoir été régulièrement reçu, partageant ses repas avec ses amis nobles. Théodore de Bèze, son successeur à Genève et premier biographe, note que, dès son jeune âge, Calvin est libéralement nourri, parfois aux dépens de son père, en compagnie des enfants de la maison de Montmor auxquels il se joint plus tard lorsqu'il poursuivra ses études à Paris. Bèze note à ce propos que Calvin « était d'un singulier esprit et sur tout fort consciencieux, ennemi des vices et fort adonné au service de Dieu[7] ». Cette participation de Calvin à la table d'un grand seigneur* lui permettra sans doute d'aborder plus tard avec aisance et sérénité les plus illustres personnages du temps. Calvin, dans la dédicace de son premier ouvrage consacré à Sénèque, loue l'esprit vif et libéral, le jugement pénétrant et sûr de Claude de Hangest tandis qu'il parle pour lui-même de son érudition insuffisante et de son origine plébéienne : « Élevé comme un enfant dans votre maison, instruit avec toi dans les mêmes études, je rapporte à votre noble famille ma première science de la vie et des lettres[8]. »

En 1523, alors qu'il vient d'avoir quatorze ans, Jean quitte le collège de Noyon en compagnie de ses trois amis et se fixe à Paris.

---

* Louis de Hangest, neveu par sa mère du fastueux cardinal d'Amboise, était grand écuyer d'Anne de Bretagne.

Humanités

> *Ce me fut un singulier bénéfice de Dieu de rencontrer un tel commencement d'instruction*[1].

PARIS, LE COLLÈGE MONTAIGU

Calvin n'en dit quasiment rien dans les rares souvenirs qu'il mentionne. Il loge chez un de ses oncles, forgeron, où il reçoit les leçons d'un maître dont il dira plus tard qu'il était un imbécile. Nous n'en saurons guère plus. Il obtient cependant bientôt d'être inscrit au collège de la Marche. Comment ? On ne sait. L'influence efficace d'un père encore actif au sein du Chapitre de Noyon ? Peut-être. Calvin est en tout cas placé sous la responsabilité d'un nouveau maître qui lui laissera, lui, de forts souvenirs : le célèbre Mathurin Cordier, sorte de père de la pédagogie moderne qui restera pour Calvin l'image du père idéal. Il lui vouera par la suite une amitié indéfectible et l'appellera à Genève pour lui confier l'organisation de son enseignement. Il demeurera pour Calvin l'image du maître idéal. En février 1550, il lui dédie son commentaire de la première épître aux Thessaloniciens : « C'est bien avec raison que vous ayez aussi part en mes labeurs, vu que sous votre conduite et adresse, ayant premièrement commencé le train d'étudier, j'ai pour le moins avancé jusqu'à ce point de pouvoir en quelques sorte profiter à l'Église de Dieu. » Et Calvin, pourtant si avare de confidences, de poursuivre : « Ce me fut un singulier bénéfice de Dieu de rencontrer un tel commencement d'instruction. Et combien qu'il ne me fut pas permis d'en jouir longtemps, pour ce qu'un homme étourdi et sans jugement, lequel disposait de nos études à son bon vouloir, ou plutôt selon sa fantaisie, nous fit incontinent monter plus haut, toutefois l'instruction et adresse que vous m'aviez données me servirent si bien depuis qu'à bon droit je confesse et reconnais être tenu à vous du profit et avancement tel qu'il s'en est suivi[2]. » Du collège de la Marche, Calvin passe pourtant, pour des raisons inconnues, au fameux collège de Montaigu. Une forteresse de l'orthodoxie et pour les élèves un véritable épouvantail.

Montaigu est, selon certains auteurs, la plus active des écoles parisiennes. Au début du XVIe siècle, elle accueille dans ses murs le maître de la logique déterminante, John Mair, dont l'influence est très importante pour la pensée de Calvin. Montaigu domine ainsi son grand concurrent, le collège de Navarre. Il y rencontre un autre maître dont l'influence sera prépondérante : Jan Standonck, un

Hollandais, contemporain d'Érasme, qui apporte discipline de fer et grammaire latine. Il croise également le fameux Noël Beda qui semble avoir trouvé (d'après Michelet) dans cette masse d'étudiants pouilleux et endoctrinés les fidèles défenseurs d'une certaine idée de la foi chrétienne. C'est lui qui mène au collège la lutte contre les « hérésies » luthériennes et contre les méthodes humanistes. N'était l'anachronisme, ce modèle s'approcherait plus aujourd'hui de celui des intégristes talibans que de l'enseignement général du français… ! Enfin, il y côtoie Pierre Tempête, le successeur de Noël Beda, maître d'études que connurent vraisemblablement Rabelais et Loyola. Un maître particulièrement renommé pour sa cruauté raffinée que les élèves qualifiaient de « horrida tempestas ».

Les élèves étaient soumis à un régime monastique ponctué de brefs temps de sommeil sur une couche dure et suivaient une abstinence perpétuelle. Ils ne devaient « boire vin, ni manger chair ». La nourriture était constituée de fruits cuits, de légumes, de harengs et d'œufs. Beaucoup y laissèrent leur santé, et Calvin, sans aucun doute, une partie de la sienne. Peu ou pas de confort, y compris pour étudier. Les classes comportaient la chaire du professeur et des bottes de paille qu'on nommait des « fouarres » sur lesquelles les étudiants s'asseyaient.

Ajoutons à ces conditions difficiles un emploi du temps plus que spartiate. La cloche sonnait à quatre heures du matin. Première leçon une heure après. À sept heures, la messe était dite. Après la messe, un petit déjeuner : des tranches de pain sec.

De huit à dix heures, les cours de la Grande Classe se déroulent, suivis d'exercices, jusqu'à onze heures. À la fin du repas étaient lues les admonestations publiques et annoncées, les corrections. Les élèves dînaient ensuite à dix-huit heures. Après quoi, travaux puis prières à la chapelle. À vingt et une heures, une sonnerie : le couvre-feu. Toute entorse au règlement ou toute faute grave était punie du fouet. Pierre Tempête, le maître des études, faisait merveille dans cette discipline. Érasme rapporte dans sa correspondance une séance mémorable où un des enfants est près de mourir. Rabelais parle de Montaigu comme d'un « collège de pouillerie ». « Trop mieux sont traités les forçats entre les maures et les tatares, les meurtriers en la tour criminelle, les chiens en votre maison, que les malotrus audit collège[3] », fait dire Rabelais à Ponocrates s'adressant à Grandgousier dans son *Gargantua*.

Voici un autre témoignage, celui du grand humaniste Érasme, qui fait de cette horreur éducative la description suivante : « On mit de force dans la bouche de l'enfant une telle quantité d'excréments humains qu'il était contraint d'en avaler une bonne partie... L'enfant est ensuite suspendu tout nu à des cordes qui lui sont passées sous les aisselles, de manière à représenter l'ignominieux supplice du larron, le plus abominable de tous ceux qui sont pratiqués chez les Allemands. Bientôt de tous côtés, les verges s'abattent cruellement sur le pendu jusqu'à le laisser pour mort. Car plus l'enfant protestait de son innocence, plus la torture redoublait d'intensité. Ajoute à ce tableau le personnage du tortionnaire, plus épouvantable peut-être que le supplice : des yeux de vipère, des lèvres minces et fripées, une voix aiguë comme celle qu'on attribue aux fantômes, le visage terreux, la tête de travers, des menaces et des injures que faisait sourdre en lui une magnifique poussée de fiel, on eût dit quelque Tisiphone[4]... »

Ceux que l'on appelait les Cappets, en raison de la petite cape qu'ils portaient sur les épaules et qui les distinguaient du commun des Parisiens, étaient réputés pour être entièrement soumis à leurs maîtres qui, il faut le rappeler, étaient aussi des pourvoyeurs de « Bénéfices », c'est-à-dire de postes et de cures. L'apprenti théologien entrait dans une logique népotique où il fallait faire les preuves de sa dévotion. C'est ainsi qu'Ignace de Loyola, fut, dit-on, fouetté pour avoir refusé de participer aux manifestations organisées par Beda à l'occasion de la mutilation de la Vierge en 1528. Il est vrai aussi que les étudiants à Paris se promenaient souvent armés. De là à dire qu'ils formaient une véritable milice de théologiens... En ces temps d'agitation et de fureur, on peut l'imaginer.

Tout était réuni pour faire des Cappets des sortes de précoces « fous de Dieu » parisiens : entière dévotion à une vision ultratraditionnelle de la foi, discipline imposée par l'institution, violence ambiante, quasi-impunité du fait des privilèges universitaires qui leur permettent de n'être jugés que par un tribunal... d'universitaires. Comment imaginer dans ces conditions et sous l'influence de cette discipline à laquelle se soumet docilement Calvin que des êtres pacifiques et iréniques en sortent comme par miracle ? Rabelais, Loyola, Calvin, tous ceux qui sont passés par cette formation d'épouvante en subiront d'une manière ou d'une autre les conséquences. Funestes parfois.

Juste à côté de Montaigu se trouve le collège du Cardinal-Lemoine où, grâce à Lefèvre d'Étaples, Guillaume Farel, le futur ami de Calvin, originaire de Gap, prédicateur dans le Cénacle de Meaux, obtiendra un poste de professeur de grammaire et de philosophie. Le collège de Sainte-Barbe, qui se trouve en face de Montaigu, est à l'opposé de celui-ci sur tous les plans. Loyola qui s'y installera y fera la connaissance de François Xavier et de Pierre Fabre, avec lesquels il fondera un peu plus tard la Compagnie de Jésus qui deviendra le fer de lance de la Contre-Réforme. Étonnante circonstance que cette proximité scolaire entre Calvin et Loyola ! S'ils n'ont vraisemblablement pas étudié ensemble, le père de la Réforme française a probablement côtoyé le plus zélé serviteur de la Contre-Réforme.

Calvin ne semble cependant pas avoir trop souffert de Montaigu pendant les cinq années où il y vécut. Théodore de Bèze, son premier biographe, mentionne même parmi les souvenirs de Calvin l'un des ses maîtres, un philosophe espagnol, Antonio Coronel. Il n'est pas interdit de penser que Calvin ait été mis face aux doctrines de Luther, Wyclif ou Jan Hus à travers les enseignements de John Mair qui s'efforçait de contredire et de défendre l'orthodoxie catholique contre les innovations des « évangéliques ». Calvin semble s'être initié très tôt à Montaigu aux enseignements des Pères de l'Église et en particulier à ceux de saint

Augustin. Ses premières publications en témoignent en tous cas avec certitude. En marge du collège, il rencontre amicalement les jeunes Montmor qui venaient, comme lui, de Noyon, ou encore son cousin Olivétan — le futur traducteur de la Bible qui porte son nom — qui, lui, semble avoir été très tôt gagné à la Réforme. C'est dans ce milieu amical qu'il rencontre le Bâlois Guillaume Cop, le premier médecin de François Ier. Cop, qui était lui-même l'ami des humanistes les plus célèbres, fréquente Guillaume Budé, et demeure aussi en correspondance avec Érasme. Calvin semble cependant, comme il le dit lui-même dans sa « Préface » au *Commentaire des Psaumes* (1577), « obstinément adonné aux superstitions de la papauté[5] ». Il raconte dans le même texte que les querelles de Luther contre Zwingli au sujet de la sainte Cène l'avaient dissuadé de s'intéresser aux idées « évangéliques ». Reste qu'il est assurément, dès cette époque d'études au collège Montaigu, en contact avec les idées humanistes et celles de Luther. Vers la fin de son séjour parisien, Calvin semble cependant s'être rangé du côté de ces humanistes catholiques qui gravitent autour de Guillaume Budé et œuvrent pour l'établissement des bonnes lettres.

DROIT ET HUMANISME

Gérard Cauvin, le père de Calvin, l'avait initialement destiné à la théologie et au clergé, mais voilà qu'il change brusquement d'orientation. Calvin, si discret sur son itinéraire, témoigne dans la préface de son *Commentaire des Psaumes* de cet événement qui le surprend : « Dès que j'étais enfant, mon père m'avait destiné à la théologie ; mais puis après d'autant qu'il considérait que la science des lois communément enrichit ceux qui la suivent, cette espérance lui fit incontinent changer d'avis. Ainsi cela fut cause qu'on me retira de l'étude de philosophie, et que je fus mis à apprendre les lois ; auxquelles combien que je m'efforçasse de m'employer fidèlement pour obéir à mon père, Dieu toutefois par sa Providence secrète me fit finalement tourner bride d'autre côté[6]. » Pourquoi un tel revirement ? Calvin fait clairement allusion aux désirs de son père. Obéissant, il semble s'être résigné à une situation commandée vraisemblablement par les déboires de Gérard Cauvin à Noyon. Ce père cherche très naturellement un établissement plus rémunérateur pour son fils, mais il se sent aussi menacé dans ses relations avec les gens de l'Église de Noyon. À la suite d'une affaire de liquidation de succession où il ne put rendre de comptes acceptables, Gérard Cauvin s'était durablement brouillé avec le Chapitre. À tel point d'ailleurs que cette affaire le conduira plus tard à une excommunication en bonne et due forme de la part de l'Église. La polémique agitée par les nombreux contradicteurs de Calvin ne manquera pas, non plus, de relever cet épisode pour attribuer à Calvin les pires perversités. Jérôme Bolsec, l'un des contradicteurs les plus célèbres, s'en souvient clairement : « Jean Calvin de Noyon, homme entre tous autres qui furent oncques au monde, ambitieux, outrecuidé, arrogant, cruel, malin, vindicatif et surtout ignorant... De sa nativité en la ville de Noyon en Picardie en l'an 1509, je n'en dis autre chose... » Mais il ajoute : « Le père Gérard Cauvin aurait été un très exécrable blasphémateur de Dieu[7]. »

Quoi qu'il en soit de ce revirement paternel, Calvin se retrouve alors à étudier le droit à Orléans et devient l'élève de Pierre de L'Estoile que l'on considérait alors comme le meilleur juriste du temps. En quittant le collège Montaigu, Calvin échappe non seulement à la discipline inhumaine, mais en même temps à l'orthodoxie tyrannique qui y régnait. Pierre de L'Estoile et les universitaires d'Orléans se rangent du côté des conservateurs, mais s'installe à ce moment-là dans l'esprit du jeune Calvin une possibilité d'ouverture, un regard nouveau sur l'humanisme naissant. Calvin, lorsqu'il revient sur ce choix auquel il a été contraint y discerne comme une voie de la Providence. Le droit a éclipsé provisoirement la théologie. Mais c'est pour mieux renaître loin de toute cléricature et orthodoxie imposée.

La loi et les lois divines : leurs liens secrets et finalement incontestables seront déterminants dans la pensée de Calvin. La loi de Moïse, celle que Dieu a révélée au Sinaï et celles que les hommes, à cet exemple, n'ont cessé de produire, sont au cœur de l'enseignement de Calvin. Et de sa volonté de construire, non seulement une foi renouvelée fondée sur les Écritures, mais aussi une cité nouvelle, un nouvel ordre social. Sa formation, maîtrisant les arcanes du droit laïc, mais aussi ceux de la théologie, en fait un esprit profondément original. Calvin, contrairement à Luther et à nombre d'autres figures de la Réforme, n'est pas un prêtre qui aurait renoncé à la cléricature. Il est laïc, juriste et humaniste. Sa vocation est née de cet état, de sa capacité d'élaboration intellectuelle et d'un renoncement à l'état clérical. Ce qui lui donnera une liberté d'autant plus grande et déterminée à l'égard de tout ce qui subsiste en lui de l'être de l'Église romaine. Il n'aura aucune mansuétude, à la différence de Luther, pour les cultes traditionnels de l'Église romaine, le culte des saints, celui de la Vierge, de même que l'ensemble des rites et pratiques traditionnelles du catholicisme populaire. Calvin n'a même jamais reçu d'ordination, pas même de consécration pastorale. Il est laïc. Profondément laïc. La robe qu'il porte pour prêcher et qu'il léguera aux futurs pasteurs réformés est celle des enseignants et des universitaires. Il est et demeure un intellectuel, l'homme d'un savoir plus que l'homme d'un pouvoir, fût-il spirituel. Son pouvoir ne reposera jamais sur une autre réalité que ce savoir, ce pouvoir des mots que tous — amis et ennemis — lui reconnaîtrons. Absolument.

Calvin étudie donc le droit au contact des plus grands maîtres du temps, de l'Estoile, mais aussi de l'Italien André Alciat à Bourges. Il s'initie à l'analyse critique des textes de l'Antiquité en même temps qu'au droit. Plus qu'Alciat, le très réputé et suffisant maître, c'est Pierre de L'Estoile qui inspire à Calvin les sentiments les plus forts. Cet homme intègre et pieux, doté d'une intelligence d'une puissante clarté, éblouit Calvin. Il se dit frappé « par la pénétration de son esprit, son habileté, son expérience du droit dont il est à notre époque le maître incontesté[8] ». Un maître auquel il gardera reconnaissance et confiance, alors même que ce dernier manifestera plus tard, à l'égard des protestants, une réelle hostilité.

Mais dans le même temps où Calvin se met avec ardeur au droit, il trouve moyen de poursuivre à Orléans d'autres études, plus proches encore de l'idéal humaniste. Il s'attelle ainsi à l'étude du grec avec l'Allemand Melchior Wolmar de Rottxeil, un humaniste qui avait étudié l'hébreu et le grec à Bern, Tübingen et Paris. Un brillant et excellent maître qui fut aussi celui de Théodore de Bèze. Luthérien convaincu, il se signale par ses prises de position publique, pour la nouvelle foi évangélique aussi bien à Orléans qu'à Bourges où il finit par s'établir à la demande de Marguerite de Navarre qui est déjà à cette époque une fervente protectrice des hommes et des femmes de la future Réforme française. Mais personne ne sait si ce Wolmar de Rottxeil a pu convertir Calvin à ses idées. Nul témoignage sur ce point. Ni de Calvin ni de ses successeurs. Il serait grandement improbable que le savant helléniste n'ait toutefois point tenté d'influencer son brillant élève. Reste que nous n'en savons rien. Calvin ne paraît pas avoir modifié son comportement religieux à cette époque. Il semble, en revanche, s'adjoindre de plus en plus volontiers à la cohorte de jeunes gens fervents de l'idéal humaniste. C'est le temps des grandes amitiés. Il entre ainsi en relation avec François

Daniel et peut-être, à travers ce dernier, avec Rabelais. Il fréquente aussi François de Connan et surtout Nicolas Duchemin. Trois humanistes enthousiastes, mais fidèles à l'ancienne foi catholique. Il retrouve auprès d'eux la même ambiance et les mêmes préoccupations que celles entrevues avec le médecin Cop ou Guillaume Budé, un savant d'une telle science que le grand Érasme le nommera « le prodige de la France ».

En mars 1531, Calvin est de retour à Paris où son ami Duchemin publie son *Antopologia,* livre dans lequel il souhaite laver l'affront que le prétentieux Alciat fait à leur maître de L'Estoile. Un Alciat dont la vivacité et les discours pompeux connaissent alors un immense succès. On raconte que le roi lui-même s'est un jour déplacé à la cour de Marguerite de Navarre à Bourges pour entendre le fameux Alciat qu'elle avait fait venir d'Italie pour redorer le blason d'une université tout entière dédiée à l'étude du droit et des bases juridiques fondant l'absolutisme royal. Mais la vanité et la légèreté d'Alciat déplaisent fortement à Calvin et à ses amis, disciples de Pierre de L'Estoile. Calvin participe ainsi volontiers à la polémique en écrivant la dédicace de l'ouvrage. C'est le premier d'une immense série de textes polémiques publiés par Calvin. Il semble cependant avoir reçu du fameux Alciat ce goût pour le style et l'écriture impeccable et élégante. C'est en partie à Alciat qu'il doit son latin si précis et harmonieux que ses lecteurs reconnaîtront plus tard. Calvin, on le voit ici, appartient bien par ses fréquentations intellectuelles et la trame des études à l'humanisme naissant. Il est l'homme d'une génération qui bat à l'unisson de la philosophie gréco-latine que l'on redécouvrait alors. Reste à savoir ce qu'est réellement ce nouvel humanisme. L'humanisme ainsi qualifié n'apparaîtra qu'au XIXe siècle. Pour l'heure, il s'agit pour les lettrés du XVIe siècle, appliqués à restituer les textes anciens, de retrouver toute la saveur et la sagesse de l'Antiquité à travers aussi la redécouverte des langues anciennes, le grec classique, mais aussi l'hébreu, le chaldéen... Un retour à l'Antiquité que Calvin jugera, par la suite, quelque peu ambigu. Est-ce une redécouverte du christianisme ou le retour d'une certaine paganisation du christianisme ? Quoi qu'il en soit, nous sommes encore loin de la Réforme protestante.

LES DÉBUTS DE LA RÉFORME

« Calvin n'est pas un météore qui aurait inventé soudain le protestantisme[*]. » Ce mot d'un historien contemporain place résolument la vie de Calvin dans le contexte plus large du mouvement réformateur qui s'est emparé de l'Europe chrétienne depuis ce 31 octobre 1517, quand le moine Luther placarde ses quatre-vingt-quinze thèses contre les indulgences sur les portes de l'église de Wittenberg. Le 3 juin 1521, le bouillant Luther était déclaré anathème. Il s'était élevé seul contre le monde

---

[*] Olivier Millet, *Les Église réformées. Histoire du christianisme des origines à nos jours*, Paris, Desclée de Brouwer, 1992.

d'alors, affrontant, à l'appui de sa découverte de la foi reçue par la grâce seule, les puissances du temps, pouvoirs spirituels et séculiers confondus. Quelques années après sa mort, en 1555, la paix d'Augsbourg entérinait l'existence de confessions chrétiennes séparées dans le Saint Empire : catholique et évangéliques luthériens.

À Zurich, Ulrich Zwingli mène également une réforme, plus radicale encore ou plus iconoclaste. Et la postérité gardera de lui ce zèle fervent mis dans la destruction et l'arasement des églises et des cathédrales, qu'il veut nettoyer de toute image et de toute figure sculptée. Bucer, à Strasbourg, compte aussi parmi ces réformateurs qui vont bouleverser le siècle et le monde. L'Angleterre jouera bientôt un rôle déterminant dans cette histoire de la Réforme, même si les considérations politiques dans son cas l'emportent. Le point de rupture se situe, dès les débuts, vers 1530, autour du lien avec Rome. Faut-il rompre ou composer avec le pape ? La pensée de Calvin parvient à maturité à ce moment-là, celui de la rupture définitive.

Si le langage commun a retenu le terme de Réforme pour qualifier ce mouvement religieux du XVIe siècle, la réalité oblige à parler des Réformes, puisque ce mouvement procède de différents facteurs dont l'accent varie selon les lieux, même si le premier souffle est allemand puisque le terme même de « Réforme » apparaît la première fois pour désigner l'opposition à Charles Quint. En France, on préfère parler de « religion réformée » ou plus tard de « religion prétendument réformée ». L'irruption de Jean Calvin se situe à ce moment charnière où l'événement de la « réformation » se structure et donne petit à petit naissance à des groupes de croyants. Aussi peut-on parler, au moment où Calvin entre en scène, d'un mouvement de confessionnalisation de la nouvelle foi évangélique. Calvin n'est donc pas l'initiateur ou le père de la Réforme en France. Il se situe à cet instant clé où, de phénomène spirituel, l'événement diffus va se transformer en une forme alternative et structurée du christianisme.

Ce mouvement, malgré les protestations de Luther, ne relève pas uniquement d'une prise de position relative aux abus de l'Église. Le clergé régulier est certes aux prises avec d'innombrables abus d'autorité et de positions dominantes, mais ce qui lui est reproché là, c'est surtout de ne plus croire ou de mal croire. L'anticléricalisme des réformateurs ne fait pas de doute, Calvin traite, sans retenue aucune, de « vilains putiers » certains prêtres et évoque à mots couverts les dérèglements en cours au sein du clergé.

Mais la Réforme ne s'explique pas par un facteur unique. Elle est au cœur d'un mouvement général où l'imprimerie tient une place importante. La Réforme est bien liée à la redécouverte et à la diffusion nouvelle de la Bible. Mais elle correspond aussi à l'adoption universelle de la culture écrite, à l'intériorisation de la foi, au triomphe du subjectivisme contre le thomisme qui l'imposait comme une rationalité incontestable, et à la nécessité, née au XVIe siècle, de l'éducation comme double voie de salut et de réussite.

Notons enfin que la particularité de ce mouvement est à la fois sa grande diversité en même temps que son unité. Dans leur pluralité, les diverses acceptions de la Réforme, en Allemagne, Suisse, France ou Angleterre, aboutissent à une thématique commune : refus du culte des saints, du sacrifice de la messe ou du purgatoire qui est à l'origine du trafic des indulgences. Mais aussi, positivement, on insiste sur le salut individuel, la mise en avant de la grâce et de la foi comme moyen de salut, la lecture de la Bible. La formule protestante des origines : *sola fide, sola gratia, sola scriptura,* foi seule, grâce seule et Écriture seule, est assurément commune à toutes les Églises issues de la Réforme. Une dynamique née au XVIe siècle qui traversera les siècles puisqu'elle se vérifie, jusques et y compris, à l'époque contemporaine, à travers les différents mouvements évangéliques dont le dynamisme étonne, pour ne pas dire inquiète, en quelques lieux.

Pour l'heure, le jeune Calvin n'est ni un réformateur ni un juriste professionnel, malgré la fin de ses études de droit à Bourges et Orléans. Le droit, par sa rigueur, aura incontestablement une influence déterminante dans la méthode d'investigation et la pensée de Calvin. Mais il est, et demeure à ce moment précis, un lettré distingué dont la seule ambition, qu'il partage avec ses amis d'alors, sont les humanités. Un humanisme qui prend chez lui les contours de l'avidité d'apprendre, de comprendre, d'argumenter. Une découverte va cependant s'avérer déterminante, celle des textes originaux en grec, mais aussi en hébreu. De nouveaux horizons infinis s'ouvrent alors à Jean Calvin.

RUPTURE

Rien ne laisse encore présager son passage à la Réforme. Un événement va cependant bouleverser sa vie. La mort de son père. Il se retrouve quelques semaines plus tard à Noyon au chevet de celui-ci. Jean Calvin recueille son dernier souffle le 26 mai 1531. Mais le plus pénible sont pour lui ces débats avec le Chapitre pour lever l'excommunication qui pesait sur Gérard Cauvin depuis plus de deux ans. L'affaire demeure, en réalité, pour le moins obscure. Quelques années plus tôt, Gérard Cauvin s'était élevé contre l'incarcération d'un nommé Billard, élève prometteur de l'évêque, accusé d'avoir tiré le couteau contre François de Brolly. Les heurts avec le Chapitre qui s'ensuivent ne rendent pas seulement compte de cette querelle, mais des relations forts tendues entre ce dernier et les évêques successifs, Charles et Jean de Hangest. Ils se focalisent sur une affaire de succession déjà évoquée. Le Chapitre réclamait avec insistance les comptes détaillés de trois successions de chapelains dont il s'était occupé en 1526 et 1527. Gérard Cauvin, pour une raison que l'on ignore, refuse tout éclaircissement. Sommations, réquisitions se succèdent vainement. L'homme d'affaires du Chapitre s'emmure dans le silence. Peut-être sur ordre de l'évêque ? Ou au moins comptait-il sur son appui. Toujours est-il qu'il tombe gravement malade. Et meurt le 26 mai 1531. Sous le coup d'une excommunication, le corps du défunt ne peut être enseveli, selon les lois de l'Église.

C'est le frère aîné de Jean Calvin, Charles Cauvin, qui mène les discussions. Tandis que la dépouille mortelle du père attend, il comparaît devant le Chapitre et supplie les chanoines de retirer la peine infamante. « Mu par l'affection et l'amour de son père, précise le registre capitulaire, il s'engage à liquider d'ici la fête de Saint-Remi tout ce qui était dû. » L'absolution du défunt est ainsi obtenue. Sitôt la succession réglée, Charles se querelle pourtant à nouveau avec le Chapitre. Il ne s'agit plus de succession financière, mais d'hérésie. Quand Charles meurt en 1537, il est en rupture ouverte avec l'Église. On lui refuse l'extrême-onction. On l'enterre de nuit, c'est du moins ce que raconte le premier historien catholique de Calvin, Papire Masson. Qu'en savons-nous au juste ? Peu de chose. Sinon que ces événements ne peuvent pas être sans influence sur le cours de l'existence du jeune Calvin. Ces dissentiments aggravés par l'excommunication prononcée à l'encontre de son père, les démêlés de son frère, pèsent certainement sur les épaules de ce jeune homme de vingt-deux ans. Rien ne filtre sur la peine et les sentiments de révolte qui peut-être l'assaillent. L'un des rares témoignages de ce temps consiste en une lettre adressée à son ami François Daniel. Il y évoque la sœur de cet ami qui s'apprête à entrer au couvent et à prononcer ses vœux définitifs.

Ne critique nullement ce projet et se propose simplement de mettre en garde la jeune sœur de Daniel contre l'élan de ses seuls sentiments. Point de critique contre l'ordre monastique, à l'image de ce qu'en disait alors Luther. Non, une simple réflexion de sagesse, empreinte d'humanité et de sérénité.

Certains commentateurs ont imaginé que ces conseils à la jeune sœur de son ami pouvaient être les prémices d'une doctrine de la *Sola Fide*, la foi seule... Signe d'une évolution déjà accomplie, à l'occasion de la mort de son père, vers les principes « évangéliques ». Il est cependant difficile de l'affirmer. Calvin explique à son ami qu'il a souhaité « avertir » sa sœur de ne pas s'en tenir à ses seules capacités, de ne pas croire « témérairement » en ses propres forces et sentiments, mais « de tout faire reposer sur la puissance de Dieu ». Néanmoins, on le voit, après le décès de son père et l'épreuve qu'il vient de traverser, les préoccupations religieuses et spirituelles viennent pour la première fois à la lumière.

Conversion

> *Comme ainsi que je fusse si obstinément adonné aux superstitions de la papauté, qu'il était bien malaisé qu'on pût me tirer de ce bourbier si profond, par une conversion subite.*
>
> Jean Calvin, *Épître à Sadolet*[1].

Ce qui frappe alors, c'est la grande mobilité de Calvin. Comme si les attaches avec son milieu d'origine se défaisaient de plus en plus nettement. Il repart vers Paris pour y mener une sorte d'existence de jeune étudiant perpétuel ce qui révèle, comme le Réformateur le notera plus tard, une forme d'instabilité personnelle. Sa formation est fragmentée, elle suit une ligne pour le moins brisée. Une séquence historique au cours de laquelle, justement, les remises en question sont vertigineuses. Et plurielles. Et ce n'est pas le contexte de ce Paris des débuts du XVIe siècle qui calmera les inquiétudes du jeune Calvin. Malgré le durcissement de l'Université contre les faux prophètes, érasmiens et luthériens confondus, la personne croyante subit alors de plein fouet l'incroyable bouillonnement des idées qui s'est installé dans la capitale. En ces années, les croyants ont assisté stupéfaits au sac de Rome en 1527 par l'armée impériale du connétable Charles de Bourbon. Mais il existe aussi au cours des années 1533-1534 de nombreux prédicateurs de l'Apocalypse qui annoncent, au choix, châtiments divins ou renouveau spirituel à venir. À Paris, toutes sortes de « sectaires » vont et viennent. Les constructions et les élucubrations les plus invraisemblables circulent et agitent les esprits. Les écrits venus d'Allemagne ou de Suisse sont lus et discutés au sein d'une sphère publique qui ne cesse de s'élargir. L'humanisme lui-même, qui séduit Calvin et ses amis, n'est pas un système de pensée homogène. Il ne fonctionne que sur les mécanismes d'une continuelle remise en question des acquis. Calvin semble pris à ce moment-là dans une sorte de balancement. Un mouvement qui le ramène, consciemment ou pas, vers la même interrogation existentielle. Un balancement qui devient à un moment donné si invivable et incontrôlable que seul un événement nouveau pourra le tirer de cette indétermination.

Cet événement décisif, c'est la conversion : moment crucial où cesse cette situation de partage, de doute de soi et de Dieu. L'homme qui est restauré par le véritable Évangile, expliquera plus tard Calvin, est un homme qui marche sur une ligne droite. Il ne balance plus. Il ne doute plus. Commentant le livre de Job, Calvin expliquera ce passage de l'homme qui doute et balance, le « vieil homme » à celui qui est reconstruit, vers celui qui est reconstruit, par la parole de Dieu, « l'homme nouveau ». La conversion est cette forme de courage qui permet d'aller au-delà du doute, elle exprime la certitude nouvelle que Dieu attend chacun « les bras » tendus pour le recevoir en sa miséricorde.

> Si nous n'avons ceste certitude en nous, nous ne pourrons pas remuer un doigt, tant s'en faut que nous venions à lui comme nous devons : qui pis est, les hommes tascheront toujours de reculer quand ils douteront de la bonne volonté de Dieu, sa majesté leur sera espouvantable : si nous concevons que Dieu veut traiter à la rigueur, et qu'il est juge, il faut que nous soyons tellement effrayez que nous le fuyons tant qu'il nous sera possible[2].

Calvin vient de liquider ses affaires laissées en suspens à Noyon et semble libre de choisir son destin. Disposant de quelques revenus à la suite de la succession de son père, il retourne s'établir à Paris et s'inscrit dans la nouvelle université que François Ier vient de fonder à l'imitation du collège trilingue de Louvain. Ce collège de Fortet aura un certain avenir, puisqu'il deviendra très vite le « Collège royal » et, après différentes appellations, prendra en 1870 le nom de Collège de France. Calvin n'est pas revenu à ses études de droit, mais se tourne délibérément vers des études littéraires et la théologie et jouit dans ce nouvel établissement de la liberté accordée aux professeurs pour leurs recherches et enseignements. Suivant les cours du lecteur royal Pierre Danés, il s'initie à l'hébreu ancien auprès de l'humaniste chrétien, François Valable. Rien ne filtre sur cette époque, si ce n'est les cours qu'il suit, centrés sur la philosophie de

Sénèque. C'est durant l'hiver 1531-1532 que Calvin s'attaque à ce qui sera sa première publication d'importance, son commentaire du *De Clementia* de Sénèque. Le livre est publié à compte d'auteur en avril 1531. Le *De Clementia* est un discours dédié à Néron, où le stoïcien prêche la clémence et la bienveillance envers ses sujets. Calvin montre dans son commentaire une très grande et précoce érudition. Les citations des grands textes de l'Antiquité et ceux des Pères de l'Église sont considérables. On y voit qu'il a lu de nombreux auteurs, Érasme, Guillaume Budé et nombre d'humanistes français ou italiens. De plus, il maîtrise parfaitement la rhétorique et ses termes techniques. Ses commentaires précis et argumentés du texte original tentent de prouver l'intérêt d'une lecture politique et morale du texte de Sénèque. Le mauvais prince est celui qui gouverne dans la colère et la vengeance. Calvin y affirme la soumission à la Providence et la nature divine du pouvoir politique. Tout pouvoir, lorsqu'il est légitime, émane de Dieu. Mais la clémence est sa vertu même qui manifeste à la fois son pouvoir humain et sa capacité à ressembler par cette clémence à l'être de Dieu. Il est ainsi convaincu que stoïciens et chrétiens sont d'accord pour affirmer l'existence d'une providence surnaturelle qui exclut le hasard et dirige les princes. Il est d'ailleurs évident que cette vision stoïcienne influencera ses vues ultérieures sur la domination de Dieu : en toute chose « il n'y a de pouvoir que de Dieu et tout est ordonné par Dieu ». Calvin fait le procès du tyran qui gouverne contre la volonté de ses sujets ou exerce la puissance d'une manière immodérée. Le roi accède au pouvoir par des voies légitimes et se conforme au bien public tandis que le tyran est un usurpateur, ennemi du bien public.

Cette première œuvre est-elle en rapport direct avec les transformations futures de son auteur ? On ne peut l'affirmer. Il ne prêche vraisemblablement pas aux princes d'alors la clémence envers les « évangéliques » persécutés. Pas plus qu'il n'annonce une évolution spirituelle à venir. Calvin y révèle les caractéristiques de l'humanisme qu'il se plaît à adopter, mais il en souligne aussi les limites. Les préoccupations chrétiennes y affleurent nettement. Être chrétien, souligne-t-il, ce n'est pas seulement vivre dans l'isolement d'une conscience qui se détacherait des vicissitudes du monde, comme le voudraient les stoïciens alors en vogue. Être chrétien, c'est aussi regarder le monde, être sensible au monde, se savoir un homme qui a besoin de Dieu. La religion n'est pas réduite à la philosophie et ses recherches, elle ne doit pas se laisser contaminer par les errances de ceux qui ignorent le sens de la Providence divine. La présence de Dieu aux hommes et au monde est une « main toujours tendue », un « bras miséricordieux ». Les philosophes anciens et les stoïciens en particulier n'ont pas saisi que Dieu a, sans cesse, soin des hommes. Les éléments déterminants pour l'avenir du jeune Calvin sont clairement et distinctement disposés. Mais le pas n'est pas franchi. Quand le sera-t-il ? À vrai dire, on l'ignore.

Le jeune érudit mène dans l'instant un autre combat, plus intime ou plus futile. Il dédie son premier ouvrage à son ami Claude de Hangest, abbé de Saint-Éloi. Et à cette famille qui a été si protectrice envers l'enfant qu'il fut. Il en attend évidemment reconnaissance, alors qu'il considère ce geste comme une marque de respect et de déférence envers cet hôte illustre. Il se révèle plein d'enthousiasme et, gonflé d'une juvénile assurance, se sent prêt à en découdre avec les plus grands, et même avec Érasme. Il fait directement allusion dans son commentaire à ceux du grand maître de Rotterdam et semble relever à distance le défi que ce dernier avait posé en incitant ses lecteurs à aller plus loin que lui dans leurs analyses. L'attitude critique du jeune Calvin passera plutôt comme une bravade, un acte prétentieux et plein de suffisance, en un mot un échec dont il gardera longtemps la blessure.

Si l'on s'en tient pourtant aux événements et à leurs enchaînements, ces années sont les plus déterminantes pour lui. Tout se passe durant les mois qui s'écoulent entre avril 1531, date de la parution de son livre, et octobre 1533, où il est obligé de fuir Paris après le discours de rentrée des facultés prononcé par le recteur Nicolas Cop. Discours considéré alors comme trop luthérien et ouvert aux idées évangéliques. Nicolas Cop se réfugie à Bâle, tandis que Calvin, qui est suspecté d'être l'auteur ou l'inspirateur de cette prise de position, fuit à Angoulême. On retrouve sa trace à Noyon en mai 1534, moins d'un an plus tard. Un signe probable de sa nouvelle foi évangélique est patent quelques mois plus tard, au moment où il renonce à tous ses bénéfices ecclésiastiques. Mais si sa défiance envers Rome et le catholicisme semble manifeste, il ne signifie peut-être pas encore la rupture définitive. Ce voyage, attesté par différents témoins, affirme sa volonté de résilier directement ses bénéfices ecclésiastiques. Il estime en effet justement que ces ressources ne sont plus compatibles avec son nouvel état. Sa « conversion » devrait donc probablement se situer entre 1533 et 1534. Ce serait à Paris avant le discours de Nicolas Cop que Calvin aurait résolu « de se dédier tout à Dieu » ; c'est du moins ce que rapporte Nicolas Colladon, le fameux pasteur réformé, compagnon de Calvin et de Théodore de Bèze.

Mais le plus étonnant en l'espèce, n'est-il pas cependant le silence de Calvin et de ses principaux successeurs sur cet événement ? Comme s'il devait rester dans l'ombre, celle d'une intimité voilée aux regards. Rien de tel en effet avec les autres réformateurs. Luther, mais aussi Zwingli, qui nous renseignent admirablement sur leurs états d'âme et les changements qui s'en sont suivis. Tous deux appartiennent au clergé, leurs doutes, angoisses et délibérations intérieures sont décrites par le menu. Luther a trente-trois ans quand, en 1517, il découvre le sens profond du texte de l'Épître aux Romains : « Le juste vivra par la foi[3]. » Décrivant l'angoisse de son âme et l'apaisement qu'il reçoit de cette parole annonçant la justification du pécheur par la seule grâce de Dieu. La conversion de Luther se confond dès lors avec sa carrière. Il est et demeurera — malgré ses heurs et malheurs —, l'homme qui a établi que Dieu n'est pas ce Dieu juge communément présenté, mais un

Dieu qui accepte l'homme pécheur tel qu'il est et le « justifie par la foi ». Rien de tel pour Calvin. Il a préféré taire cette période. Toutes sortes d'indices ont été relevés, des premiers biographes aux plus récents, mais sans percer la part d'ombre que Calvin lui-même a sans doute voulu préserver. Le seul document qui provient de Calvin lui-même ne précise aucune date, mais marque cependant l'irruption d'une véritable transformation. Il s'agit d'un passage, déjà cité, de la préface de *Commentaires des Psaumes* publié en 1557 :

> Et premièrement, comme ainsi que je fusse si obstinément adonné aux superstitions de la papauté, qu'il était bien malaisé qu'on pût me tirer de ce bourbier si profond, par une conversion subite [Dieu] dompta et rangea à docilité mon cœur, lequel, en égard à l'âge, était par trop endurci en telles choses. Ayant donc reçu quelque goût et connaissance de la vraie piété, je fus incontinent enflammé d'un si grand désir de profiter, qu'encore que je ne quittasse du tout les autres études, je m'y employais toutefois plus lâchement. Or je fus tout ébahi que, devant que l'an passât, tous ceux qui avaient quelque désir de la pure doctrine se rangeaient à moi pour apprendre, combien que je ne fisse quasi que commencer moi-même[4].

Qu'apprenons-nous de Calvin lui-même ? Tout d'abord qu'il a certainement dû se trouver en présence d'écrits évangéliques. Peut-être a-t-il même fréquenté l'un ou l'autre de ses tenants ? Mais s'il en a rencontré quelques-uns, il ne s'est pas laissé facilement convaincre. Les idées évangéliques semblent pourtant aller de succès en succès à Paris. L'effervescence est à son comble depuis le carême de 1533. Les tenants de l'orthodoxie la plus pure sont même en apparence défaits à ce moment-là.

François Ier décrète l'éloignement de Béda et Le Picart, fervents contempteurs des idées luthériennes. Lefèvre d'Étaples et, avec lui, les partisans d'une réforme profonde de l'Église catholique, jouissent alors ouvertement de la faveur royale. Des sermons à caractère « évangélique » sont prononcés en plein Louvre, à la demande de Marguerite de Navarre. Mais si Calvin est impressionné et imprégné de ces mouvements et manifestations de la foi nouvelle, il reste un chercheur solitaire. Il affirme pourtant ici que son retournement a été subi. Longtemps il semble demeurer intérieurement ballotté, en proie à l'inquiétude et aux doutes sur lui-même et sur Dieu. « Car vaquer, estre agité haut et bas, douter, vaciller, estre tenu en suspens, finalement désespérer, n'est point avoir fiance[5] », écrira-t-il plus tard.

La foi, pour Calvin, est tout le contraire de l'inquiétude, des doutes, de l'agitation intérieure, elle en est l'antidote absolu. La foi en Dieu est apaisement, confiance, ancrage sûr. C'est en tout cas l'expérience qui semble avoir été la sienne. À un moment donné, l'oscillation continue, la perplexité fondamentale s'est comme suspendue. Calvin use de cette image du marin qui, sur une mer agitée, laisse tomber l'ancre de son navire dans l'océan. Image d'une foi ancrée, entée dans la parole de Dieu. Mais une ancre, comme il l'écrira magnifiquement un jour à l'amiral Gaspard de Coligny, qui ne tombe pas dans les profondeurs obscures mais se trouve comme « jetée au ciel ». La conclusion s'impose, le jeune humaniste, amoureux des belles lettres et promis à une vraie réussite littéraire, devient un « amateur » de Jésus-Christ, soucieux maintenant de répondre seulement à cet appel.

Reste qu'une telle rupture, si elle nous semble mineure et évidente, marque un déchirement inimaginable aujourd'hui. La rupture de Luther, seul à s'élever contre le monde et l'ordre d'alors, était un acte d'un courage et d'une force d'âme que peu d'hommes ont vécu au cours de l'Histoire. Rompre avec l'ordre de son temps équivaut alors à déchaîner les puissances du mal et du chaos. Ce qui est en jeu n'est pas telle ou telle forme de croyance, tel ou tel débat théologique ou byzantin sur la nature du Christ ou sa présence réelle dans les espèces eucharistiques, il s'agit d'empêcher le chaos de renverser le monde habité. Se mettre ouvertement et publiquement hors de l'Église ne peut aller de soi. À cet égard, une rencontre à Paris avec un ami, Estienne de la Forge semble avoir été importante, selon l'un de ses premiers biographes, Nicolas Colladon. Ce serait là, à Paris et quelque temps avant le fameux sermon prononcé par Nicolas Cop, que Calvin serait passé de l'inquiétude à la confiance. Calvin aurait-il même inspiré ou écrit directement le discours de son ami Cop ? Nulle certitude sur ce point. Ce sermon, qui emprunte à Érasme et Luther, ne ressemble pas aux commentaires futurs du Réformateur et ne marque pas une rupture nette avec Rome. Peut-être Calvin a-t-il déjà abandonné son « obstination » contre les idées évangéliques ? Est-il encore en chemin ou vient-il de franchir cette étape décisive ? Quoi qu'il en soit, la conversion intérieure a bien eu lieu au cours de cette période. Tout d'abord, il y a cette prise de conscience décisive quand son esprit s'est « appareillé à être vraiment attentif », comme si la « lumière » lui était venue tout d'un coup. Mais cette découverte de la « bienveillance merveilleuse » de Dieu s'accompagne immédiatement aussi de la prise de conscience « de la fange de ses erreurs », plongé qu'il se trouve « dans les boues et les macules ». À l'image des témoignages spirituels d'une Thérèse d'Avila ou d'un Jean de la Croix et de tant d'autres figures chrétiennes, Calvin, devant ce qu'il reçoit comme signe de la majesté et de l'amour de Dieu, prend une conscience nouvelle de sa propre indignité. Loin d'une forme de divinité effrayante, se révèle alors un Dieu qui fait le don gratuit de son amour, un amour dans lequel l'homme place toute sa confiance, tout en se sachant lui-même, indigne et misérable. La mauvaise crainte, l'angoisse et la déréliction laissent place à une bonne crainte, celle d'un Dieu juste et miséricordieux auquel il convient de rendre hommage — et gloire.

Le temps des tergiversations et des atermoiements est passé. La conversion demeure la réception de la justice de Dieu, sa reconnaissance abolissant le péché, tous les péchés. La découverte, à l'exemple de Luther, que Dieu, par une contrainte acceptée, rend l'homme juste en Christ bien qu'il soit injuste par lui-même. Cette découverte est une sorte de retournement de l'être vers Dieu, « la ferme et certaine connaissance d'un Dieu tourné vers nous ». Un retournement qui, dès l'instant où il se réalise, ne cesse de produire ses effets. Cet instant providentiel devient au cours du temps un événement continu, dont le premier effet est la confiance, la ferme assurance : un conseil et un refuge de tous les instants. Tel est le sens de la conversion de Calvin à laquelle il ne cessera de se référer au cours des innombrables combats qu'il va mener. À l'exemple de la figure du roi David de la Bible, Calvin s'est considéré comme « un povre homme vagabond », « rejeté du temple », « chassé de son pays », mais toujours adonné totalement à Dieu. Ce moment de la conversion, de la découverte de l'absolue bienveillance divine, associe la rupture à la continuité, l'émotion à la solidité d'une conviction. Mais elle est aussi, pour Calvin, synchroniquement un passé, une expérience vécue, l'aujourd'hui d'une présence sensible et un avenir assuré dans une douceur de savoir la parole de Dieu fichée en son cœur. La conversion restitue l'ordre vrai : l'homme s'avoue sujet. Il se reconnaît incapable par lui-même de déchiffrer les secrets de Dieu : « Maintenant nous voyons, comme il nous faut retourner à Dieu quand nous en avons esté comme banis : c'est assavoir, que nous lui soyons disciples, et qu'il soit nostre maistre[6]. » Quoi qu'il puisse arriver, nul malheur, nul bonheur, nulle tristesse, nul tourment, nul doute, nulle persécution n'est en mesure de détruire l'homme de foi. Se convertir, ce fut donc pour Calvin comprendre que la majesté de Dieu était impérativement vivante dans sa parole et se rendre sujet à celle-ci comme David se fit un jour sujet de Dieu.

Nul besoin de discuter de la réalité ou de la véracité d'une telle expérience spirituelle. La foi demeure un objet historique non identifié. Elle peut certainement être décrite en d'autres termes ou analysée selon d'autres paramètres psychologiques ou psychanalytiques. Elle est le récit autobiographique qu'en fait inlassablement Calvin au cours de ses innombrables cours, études, sermons et livres. Ce récit relate sa crise personnelle et la manière dont il a reconstruit son identité. Et trouvé l'apaisement. Cet événement fonde en tout état de cause la conscience qu'avait de lui-même le Réformateur qui se pensait ainsi appelé par Dieu. Et choisi pour être son témoin. Une expérience de l'indicible dont il ne révèle rien de précis, ni de définitif, que l'on ne peut comparer à celle d'un Pascal dans son *Mémorial*. Ce court récit d'une illumination mystique, qui commence par « Dieu d'Abraham, Dieu d'Isaac, Dieu de Jacob, non des philosophes et des savants » et se poursuit par « Joie, joie, joie, pleurs de joie », Pascal l'a précisément daté : « L'an de grâce 1654, lundi 23 novembre [...]. Depuis environ dix heures et demie du soir jusques environ minuit et demi*. » Ce qui frappe ici, c'est l'inscription du jour, de l'année et même de l'heure à laquelle est survenue la « grâce ».

Calvin ne relate pas cette expérience ni ne la date. Rien n'interdit de penser que la force de ses convictions futures serait née dans les mêmes circonstances, celle d'une illumination intérieure, au-

---

* In *Les Pensées*, ouvrage inachevé et publié à titre posthume en 1670. Apologie de la foi chrétienne adressée au sceptique intelligent, cette œuvre comporte son célèbre « pari » sur l'existence de Dieu. Cependant, l'écrit religieux le plus intime de Pascal demeure le *Mémorial*. Ce bout de papier, qui relate son expérience mystique lors d'une nuit inoubliable de 1654, a été trouvé dans la doublure de son manteau après sa mort : il portait ce souvenir en permanence sur lui.

delà des mots, des concepts théologiques ou de toute approche intellectuelle. Mais quand il parlera beaucoup plus tard de ce « changement de cap », Calvin emploiera plus volontiers une métaphore équestre : « Dieu ma fait tourner bride. » Il ne semble découvrir la destinée et la vocation spirituelle qui est la sienne qu'à la relecture de son parcours. « Tourner bride », c'est-à-dire se détourner d'un chemin préalablement choisi. Se détourner d'une voie toute tracée, sereinement, consciemment. Foin des humanités et des humanistes parisiens de la Sorbonne ou d'ailleurs, Calvin a décidé de tourner casaque. Il ira à Bâle et laissera cet avenir encombré et bouché par une sorte de trop-plein d'agitations, de débats intellectuels et de polémiques stériles. Sa voie est ailleurs. À Bâle, tout d'abord, auprès des esprits les plus déterminés du mouvement naissant réformé. Et après ? Calvin n'en sait trop rien. Qu'adviendra-t-il de lui, de son engagement au service de l'érudition qui est déjà la sienne ? Il n'en a aucune idée. Il a « tourné bride ». Et cette manière de changer sa trajectoire le conduira progressivement et de plus en plus clairement sur un autre chemin pendant la marche elle-même.

Il ne cessera en tout cas de s'y référer et d'appeler ce chemin celui de la découverte de la grâce. Mais toujours de façon discrète quant à son propre cheminement. Souci de ne jamais mettre sa propre expérience en avant ? De ne pas personnaliser son message pour éviter toute tentation de « sacralisation du témoin » alors que toute la gloire ne doit revenir qu'à « Dieu seul » ? Peut-être. C'est en tout cas, le sens qu'ont souhaité laisser à la postérité les successeurs de Calvin, et en premier lieu Théodore de Bèze — dûment averti semble-t-il par son mentor. Mais n'est-ce pas aussi parce que cette expérience de la grâce fut avant tout progressive chez Calvin ? Et fragile ?

La rupture semble de fait avoir été douloureuse et difficile. Tous les réformateurs rapportent d'ailleurs la même expérience avant de franchir le pas : hésitations, doutes, tristesses intenses. C'est dans son *Épître à Sadolet* que Calvin résume le mieux cette hésitation ultime de celui qui embrasse la foi évangélique :

> Tant que je me considérais de près, de tant plus aigres aiguillons était ma conscience pressée ; tellement qu'il ne me demeurait autre soulas ni confort, sinon de me tromper moi-même en m'oubliant. Mais, pour ce que rien ne s'offrait de meilleur, je poursuivais toujours le train que j'avais commencé, quand cependant il s'est élevé une bien autre forme de doctrine, non pas pour détourner de la profession chrétienne, mais pour la réduire elle-même en sa propre source, et pour la restituer, comme émondée de toute ordure, en sa pureté. Mais moi, offensé de cette nouveauté, à grand'peine ai-je voulu prêter l'oreille ; et si confesse qu'au commencement, j'y ai vaillamment et courageusement résisté. Car comme les hommes sont naturellement obstinés et opiniâtres à maintenir l'institution qu'ils ont une fois reçue, il me fâchait bien de confesser que toute ma vie j'eusse été nourri en erreur et ignorance. Et mêmement une chose y avait qui me gardait de croire ces gens-là : c'était la révérence de l'Église. Mais après que j'eus ouvert quelques fois les oreilles, et souffert d'être enseigné, je connus bien que telle crainte, que la majesté de l'Église ne fût diminuée, était vaine et superflue[7].

Comment ne pas imaginer, en effet, le gouffre d'inconnu qui s'ouvrait sous les pas de ces réformateurs du XVIe siècle empreints et constitués dans les tréfonds de leur conscience par cette unité ontologique de la chrétienté qu'ils s'apprêtaient ainsi à briser ? Gouffre d'angoisse dont l'existence de Calvin porte indubitablement la trace. Inquiétudes et angoisses qui trouveront en réalité chez Calvin une réponse définitive dans le témoignage même de son expérience de Dieu auprès des autres. C'est dans et par sa vocation de témoin choisi par Dieu que Calvin semble trouver le signe définitif de la grâce qui l'a touché. Le désir de son cœur de « porter témoignage à la vérité » l'incite à s'y consacrer toujours davantage, mais c'est aussi et surtout la réception enthousiaste et profonde de ses interlocuteurs qui le persuadent encore davantage de la solidité de son expérience personnelle. L'indication nous est fournie par Calvin lui-même, toujours dans ce grand discours sur sa conversion qui se trouve dans la « Préface » de 1557 de *Commentaires des Psaumes* :

> Ayant donc reçu quelque goût et connaissance de la vraie piété, je fus incontinent enflammé d'un si grand désir de profiter, qu'encore que je ne quittasse pas du tout les autres études, je m'y employais toutefois plus lâchement. Or je fus tout ébahi que devant que l'on passât, tous ceux qui avaient quelque désir de la pure doctrine se rangeaient à moi pour apprendre, combien je ne fisse que commencer moi-même. De mon côté, d'autant qu'étant d'un naturel un peu sauvage et honteux, j'ai toujours aimé recoi et tranquillité, je commençai à chercher quelque cachette et moyen de me retirer des gens ; mais tant s'en faut que je vinsse à bout de mon désir, qu'au contraire toutes retraites et lieux à l'écart m'étaient comme écoles publiques. Bref, cependant que j'avais toujours ce but de vivre en privé sans être connu, Dieu m'a tellement pro-

mené et fait tournoyer par divers changement que toutefois il ne m'a jamais laissé de repos en lieu quelconque jusqu'à ce que, malgré mon naturel, il m'a produit en lumière et fait venir en jeu comme on dit. Et de fait laissant le pays de France, je m'en vins en Allemagne de propos délibéré, afin que là je puisse vivre en recoi en quelque lieu inconnu, comme j'avais toujours désiré.

Chez Calvin, cette réalité de la conversion est visiblement subordonnée à celle de la vocation. La figure biblique qui pour lui récapitule le mieux son expérience personnelle est celle de David. Et non celle de l'apôtre Paul qui lui aussi a dû « tourner bride d'un autre côté » alors qu'il s'en allait par les routes pour combattre ceux qui suivaient Jésus, le Christ. Paul a été saisi, retourné par la parole du Christ qui s'est révélée à lui : « Saül, Saül pourquoi me persécutes-tu ? » Rien de tel avec le roi David. David a été élevé par Dieu alors qu'il n'était qu'un simple berger. David choisi par Dieu, à la place du roi Saül pour conduire le peuple d'Israël. David, le type même de l'élu à qui Dieu donne la force de vaincre, malgré ses limites et ses manquements qui ne cesseront d'apparaître et de se vérifier au cours de son existence. Calvin décrit le roi David « d'un estat si misérable[8] » comme celui du croyant, englouti dans les afflictions, l'impossibilité de trouver un soulagement face aux oppressions des méchants. Un modèle pour Calvin. Dieu lui a donné la force comme il l'avait accordée à David. David, Calvin, des hommes que Dieu s'est choisi, non pour leurs mérites ou leurs capacités, mais en fonction de Sa seule volonté. L'aventure individuelle ne doit pas prendre le pas sur cette destinée qui n'appartient qu'à Dieu. La conversion individuelle, ce passage, ne compte donc pas réellement, son moment n'appartient qu'à Dieu seul. La place de l'homme Calvin ne subsiste qu'à l'heure de la découverte de ses propres infirmités, de sa déchéance définitive devant la majesté et la divinité de Dieu. C'est de cette contrition même, de la prise de conscience douloureuse et dramatique des « tourments de son âme », que peut naître ce besoin de la grâce seule, cette attente ardente de Dieu. Le reste, la réponse, l'apaisement, le sentiment d'une plénitude de la présence aimante de Dieu, la certitude d'un appel et d'une mission auprès des hommes… tout appartient à Dieu seul. Mais c'est aussi dans la permanence de ces tourments et des afflictions continues que se trouve la confirmation d'un appel et d'une vocation décidée par Dieu. Le sentiment de l'élection subsiste là comme le signe évident et tangible de cette réalité d'un retournement, d'une véritable et définitive conversion.

Vocation

Lorsque je parle, Il parle[1].

Ce moment de la conversion n'est évoqué par Calvin que tardivement. Il ne le mentionne d'ailleurs qu'une seule fois dans toute son œuvre. Non comme un événement subit et vécu à un moment précis, mais comme une justification postérieure de la mission qu'il a reçue. Plutôt comme la preuve de la prédestination infaillible qui lui a donné d'être ce qu'il est aujourd'hui. Dieu élève ceux qu'il a choisis. L'idée de conversion est chez Calvin subordonnée à l'idée de vocation. Sa conversion lui donne ainsi l'aptitude à reconnaître et à nommer ce qui devait être aimé et ce qui devait être haï. L'adresse à Dieu n'est plus « advocassage et plaidoirie », mais elle devient « humble confession et suppliante prière ». L'homme converti à Dieu devient le réceptacle de la parole même de Dieu, il s'inscrit dans la suite de ces témoins de Dieu dont l'Écriture sainte raconte les vies exemplaires et leur dépendance à Dieu.

Son histoire personnelle prend alors place dans

cette vaste « histoire du salut » entamée par les rois et les prophètes du Premier Testament. C'est par la prière que le croyant s'inscrit dans cette « nuée des témoins ». Prière qui n'est au fond qu'une demande à Dieu de continuer Son œuvre et Sa besogne à travers l'homme qui répond aujourd'hui à Son appel. Une prière qui vise aussi à l'éloignement de Satan qui rôde, et à l'aide de Dieu pour que la mort ne vienne pas submerger la vie nouvelle. Mais encore et surtout à affirmer que sans la foi en la toute-puissance juste et miséricordieuse de Dieu rien n'est possible à l'homme. La conversion de Calvin et l'appel reçu ne font qu'un et sont une manière de redire la volonté de Dieu contre tous ceux qui tentent de s'opposer à elle : suppôts de Rome et superstitieux qui ajoutent ou corrompent le message du salut. Ainsi pour Calvin, le temps de la conversion est une sorte de continuum, un temps d'action et de témoignage, une « escole de Dieu » qu'il a choisi de suivre quoi qu'il en coûte. Il s'agit non pas seulement de demeurer fidèle à un appel reçu, mais d'aller toujours plus profondément dans le sens de cet appel et de faire connaître dans sa vérité toujours plus profonde la justice et la sagesse de Dieu aux « ignorants » ou aux « aveugles ». La sagesse et la véritable connaissance de Dieu ne peuvent demeurer cachées comme un trésor et réservées à quelques-uns. L'Évangile doit être diffusé et communiqué aux autres. La conversion est ce chemin ouvert, un temps humain nouveau qui appelle à un engagement total de l'être. Calvin, au soir de sa vie, fera appel une dernière fois à la pitié providentielle de Dieu qui lui a permis de participer au véritable message de Dieu pour les hommes : « Dieu m'a supporté en tant de vices et pauvretés qui méritaient que je fusse rejeté mille fois de Lui [2]. » Mais il se sent dans le même temps assuré d'avoir été un acteur de Dieu parmi les hommes : « Il a étendu vers moi sa merci jusque-là de Se servir de moi et de mon labeur pour porter et annoncer la vérité de Son Évangile[3]. » Cette conviction est d'autant plus assurée qu'elle ne repose pas sur ses propres mérites, forces intellectuelles ou morales, mais sur le choix de Dieu. Confirmé par les difficultés mêmes et les oppositions que cette mission suscite autour de lui.

Mais cette puissante conviction ne contient-elle pas en elle-même son revers ? Calvin écrira que parce qu'il a été appelé, c'est désormais sa conscience qui le contraint. Comme si la parole de Dieu le contraignait à parler, à s'engager, à trancher et couper dans les débats qui surgissent à propos de la doctrine divine. Jusqu'à laisser entendre que lorsqu'il parle, c'est la Parole de Dieu qui parle. Il est dès lors envahi par la certitude que Dieu s'est choisi quelques hommes au cours de l'Histoire pour dire la foi et faire « profiter tout un chacun en la crainte de Dieu ». Ce que racontent et enseignent ces « hommes que Dieu s'est choisi » doit être reçu non comme des paroles humaines, mais bien comme des paroles divines. Dieu qui les a élus enseigne par leur bouche « Sa doctrine » à une masse qui ne possède pas les moyens intellectuels ni le discernement suffisant pour l'entendre dans toute sa vérité et sa force.

Aussi, assuré qu'il est d'avoir reçu « une véritable intelligence des Écritures », il revendique le droit et le devoir d'instruire ceux qui lui sont confiés. Pire, s'il aspire à instruire chacun sur l'amour que Dieu donne à toutes les créatures, il ne recule pas devant les condamnations et les dénonciations face à ceux qui se détachent de Dieu. Dans la première de ses *Epistolae duae* (1537), il appelle ceux qui le liront à se souvenir que le conseil donné par sa plume n'est pas une parole humaine et donc faillible et discutable, mais le conseil d'un homme « l'ayant reçue de la bouche sacrée de Dieu qu'il vous est seulement prononcée et présentée par un homme [4] ». La conversion-vocation est donc pour lui aptitude à communication des verdicts définitifs de Dieu. Calvin se sent donc parfaitement justifié et autorisé à prononcer exhortations et condamnations avec autant de force de convictions que d'agressivité. Qui ne voit le danger patent d'une telle aptitude ? Quoi de plus dangereux, en effet, que de prétendre écouter Dieu en s'écoutant soi-même ? Calvin ne reconnaîtrait-il aucune médiation, aucune part de subjectivité et donc, de distorsion entre la parole de Dieu et les paroles humaines sur le divin ?

Précaution inutile pour Calvin, puisque dans son cœur où s'exprime la foi, il y a l'Esprit qui donne l'enseignement de Dieu et il y a la connaissance de Dieu, comme enracinée. Calvin répond ainsi vertement à son ami Louis du Tillet, lui reprochant une trop foncière dureté contre l'Église du pape, qu'il ne fait que suivre la « règle » de sa « conscience ». C'est la volonté de Dieu qu'il a toujours épousée. Dieu lui a donné vocation et chaque jour qui passe confirme cette vocation. Des vies humaines sont à sauver, le message de l'Écriture dans son « évidente et simple clarté » doit être annoncé et l'idolâtrie doit, dans le même temps, être durement stigmatisée. Au cardinal Sadolet, Calvin affirme dans son *Épître à Sadolet* qu'il loue Dieu de l'avoir illuminé par « la clarté » de Son esprit, lui qui est dès lors devenu l'instrument d'une parole vraie. Calvin prétend ainsi être héritier d'une « lumière » qui doit permettre de débusquer le mal et les dérives des faux docteurs. Il n'est qu'un relais, un organe de diffusion et de répétition par la voix ou l'écriture de la pensée même de Dieu. Une manière d'être à soi et à Dieu que l'on qualifierait volontiers aujourd'hui de « fondamentaliste ».

Une forme d'illuminisme ou de prophétisme inspiré qui impressionne d'autant plus qu'il ne s'accompagne pas d'émotion spirituelle ni de transe mystique. Aucune annonce d'un châtiment bientôt à venir prononcée, pas plus que d'Apocalypse imminente. Nulle imprécation du type de celles des « prophètes du Désert » qui s'abattront contre les papistes au cours de la guerre des camisards*. Le prophétisme de Calvin est tout au contraire parfaitement contrôlé. Il est l'instrument, l'acteur de Dieu pour le rappel d'une doctrine qui est celle de

---

* La « guerre des camisards » est ce soulèvement armé qui mobilisa les protestants des Cévennes et d'une partie de la plaine du Bas-Languedoc contre le pouvoir royal de 1702 à 1705. On fait traditionnellement commencer cette guerre, ou plus exactement ce que l'on appellera plus tard une « guérilla », au 24 juillet 1702, avec l'assassinat de l'abbé du Chaila au Pont-de-Montvert.

toute l'Écriture et de l'Église de Jésus-Christ de tous les temps. Il est celui qui détient, non pas seul, mais accompagné d'une cohorte de témoins accordés sur l'essentiel, la parole de réconciliation, et la présente devant le peuple. Il n'est pas un prophète, inspiré et menaçant contre les abominations commises contre Dieu, il est le pédagogue que Dieu s'est choisi pour rappeler le message des Écritures. Il est un enseignant, non un prophète, mais un témoin de la vérité comme le sont les grands témoins des temps bibliques. « Quand j'auray prouvé toutes ces choses par bons tesmoignages de l'Escriture, il se trouvera que je ne dis rien du mien », explique-t-il dans *L'Institution de la religion chrétienne*[5].

De fait, Calvin ne tergiverse jamais, ni ne semble hésiter sur la marche à suivre, même lorsqu'il se trouve face aux autorités du temps. Il doit communiquer « l'intelligence » qu'il a reçue des Écritures, « selon ce qu'il a plu au Seigneur de [lui] révéler ». Ce devoir de parole, rien de devra, ni ne pourra l'arrêter, ni les dangers, ni les obstacles, ni les tourments. Tout au contraire, ce sont ces mêmes dangers, ces mêmes obstacles, ces mêmes tourments qui font ici office de preuves. Le disciple peut-il, en effet, échapper au sort du maître ? Dieu rappelle à son élu qu'il n'est que cendre et poussière, et doit ainsi demeurer un instrument docile entre ses mains. Le roi David n'a-t-il pas surmonté nombre d'épreuves ? « Ç'a esté une chose qui m'a beaucoup servi, de contempler en luy, comme en un miroir, tant les commencements de ma vocation, que le discours et la continuation de ma charge : à ce que recognusse plus asseurement que tout ce qu'à souffert et soutenu ce Roy et prophète tant excellent, m'esttoit proposé de Dieu pour exemple afin de l'imiter[6]. » Comme le roi David, celui qui est réputé à l'origine des Psaumes, le Réformateur est soumis à toutes sortes d'adversités. Comme lui, il se sent choisi, élevé d'entre les plus humbles des hommes et rempli d'une force et d'une assurance dont l'origine est en Dieu seul. Comme David, mais aussi Abraham, Jonas ou l'apôtre Paul, il est l'instrument de Dieu pour rompre les chaînes qui retiennent les hommes de cette époque dans l'obscurité et l'angoisse. L'urgence des temps le commande, il faut renverser les puissances de l'ombre et les superstitions qui empêchent l'Esprit du Dieu vivant d'illuminer les hommes et le monde.

LES ANGOISSES DU TEMPS

Il est impossible de comprendre une telle conviction et une telle assurance sans un détour par le contexte spirituel et angoissé de ces années, comprises entre 1520 et 1530. L'air du temps est alors saturé par une sorte d'angoisse eschatologique profonde. Prédicateurs et astrologues allaient répétant que le monde surchargé par les abominations et les péchés des hommes allait sûrement vers sa fin. Une immense angoisse parcourait les imaginations, d'autant plus vivement que les maladies, les ravages de la peste et l'omniprésence de la mort redoublaient d'intensité. Une ambiance magique ou maléfique propice à tous les dérèglements. Et de fait, c'est exactement ce que l'histoire retiendra de cette époque, mais dans un sens bien différent. Loin de dissiper les angoisses, l'irruption de la Réforme est alors comprise comme un redoublement des malédictions qui frappent les hommes. Sinon leur cause première. Pour les « réformés » ce sont bien les « superstitions romaines » qui obscurcissent le monde.

Dans le camp d'en face, c'est-à-dire de ceux qui demeurent fidèles à Rome et voient dans la propagation des idées nouvelles matière à profonde inquiétude, il fallait se mobiliser une bonne fois pour toutes contre le déferlement de ces hérétiques « luthériens » dénoncés par les prêtres comme les signes avant-coureurs de l'Antéchrist. Tous, de ce côté-là, vivent dans une sorte d'attente fiévreuse de la guerre sainte contre ces démons de la discorde et de l'hérésie semés par ces dissidents animés autant par les vues d'Érasme que celles de Luther et autres « bibliens ». Un peu partout dans le royaume de France des hommes se réunissent, en effet, clandestinement ou pas, pour épurer la liturgie et le culte des saints, suspecté de certaines superstitions. À mesure qu'elles soupçonnent les dissidents d'être de plus en plus nombreux, les autorités de l'Église romaine se mobilisent. Ainsi, en 1526, les traductions françaises des Écritures sont-elles condamnées. S'ajoutent à cette ambiance délétère de véritables provocations qui vont exciter les angoisses des populations. Ainsi, dans la nuit du 1ᵉʳ juin 1528, une statue de la Vierge à l'Enfant, placée dans une niche entre la rue des Rosiers et la rue des Juifs, subit une dégradation spectaculaire. Rageusement plusieurs coups de couteaux sont portés au visage de la Madone et à celle de l'Enfant. Les deux figures sacrées sont même décapitées et jetées parmi les pierres. Le couvre-chef de la Vierge est traîné dans la boue et foulé aux pieds. Les coupables ne sont pas identifiés. Mais le mal est fait. Le roi, en est, dit-on, profondément affecté. On parle de « scandale advenu, d'atteinte au créateur et à sa glorieuse mère ». La semaine suivante, des processions expiatoires sont conduites dans tout Paris. Il s'agit d'implorer le pardon du Très-Haut et de l'appeler à la clémence envers ce royaume déchiré et en proie à de telles ignominies. On demande pardon et on répare. Des sommes d'or et d'argent sont apportées en contrepartie de l'outrage. La statue martyrisée est placée à l'église Saint-Gervais où elle devient l'objet d'un véritable culte. Des miracles, raconte-t-on par la suite, sont accomplis à son chevet. L'histoire connaît en tout cas un retentissement considérable dans le royaume. L'angoisse catholique de profanation s'est installée dans les esprits. La crainte de l'hérétique iconoclaste et sacrilège se précise et s'intensifie. Les « luthériens » sont de plus en plus désignés à la vindicte publique sans que soient précisés les contours de cette dissidence hérétique. D'autant qu'une catastrophe vient de toucher le royaume en 1525, après le désastre de Pavie : le roi François 1ᵉʳ est retenu prisonnier par Charles Quint. Quelque chose ne marche visiblement plus dans le royaume de France. La malédiction est forcément d'origine divine. La pression sur les mal-pensants et autres dissidents en devient d'autant plus forte. La papauté, par l'intermédiaire de Clément VII, ajoute à la confusion des esprits en édictant une bulle s'inquiétant et condamnant les « blasphèmes » et les attaques contre le culte des saints. Si la guerre n'est pas encore totale envers ces ennemis de Dieu, une culture de la croisade s'installe. On rêve d'une immense purification pour abattre l'hérésie et le blasphème.

De l'autre côté, celui des idées nouvelles et réformatrices, la rupture avec Rome joue le même rôle, un acte libérateur de l'angoisse du temps. Les ténèbres papistes doivent laisser la place aux lumières de l'Évangile. Et il y a urgence à faire revenir les femmes et les hommes de ce temps à l'accueil gratuit de l'amour divin. C'est d'ailleurs cette impatience réformée qui accélère le processus conflictuel. Au-delà des grandes formulations de la nouvelle doctrine, « justification par la foi seule », rôle central des Écritures, redéfinition des sacrements dont celui de l'eucharistie, c'est la contestation radicale du culte des saints qui va focaliser l'attention sur les premiers « évangéliques » à la suite de Luther. Et ces derniers ne seront pas avares d'actions d'éclats en ces domaines. L'iconoclasme, le bris de statue, geste de défi et de contestation de cultes réputés païens, se développe au cours de ces années dans tout le royaume. À chaque avancée des idées de la Réforme se joint, ici ou là, des actes de vandalisme et de destructions dans les églises. Calvin lui-même aura beau dénoncer ces violences qu'il juge gratuites et contre-productives, rien n'y fait. La confession réformée, qui introduit une profonde discontinuité entre les vivants et les morts, refusant le culte de ces derniers, provoque une rupture tragique avec le monde issu du Moyen Âge. Il n'existe d'autres médiations entre le ciel et la terre que Jésus-Christ. Les pèlerinages, les cultes des saints, les rituels sacrificiels, la messe… n'ont plus d'utilité ni de portée. Il ne subsiste aucune chance de porter secours et de délivrer les femmes et les hommes de leurs angoisses sans cette rupture radicale avec les pratiques anciennes. Pour les religionnaires, l'annonce de la vérité ne peut pas attendre face aux idolâtres. Le règne de la vérité et de la sortie du monde des ténèbres superstitieuses est maintenant à venir.

On le voit, l'ordre du jour n'est pas alors à la modération et à la compréhension de la parole de l'autre. L'enjeu est tout simplement vital, essentiel, absolu. Au menu, le salut de tous, l'avenir du royaume, celui du christianisme, de Dieu parmi les hommes… Autant dire qu'aucun compromis, qu'aucune voie médiane ne semble réellement envisageable. Ni possible.

C'est bien dans ce contexte-là qu'il faut entendre la conversion-mission de Jean Calvin. Le choc des mêmes angoisses, des mêmes attentes de la clémence de Dieu en ces temps troublés. Et des réponses radicalement antagonistes et symétriques. Les troubles des uns se nourrissant des espérances et des initiatives des autres. Calvin se sait appelé. Serait-ce pour réformer l'Église, pour organiser son renouveau ou son adaptation nouvelle aux attentes du temps ? Il est déjà trop tard. Ce temps-là est passé. Aujourd'hui, il y a urgence. Le jugement de Dieu est imminent sur ce monde dominé par l'obscurité que lui impose et commande l'Église du pape, ses pompes et ses superstitions. Le choix de Dieu ne touche pour lui qu'à l'essentiel, la Parole que Dieu veut adresser aux humains. Une Parole qu'il faut garder et rendre dans toute sa force et sa vérité. Inutile d'attendre de sa part, compréhension, mansuétudes pour les hésitations et les atermoiements des uns ou des autres, la Parole de Dieu seule commande et ne souffre aucune contestation. Une fois la vérité reconnue, il ne s'agit plus que de la suivre sans barguigner.

De là, peut-être, cette étonnante série de contradictions nées de cette vocation qui jalonneront la vie et la pensée de Calvin : une manière à la fois libre et entravée, iconoclaste et intempérante, émancipatrice et autoritaire. C'est toute l'ambigüité de la réforme soutenue par Calvin. Une conquête de la liberté et de la raison sur les peurs ancestrales et les superstitions, mais en même temps la nécessité, par craintes des débordements impensables au XVIe siècle, de limiter ce mouvement de libération. De lui fixer des bornes infranchissables de manière autoritaire, sinon totalitaire, quand il s'agira de confondre les hérétiques et les déviants libertins, au besoin par la violence, exercée alors par le seul Magistrat.

Réformer, c'est-à-dire retrouver le pur Évangile, doit se vérifier dans les actes et la vie quotidienne. Pas question de prêter le flanc à des accusations de désordres, de séditions ou d'hérésies manifestes quant aux fondements du christianisme. La pression est intense sur les pères réformateurs. Elle le sera pendant toute l'existence de Calvin et bien au-delà. La Réforme doit, en toute matière, faire la preuve de son orthodoxie et de son orthopraxie face à la chrétienté, sous peine de tout perdre et de s'y perdre. Il ne s'agit pas alors d'assurer le salut de quelques élus, mais de sauver le monde par la redécouverte du véritable Évangile. C'est la conviction-vocation de Calvin. Elle le demeurera, quoi qu'il en coûte.

Effervescences

Il ne peut se faire qu'un homme de 20 ou 30 ans soit caché dans un morceau de pâte[1].

Mille cinq cents ans après la mort du Christ sur la Croix, l'effervescence évangélique qui agitait ces premières années du XVIe siècle pouvait apparaître comme une nouvelle résurrection de l'Église, une tentative ultime pour restituer un ordre de la foi conforme à la tradition révélée par le Nouveau Testament. L'histoire se déroule pour ces jeunes hommes qui attendent une réforme de l'Église comme celle de ces temps nouveaux promis par le Christ et annoncés à de multiples reprises dans les textes de l'Évangile. Mille cinq cents ans plus tard, le règne du Christ est peut-être sur le point d'advenir. Et si la parole de Dieu était aujourd'hui restituée au monde ? s'interrogent-ils. Ces temps troublés annoncées par l'Apocalypse ne sont peut-être pas promis à un effondrement général dans les douleurs et les affres, mais ils ouvrent peut-être, au contraire, une nouvelle ère de joie évangélique. Certains, comme ceux du Cénacle de Meaux autour de l'évêque Guillaume Briçonnet qui regroupe, outre Jacques Lefèvre d'Étaples, de nombreux érudits humanistes, Guillaume Farel, Gérard Roussel, François Vatable, Martial Mazurier, Michel d'Arante entre autres, cherchent à forcer le cours des événements. Contre la méchanceté et l'ignorance des temps, leur attente vive, l'agitation de leur imaginaire et leur espérance peuvent et doivent devenir réalité.

Mais c'est aussi, et plus sûrement encore, la conscience de l'indigence et l'inculture crasse du bas clergé qui est au fondement de la réaction de ce Cénacle. L'Église ne pouvait plus espérer influer sur le cours des événements, il lui fallait passer par un ressaisissement général. Un sursaut. Un réveil et un retour à la foi de la première Église. Il ne s'agit pas pour l'évêque Guillaume Briçonnet de réforme radicale de l'Église et encore moins de contestation de sa mission. L'évêque rassemble autour de lui des hommes qui seront capables d'aider l'Église à un retour vers ses fondamentaux, à commencer par la connaissance du message chrétien lui-même. Point de passage obligé, la (re)découverte du texte biblique qui commence à circuler largement autour des années 1520-1530 grâce à la diffusion des procédés de l'imprimerie*. Il at-

---

* En 1501 on dénombre plus de 1 000 imprimeries artisanales dans toute l'Europe. Ces imprimeurs avaient produit 35 000 titres et 200 millions de copies. Mais cette nouvelle économie peine pourtant à trouver ses marques et son mode de fonctionnement. Si la demande de livres provenant des classes nobles et bourgeoises existe bel et bien, les structures de distribution font cruellement défaut. Ce sont principalement les foires qui vont servir de lieu de rassemblement aux imprimeurs et à leurs clients. C'est là que les livres vont s'échanger, s'exporter. Une autre grande foire européenne du livre voit le jour à Francfort. Elle existe toujours.

tire ainsi vers lui Lefèvre d'Étaples, pour ses travaux de traduction de l'Écriture. Lefèvre sera le premier traducteur de la Bible française en 1530.

Briçonnet, avec son ami Lefèvre d'Étaples, devient peu à peu l'artisan majeur de ce nouveau courant de l'« évangélisme » : cette doctrine qui vise une réforme évangélique passant par la traduction en langue vulgaire du Nouveau Testament. Il entend revenir aux sources du christianisme, à l'enseignement originel du Christ via la lecture directe des textes sacrés. Avec les Épîtres de saint Paul, la Bible va être l'objet d'un long travail philologique : rétablissement du texte, des commentaires, traduction et nouveaux commentaires. Ce cercle exercera une grande influence sur les humanistes et les écrivains de cette génération (Clément Marot, Rabelais, etc.). Et cela d'autant plus que la même année, Guillaume Briçonnet devient le directeur spirituel de Marguerite de Navarre. Sœur du roi, Marguerite de Navarre, ou Marguerite d'Angoulême, joue un rôle capital au cours de la première partie du XVIᵉ siècle : elle exerce une influence profonde en diplomatie et manifeste un réel intérêt pour les idées nouvelles. Briçonnet entretient avec elle une importante et continue correspondance. Sensible aux thèses défendues par le cercle de ce nouvel « évangélisme », elle décidera de le protéger discrètement.

Mais les Franciscains alliés aux docteurs en théologie de la Sorbonne dont le redoutable Noël Bédier s'opposent à ces réformes. Aux yeux des autorités ecclésiastiques, cet évangélisme semble une dérive dangereuse, car elle ouvre la voie à toutes les interprétations contradictoires. Ne constituent-elles pas non plus une sorte d'ouverture sournoise ou une passerelle pour la « peste luthérienne » ? L'université de Paris et ses très réputés docteurs en théologie constituent un milieu responsable de l'orthodoxie des textes sacrés. Ils vont y veiller avec constance. Attachés à la scolastique, ils useront de tout leur pouvoir de censure face à la diffusion de ces idées. Ce faisant, ils parviendront, en 1525, à mettre fin au Cénacle de Meaux. Loin de mettre un terme aux études humanistes, celles-ci prendront des voies détournées pour aboutir en 1530 à la création du Collège des lecteurs royaux, dont nous avons déjà parlé, lequel, par l'autorité de ses membres, dont Guillaume Budé, pourra seul faire pièce à la Sorbonne, sa voisine. Lorsque Budé obtient de François Ier la création de ce collège où l'on enseigne les « humanités », le grec, l'hébreu, le latin classique, le royaume de France va combler une partie de son retard intellectuel sur les nations voisines, Angleterre et Pays-Bas en particulier. La victoire des belles lettres sur la barbarie, ou au moins sur une certaine rusticité à la française, apparaît comme une victoire de la civilisation et de la tempérance. Calvin souscrit alors entièrement à cette vulgate. Le protestantisme accepté même marginalement aurait pu être le signe de cet ennoblissement intellectuel du pays. Il n'en sera rien.

L'« évangélisme à la française » n'est pas encore une forme de pré-réforme protestante. Même si Guillaume Farel, qui appartient à ce groupe, deviendra l'un des principaux réformateurs : la

« troisième voie » de l'évangélisme français reste foncièrement attachée au catholicisme. Deux affaires viennent mettre fin à tous les espoirs de ceux qui aspiraient à une nouvelle renaissance spirituelle : le discours de rentrée universitaire du recteur Nicolas Cop en novembre 1553 que nous avons déjà évoqué et la fameuse « affaire des Placards ».

Revenons sur le premier acte... Nicolas Cop devait prononcer devant les quatre facultés réunies, théologie, droit, médecine et arts, une prédication pour la Toussaint. Prenant appui sur le texte des Béatitudes, ou « Sermon sur la montagne » de l'Évangile, Cop défend avec force et virulence une réforme importante de l'Église. Un discours radical et réformateur qu'il prend soin de faire précéder d'une invocation à la Vierge. Mais la radicalité de ce texte du Nouveau Testament est en soi une condamnation des abus et de la puissance de l'Église.

La parole du recteur prend appui sur les idées d'Érasme en faveur d'une « philosophie chrétienne », mais elle est fortement inspirée aussi, semble-t-il, par un sermon de Martin Luther sur les Béatitudes. Elle définit le bonheur promis par ce « Sermon sur la montagne » comme la découverte du pardon des péchés par la seule grâce de Dieu, et comme l'œuvre du Saint-Esprit destiné à tous les croyants. *Sola gratia, sola fidae,* Dieu seul engendre la foi et ouvre l'intelligence des hommes à Ses voies. Dieu seul donne l'accès au salut. Dans un discours d'inspiration « évangélique » et d'intention luthérienne, Nicolas Cop dénonce le scandale qui consiste à laisser les fidèles supporter le « doute de la conscience » qui découle de la pesée de leurs mérites ou de leurs œuvres, alors que le salut est gratuit et donné par Dieu :

> Le monde a coutume d'appeler hérétiques, séducteurs, imposteurs, médisants ceux qui s'efforcent de répandre dans les âmes le pur Évangile et croient ainsi obéir à Dieu. Mais ils sont heureux et dignes d'envie, ceux qui supportent tout cela avec sérénité, bénissent Dieu au milieu des calamités et subissent les afflictions avec un grand courage[2].

L'explication semble directement reprise du commentaire de Luther sur le passage de Matthieu au chapitre 5, v. 3 : « Heureux les pauvres d'esprit. » L'explication de Luther consiste à illustrer la certitude du pardon accordé aux hommes par Dieu. Une bonne nouvelle, douce au cœur des hommes. Une nouvelle image d'un Dieu médecin qui en Jésus-Christ vient guérir les âmes et les cœurs de ceux qui croient en Sa parole. Et Nicolas Cop d'avancer que les péchés ne sont remis par Dieu qu'à ceux qui croient en sa miséricorde et que le doute est donc la plus grande des impiétés. Le message des Évangiles et la bonne nouvelle du salut offert sont aujourd'hui perverties, affirme Cop : les chrétiens sont prisonniers des richesses, ils préfèrent le mérite des œuvres à la grâce de Dieu.

Il est inutile de préciser que le scandale est immense. La Sorbonne ne peut accueillir en ses murs une prédication qui fait la part la plus belle aux idées nouvelles. Ce discours, en forme de boutoir provocateur contre la faculté de théologie, atteint ses objectifs. Et au-delà. Il s'agissait pour les « évangéliques » regroupés autour de Marguerite de Navarre et du réseau du Cénacle de Meaux de porter un coup à ceux qui s'opposaient à l'avancement de l'idée de gratuité du salut. Résultat, Nicolas Cop est contraint de fuir à Bâle. Gérard Roussel est arrêté. Quant à Calvin, qui se trouvait à Paris à ce moment-là, il s'enfuit aussi, déguisé en vigneron, et trouve refuge à Angoulême chez son ami Louis du Tillet, curé de Claix.

Une question subsiste cependant autour de ce discours de Nicolas Cop : Calvin a-t-il réellement participé à sa rédaction ? Le futur Réformateur est lié par des liens d'amitié à la famille Cop et à Nicolas en particulier. L'évidence serait que Calvin en soit sinon l'auteur direct, du moins l'inspirateur. On connaît, en effet, un manuscrit de ce texte de Cop recopié de la main de Calvin. C'est Nicolas Colladon, secrétaire et ami de Calvin, qui rapporte le fait : Calvin aurait, selon ses dires, rédigé le texte final de Cop. Un doute subsiste pourtant. Il semble bien qu'il ait rajouté plus tard à la rédaction de ses *Mémoires* que son maître aurait été le rédacteur final du texte de Cop. Reste que personne ne sait, au juste, s'il en est l'auteur ou s'il a même participé à sa rédaction. La solution de cette énigme n'est guère simple.

À dire vrai, c'est la date de la « conversion » de Calvin qui suscite l'interrogation. Était-il déjà « gagné », en novembre 1533, à la Réforme ? Nul ne sait avec certitude. Si Calvin quitte discrètement Paris, rapidement ou pas, il ne semble pas s'être enfui précipitamment après cet épisode.

Imagine-t-il que les conséquences de cet acte de bravoure et de défi risquent de remonter jusqu'à sa personne ? Pas sûr. Pas plus qu'il ne semble réellement « converti » à ce moment-là aux idées « évangéliques » de Nicolas Cop. Rien ne l'indique avec certitude. Dans sa préface de 1557 des *Commentaires des Psaumes*, Calvin rappelle lui-même que c'est Dieu qui, par sa « providence secrète », le fit se détourner tout d'abord des études juridiques, puis qu'il reçut « quelque goût et connaissance de la vraie piété » sans pour autant entrer en lutte ouverte contre la papauté. C'est tout simplement son amitié et ses relations de confiance avec Guillaume Budé qui le conduisent peut-être à cette attitude prudente qui consistait à quitter Paris pour Angoulême.

Indice supplémentaire, qui témoignerait en faveur d'une relative distance de Calvin à l'encontre des idées de la Réforme à cette époque-là : ses premiers écrits. Ils ne concernent absolument pas la polémique avec Rome et le catholicisme. En 1534, il rédige un de ses premiers ouvrages dont le thème principal touche à la question du devenir des âmes des défunts. Les adversaires sont, ici, nommés les « mortalistes », peut-être des anabaptistes, qui estiment que les âmes de ceux qui ont quitté l'existence terrestre sont plongées dans une sorte de sommeil jusqu'au jugement dernier. La question agite alors tout ce que le pays compte d'intellectuels de cour. C'est Marguerite de Navarre qui a lancé la controverse après le décès de quelques proches. Elle publie en une période où plusieurs deuils la frappent cruellement, *Le Dialo-*

gue en forme de vision nocturne. Une sorte de conversation par-delà la mort entre sa tante Philiberte de Savoie, Claude, la reine de France et l'« âme de Charlotte », sa nièce disparue. Le thème est une sorte de dialogue et de méditation sur la mort et l'accession au salut éternel. La tonalité générale, marquée par la disparition d'êtres aimés, est touchante d'émotion et de piété. On y évoque l'amour, l'espérance qui touche au devenir des disparus, moins la crainte de Dieu et le retour au pur Évangile.

Marguerite de Navarre entretient alors un vaste débat de cour entre des courtisans auxquels se mêle l'humaniste Nicolas Bourbon, proche un temps des idées « évangéliques ». Des échanges qui se situent cependant assez loin des dures et inquiétantes confrontations autour du parti des « réformés » qui vont secouer le royaume après l'« affaire des Placards ». Visiblement, Calvin ne semble pas avoir choisi à cette heure la rupture. Il ne participe ni de près ni de loin à cette affaire des affiches placardées jusques sur la porte du roi. Probablement proche, comme nombre d'étudiants, de la petite cour de la reine de Navarre, il s'intéresse davantage aux débats du règne. Tout ce petit monde noble s'agite et se dispute sur cette question du devenir des âmes des défunts. On interroge Calvin. Il compte au nombre de ceux dont la parole est attendue. Flatté ou intéressé, il n'hésite pas à se mettre au travail. Il rédige donc en réponse à ces interrogations son libelle sur le sort des âmes après la mort. L'opuscule ne sera publié que huit ans plus tard en 1542, alors que Calvin avait accédé au statut de réformateur, sous le nom de *Psychopannychia, traité par lequel est prouvé que les âmes veillent et vivent après qu'elles sont sorties des corps...* Dans son argumentation, Calvin soutient la thèse de l'immortalité de l'âme. Il résume fermement, dans l'introduction à cet ouvrage, son intention et précise combien alors son esprit n'est pas tourné vers les polémiques ou les combats doctrinaux :

> Comme ainsi soit que quelques bons personnages m'eussent déjà depuis longtemps sollicité, voire instamment pressé, d'écrire quelque chose pour réprimer la folie de ceux qui sottement et confusément disputent aujourd'hui du dormir ou de la mort des âmes, si est-ce que jusqu'ici je ne m'étais pu accorder à leurs prières et instances requêtes, tant j'ai un esprit contraire à toutes contentions et débats. Et certes, j'avais pour lors quelque raison de m'excuser, en partie pour ce que j'espérais qu'en bref cette rêverie, ne trouvant nul adhérent, s'évanouirait, ou bien demeurerait cachée en un tas de bavereaux seulement[3].

Mieux, il s'en prend directement à ceux qui font « tumulte » autour de cette question et des questions théologiques en général. Il vise explicitement « les anabaptistes ». Mais qui sont-ils exactement dans son esprit ? Ne compteraient-ils pas simplement au nombre de ceux qui ont créé « le tumulte » avec l'« affaire des Placards » ? En tout état de cause Calvin s'en prend vertement à ces énergumènes qui sapent les fondements du christianisme avec leurs doctrines ou leurs pratiques nouvelles. Et déviantes.

LES ANABAPTISTES

Il faut ici ouvrir une large parenthèse à propos de cet anabaptisme que Calvin ne cessera de combattre tout aussi fermement que les superstitions catholiques. Et on le voit ici, dès les origines de sa vocation d'écrivain humaniste et de théologien. Des anabaptistes qui participeront, à leur corps défendant, à l'accroissement des effervescences du siècle.

Difficile à définir, l'anabaptisme tire toutefois son origine de la pratique du rebaptême. Phénomène suisse et allemand, il concerne des « évangéliques » ou luthériens qui poursuivent la mise en question de la doctrine romaine et catholique, jusques et y compris à tout ce qui touche au baptême des petits enfants. Pour eux, il ne peut y avoir qu'une sorte de baptême, celui qui engage une conscience claire, celle d'un adulte informé de l'engagement qu'il prend à la suite du Christ. Le mot anabaptiste, du grec *anabaptizein*, est, selon l'étymologie, un « rebaptiseur », c'est-à-dire quelqu'un qui rebaptise un adulte, considérant comme sans valeur le baptême reçu à la naissance. Cette étymologie n'est pas gratuite. Il ne s'agit pas de refuser de baptiser les enfants, mais de rebaptiser les adultes. Ce qui équivaut à une pratique proprement inimaginable au XVIe siècle, et refusée de toutes parts. La démarche était suicidaire, le rebaptême était suivi à brève échéance du bûcher.

Un édit de Charles Quint, daté de 1535, condamne « ceux qui s'appellent eux-mêmes anabaptistes ». Ils semblent donc que ces « évangéliques » s'appliquent à eux-mêmes cette pratique du rebaptême. On sait que les disciples de Zwingli ont pratiqué ouvertement le premier baptême d'adulte le 21 janvier 1525 à Zurich. Peut-être l'événement fondateur de l'anabaptisme.

Dès lors que l'on sort de ce petit cercle de « frères », l'usage du terme anabaptiste devient cependant rebelle à tout essai de définition rigoureuse. Sa géométrie est variable. Plus les autorités veulent punir, plus elles l'utilisent de façon large. Plus un groupe craint la répression, plus il rejette l'usage de ce terme appliqué à lui-même. Et, quand la répression diminue, on voit augmenter le nombre de ceux qui revendiquent l'héritage anabaptiste.

Appelé le plus souvent Réforme radicale, ce mouvement recouvre toutes sortes de phénomènes radicaux et unanimement condamnés. La guerre des Paysans de 1525 menée en Allemagne par Thomas Muntzer, y est apparentée, alors qu'il n'est aucunement question de rebaptême. Ce Thomas Muntzer, une sorte de réformateur révolutionnaire à la tête d'une révolte paysanne contre le pouvoir des princes, n'a jamais rebaptisé d'adultes. Il contestait si peu le baptême infantile qu'il en a réécrit la liturgie !

Mais où passe exactement la frontière entre la Réforme radicale et la Réforme « classique », c'est-à-dire acceptée par les autorités de l'Empire ? Aucune réponse de portée générale ne peut être retenue. Seule ligne de fracture repérable, la loi de l'Empire. Le 25 septembre 1555 sont signées la paix d'Augsbourg et son annexe, la Confession d'Augsbourg* qui fixeront une ligne de démarcation juridique. Parmi les doctrines et comportements des dissidents, il y en avait qui choquaient Charles Quint plus que d'autres, et qui étaient plus sévèrement réprimés. À partir de la paix d'Augsbourg, le protestantisme de la Confession d'Augsbourg, et celui-là seulement, peut être légalement adopté par les seigneurs qui le souhaitent.

Sous la plume des adversaires de la Réforme radicale, le terme « anabaptiste » se généralise et le lien avec la contestation du baptême infantile se distend jusqu'à presque disparaître. On trouve dans la critique des anabaptistes moins d'arguments théologiques que de reproches d'incivisme, de désobéissance, d'usurpation d'autorité. L'anabaptiste est bientôt celui qui refuse de porter les armes (peu importe à cet égard que les motifs de son refus soient ou non idéalistes), de payer l'impôt (là encore, peu importe le motif du refus), de prêter serment d'allégeance, d'obéir à l'autorité, en particulier à l'autorité religieuse officielle instituée par le Magistrat... Mais l'anabaptiste est aussi celui qui prêche sans être pasteur ou celui qui baptise de sa propre autorité, sans avoir été nommé pasteur de façon officielle. C'est d'ailleurs cet argument qui suscitera plus tard la plus grande sévérité de la part de Calvin. Les anabaptistes sont

---

* Rédigée par Philippe Melanchthon pour la diète d'Augsbourg de 1530, cette confession de foi se voulait un instrument de concorde. Elle repose sur l'Écriture et la tradition des premiers siècles de l'Église, mais exprime aussi la pensée théologique de Luther. Elle devient dès 1555 la confession de foi de l'Église luthérienne.

pour lui assimilables à des sectaires qui croient en une double Révélation, celle des Écritures et celle de l'Esprit. Une forme d'illumination et d'inspiration intérieure qui donne à chacun la capacité de dire Dieu comme il l'entend ou le ressent. La porte ouverte à tous les déviationnismes. Et, pour le rationnel et rigoureux Calvin, aux aventures les plus farfelues et les plus dangereuses. La notion d'« anabaptisme » se confond peu à peu avec celle d'illuminisme et, plus grave encore pour Calvin qui craignait plus que tout les débordements enthousiastes, à la désobéissance civile. Refus de soumission aux autorités qui ne pouvait, selon lui, que conduire à une persécution systématique et destructrice des tenants de cette doctrine et, finalement, à la destruction de la Réforme. Calvin voit dans l'État une aide nécessaire sans laquelle la vie en société serait impossible. L'État a été établi par Dieu, il n'est pas seulement une institution humaine. Rejeter toute police humaine revient à laisser l'humanité basculer dans la barbarie et la négation de Dieu. Sans le péché qui règne sur le monde, il n'y aurait nul besoin d'État. Les hommes porterait la loi dans leurs cœurs, rendant inutile la fonction du Magistrat. Il n'en est pourtant rien. L'idéalisme des anabaptistes est, dès lors, une dangereuse altération du message biblique. Le monde et les hommes, mauvais par nature, ont un besoin extrême d'une autorité politique pour ne pas sombrer dans l'anarchie ou la perversion. S'opposer à l'autorité, refuser d'obéir aux lois en vigueur, fût-ce sous le prétexte de mieux servir Dieu, ne peut être qu'illusion et tromperie. Les anabaptistes adeptes de cette désobéissance civile sont donc considérés par Calvin comme les plus dangereux opposants à la véritable Réforme.

UNE INITIATIVE DÉSASTREUSE

Pour l'heure, ce discours de novembre 1533 demeure, dans l'histoire de la Réforme en France, un moment clé. Le retentissement de cette rentrée des facultés et des paroles du recteur Nicolas Cop sont spectaculaires. Les tensions avec les « luthériens » montent en intensité. Le pape Clément VII et François Ier se rencontrent à Marseille à l'automne 1533, tandis qu'à Paris s'organisent processions et repentances publiques pour « rendre grâces à Dieu et à la Vierge Marie et à tous les saints du bon-vouloir du roi touchant la foi catholique ». Reste que la polémique et le scandale ne touchent pas au fondamental de la foi catholique, la justification par la foi ne remet pas en question l'unité de l'Église. Nicolas Cop comme Érasme ou les « évangéliques » appellent de leurs vœux une réforme interne de l'Église. Sa prise de position publique est une défense des persécutés qui sont les victimes innocentes d'un arbitraire infondé théologiquement, insiste-t-il. La critique vise une pratique de l'Église qui a détourné à son profit l'annonce de la seule grâce de Dieu. Mais pas encore l'unité et l'être de l'Église même. Ce sera chose faite avec l'« affaire des Placards » qui est considérée comme la véritable et principale rupture.

Dans la nuit du 17 au 18 octobre 1534, des affiches imprimées, ayant pour titre *Articles véritables sur les horribles, grands et insupportables abus de la messe papale, inventée directement contre la Sainte Cène de nostre Seigneur, seul médiateur et saulveur Jésus-Christ* sont mis en place dans tout Paris et certaines villes de province — dont Amboise et Orléans — jusqu'à la porte de la chambre du roi à Blois. Cet acte « sacrilège » est dirigé par un pasteur français — Antoine de Marcourt, un Picard installé à Neuchâtel. Ce pasteur fait partie d'un groupe de Français réfugiés en Suisse auprès de Guillaume Farel. Proche du réformateur Zwingli, il professe les conceptions symboliques de la Sainte Cène qui ont cours à Zurich. Marcourt avance :

« En cette malheureuse messe, on a provoqué quasi l'universel monde à idolâtrie publique quand faussement on a donné à entendre que sous les espèces de pain et de vin, Jésus-Christ corporellement, réellement et de fait, entièrement et personnellement en chair et en os, aussi grand et parfait comme de présent il est vivant, est contenu et caché[4]. »

On pouvait lire sur ces placards différents slogans tels que :

« On ne doit pas réitérer le sacrifice du Christ. » Ou : « Il ne peut se faire qu'un homme de 20 ou 30 ans soit caché dans un morceau de pâte [lors de l'eucharistie] »

Autant de slogans qui ont tôt fait de mettre le feu aux poudres et de provoquer la colère du roi. D'autant que cet Antoine de Marcourt n'oublie pas non plus de s'en prendre au clergé et aux rites et « invite Dieu à détruire les idolâtres papistes[5] » ! La culture catholique, celle du pays tout entier, qui se veut essentiellement unitaire, se sent désormais menacée. Elle est touchée au plus profond dans ce qu'elle a de plus sacré : le sacrifice de la messe. Le questionnement est sorti de l'Université et des cénacles intellectuels, il ne s'agit plus d'effervescences et de débats abscons, mais d'une action politico-religieuse commanditée qui met en péril l'unité du royaume. Et l'autorité du roi. La réponse de François Ier vis-à-vis de ce parjure est celle d'un souverain qui considère cet acte comme une atteinte à la sûreté de l'État et à sa personne. Il lance un véritable avis de recherche et fait passer ce message à travers le pays : « 200 écus versés à quiconque dénoncera les auteurs de l'attentat[6]. »

Ces derniers ainsi que leurs complices risquent le bûcher. Les cachots se remplissent très rapidement de prisonniers considérés comme « protestants ». Coupables ou pas, peu importe. Le 7 novembre, sept personnes sont condamnées. Le 15 novembre, six prisonniers sont brûlés. Au total, des dizaines de personnes hâtivement baptisés « hérétiques » seront brûlées sur les bûchers et cela dans tout le royaume.

Deux mois plus tard, dès janvier 1535, François Ier signe un édit rendant l'imprimerie hors la loi et ordonnant la fermeture des librairies. Le 21 janvier, le roi assiste à une grande procession expiatoire où les reliques sont mises en évidence : la couronne d'épines, une goutte de sang du Christ et une goutte de lait de la Vierge. Six hérétiques seront brûlés devant le parvis de Notre-Dame. Le souverain prononce, le soir même, ces terribles paroles qui disent mieux que toute description l'angoisse et la passion dangereuse soulevées par cette affaire :

> Si mon bras était infecté de telle pourriture, je le voudrais séparer de mon corps. Je veux que ces erreurs soient chassées de mon royaume et ne veux excuser personne... Si mes enfants en étaient entachés, je voudrais moi-même les immoler.

Théodore de Bèze dans son *Histoire ecclésiastique* juge très négativement l'événement dû, selon lui, au « zèle indiscret de quelques-uns[7] ». François Ier, qui jusqu'alors affectait une attention bienveillante envers « les évangéliques » que fréquente sa sœur Marguerite, laisse s'exprimer toute sa rancœur pour un mouvement venu d'Allemagne ou de Suisse, qui ne lui inspire en réalité aucune sympathie particulière. Pour le roi, c'est l'échec de sa tentative de conciliation, mais surtout il considère qu'il s'agit d'un complot organisé qui menace sa propre autorité. Le roi a sans doute jugé, ou lui a-t-on fait comprendre, que ces attaques contre la transsubstantiation* risque de briser ce qui était au fondement de son pouvoir : l'imaginaire des deux corps du roi, corps mortel et corps immortel, corps réel et corps spirituel. Un débat sur les deux corps du roi qui traversera les siècles...

---

* C'est-à-dire, dans la religion catholique et orthodoxe, la transformation matérielle des espèces du pain et du vin en corps et sang réels du Christ.

La répression est terrible et se poursuit jusqu'à l'été 1535. Cette attitude politique très dure contre les huguenots va cependant éloigner les princes allemands du monarque français. Conscient de son isolement, le roi modère pourtant ses élans répressifs. Au milieu de l'année 1535, les représailles baissent d'intensité. François Ier a entre-temps repris les négociations avec les princes allemands de l'Empire ; et, du côté allemand, son projet d'être l'artisan d'une réunion des chrétiens divisés trouve quelque écho auprès de Philippe Melanchthon, proche de Luther. Melanchthon est partisan de concessions doctrinales importantes sur les points secondaires, et favorable à l'acceptation de certains usages romains. La concorde, dans ce contexte qui ouvrait à la possibilité de concessions réciproques, semblait réalisable. Une *oraison* rédigée pour être adressée au roi circule même dans la capitale en janvier 1534. L'histoire fait mouvement en sens inverse, Gérard Roussel est désormais libre, reprend ses prédications évangéliques et annonce la gratuité du salut. L'édit de Concy du 16 juillet 1535 suspend les poursuites en cours à la condition que les huguenots jurent de vivre dorénavant en « bons et vrais chrétiens » et de renier leur religion — le protestantisme réformé — dans un délai maximum de six mois.

Errances

> *Aux armes, pasteur ! Quoi ? Tu ne fais rien ? Quoi ? Tu restes immobile ? Quoi tu dors[1] ?*

Orléans, Angoulême, Nérac, Bâle, Strasbourg, Ferrare en Italie. Et Genève. Difficile de suivre la trace du jeune humaniste pendant ces quelques années qui le séparent de son installation à Genève. Reprenons le fil de ses pérégrinations.

Au terme de plusieurs mois d'errances Calvin est revenu à Paris après la première alerte du discours de Nicolas Cop et semble bien se trouver dans la capitale quand éclate l'affaire des Placards. S'il ne paraît pas directement inquiété par cette « affaire », n'en débute pas moins ici une nouvelle phase de sa vie. Le jeune et brillant étudiant ne sait quelle décision prendre. Rester à Paris et participer aux joutes intellectuelles des humanistes et des favoris de la Cour ? Joindre sa voix à celle des réformateurs évangéliques à la suite de Nicolas Cop, de l'évêque Guillaume Briçonnet du Cénacle de Meaux et de la petite cour de Marguerite de Navarre ? L'hésitation est manifeste. Il fréquente, à n'en pas douter, les cercles évangéliques. Mais, si l'on en croit ses propres confidences, ce qu'il cherche pour l'heure, c'est un recoin tranquille où il puisse s'adonner à l'étude et à l'écriture. Le salut est donc dans la fuite, non par crainte ou inquiétude, mais parce que sa volonté est de s'extraire du bouillonnement de l'Université pour trouver le calme — et la paix. Il entreprend ainsi de voyager. Passé par Chaillot, près de Paris, on le retrouve aussi à Orléans, Angoulême et Nérac et peut-être Noyon. Quelques retours à Paris plus tard, sa route le conduit vers Bâle, Strasbourg, Ferrare en Italie. Et Genève.

De ces diverses pérégrinations, il faut en premier lieu retenir la Saintonge. Entre-temps, Calvin semble s'être, en effet, fixé quelque temps chez son ami, le chanoine Louis du Tillet à Angoulême. Tandis qu'à Paris sa chambre du collège du Fortet semble bien avoir reçu la visite de quelques émissaires royaux ou de l'Université, ses papiers sont confisqués, sa correspondance saisie. Calvin trouve ainsi un refuge sûr et calme auprès de Du Tillet dont la famille brille par son urbanité et par son savoir. Calvin met à profit ce séjour pour lire, se cultiver et parfaire sa connaissance des Écritures et des Pères de l'Église. Ceci grâce à l'immense bibliothèque mise à sa disposition par la famille du Tillet, composée de hauts fonctionnaires et d'érudits. Dans cet exil, placé dans des conditions heureuses et confiantes, le futur réformateur témoigne de sa reconnaissance à ses hôtes dans une lettre du printemps 1534 à son ami Daniel :

« Je me porte bien, et selon l'indolence que tu me connais, j'avance dans mes études. Et certainement la bienveillance de mon protecteur aiguillonnerait la mollesse de l'homme le plus inerte. Elle est si grande qu'il m'est facile de comprendre qu'elle s'adresse aux lettres plutôt qu'à moi-même. Ce sera chose merveilleuse s'il m'est permis de passer dans un tel repos ce temps qui devait servir à l'exil ou à la retraite. Cependant le Seigneur en décidera, lui dont la Providence pourvoira au mieux en toutes choses. J'ai appris par expérience qu'il ne nous est pas permis de prévoir à distance. Tandis que je promettais une pleine tranquillité, le danger que j'attendais le moins était à la porte. Au contraire, lorsque je prévoyais un séjour désagréable, contre toute attente un nid m'était préparé dans la tranquillité. Et tout cela, c'est la main de Dieu. Si nous nous remettons à lui, il aura lui-même soin de nous[2]. »

Théodore de Bèze précise que Calvin, à la demande de Louis du Tillet, « coucha là par écrit quelques formulaires de sermons et remontrances chrétiennes, lesquelles il faisait réciter au prône par certains curés en ces quartiers-là, afin de donner au peuple quelque goût de la vraie et pure connaissance de son salut par Jésus-Christ[3]. » À noter cependant, dans le récit que rapporte Théodore de Bèze, l'absence de toute mention explicite de Louis du Tillet, décrit là sous les traits d'un jeune homme amical et érudit. Pourquoi une telle distance ? Tout simplement parce que la suite de l'amitié de Calvin et du Tillet passera par des itinéraires opposés. Leurs voies divergent radicalement quand du Tillet décide de quitter nuitamment Genève, où il a rejoint Calvin, après s'être opposé frontalement à lui au sujet de sa rupture avec Rome. Il l'enjoint dans des courriers postérieurs de renoncer à sa condamnation de l'Église du pape. Ce que le Réformateur ne peut accepter même de la part d'un de ses plus proches amis. Pour lui, il est impossible de faire la moindre concession à l'Église du pape, au sein de laquelle il ne reste pas « une relique » de la bénédiction divine ! Le titre même d'Église ne peut s'employer à son propos au vu de sa corruption actuelle, s'insurge Calvin. La rupture entre les deux amis sera totale. La biographie de Théodore de Bèze en portera des dizaines d'années plus tard encore la trace. Du Tillet n'a plus même droit à la mention de son patronyme dans la biographie officielle de Calvin.

Une autre trace plus lumineuse demeure pourtant de ce séjour que Calvin rapporte lui-même. Quelle n'est pas sa surprise, en effet, de voir converger vers lui, alors qu'il débutait dans cette voie théologique, de nombreux curieux ou admirateurs. Parmi eux, un certain Pierre de La Place, juriste de son état et ami de la famille du Tillet. Ce dernier écrit bien plus tard à Calvin en souvenir de ces années : « Je ne connais pas de mortel à qui je doive plus qu'à toi, car je n'oublie pas comment, lorsque nous étions à Angoulême, tu m'as rendu meilleur par ton commerce et par ton érudition, et combien je te dois chaque jour davantage. Et je ne vois pas ce que dans cette vie mortelle, je pourrais te rendre pour l'immortalité. Plût au ciel que je puisse causer avec toi seulement une petite journée ! Tu peux à peine imaginer combien de choses je verserais en ton sein[4]. »

Calvin cherche visiblement une tranquillité nécessaire à la réflexion. Il veut lire, méditer, réfléchir et envisage d'élaborer une véritable doctrine chrétienne. Mais déjà, étonnamment, se dessine la méthode, elle sera forte, pertinente, polémique. Et virulente si besoin est, le tout dans une sorte d'état d'urgence. Jeune homme de vingt-quatre ans, il lit et travaille quasiment jour et nuit. D'où peut-être cette brusquerie polémiste. Dès son premier essai, *Psychopannychia,* traité sur le « sommeil de l'âme » rédigé à l'automne 1534, alors qu'il ne s'agit pas encore de défendre « l'honneur de Dieu et du véritable Évangile », il s'adresse lestement à ces « individus, issus de la lie des anabaptistes, qui ont la rage d'embrasser des insanités, de mordre, de vilipender », des exaltés qui prétendent « que les âmes meurent avec le corps et qu'elles ressuscitent au jugement dernier[5] ». Ainsi avant même de commencer tout « ministère » au service du protestantisme, le rôle qu'il affecte de tenir est celui de gardien d'une orthodoxie contre les attaques que lancent maints adversaires, tous plus « téméraires » ou « perfides » les uns que les autres. Quand Théodore de Bèze entreprend de rédiger son discours sur *L'histoire de la vie et mort de maître Jean Calvin* comme préface à une édition de quelques-uns de ses commentaires bibliques[*] —

---

[*] En dehors de la bibliographie connue de Calvin et de son *Institution de la Religion chrétienne* qui a compté plus de six éditions de son vivant, les œuvres de Calvin rassemblées au cours du XIXe sous le titre *Opera Calvini* regroupent des centaines de textes, sermons et commentaires bibliques. Une

un livre de plus de deux mille pages —, il récapitule en exergue de son œuvre « la multitude de ceux qui lui ont contredit ». Calvin se veut, avant même d'embrasser le combat de la Réforme, un champion de Dieu, choisi et appelé pour défendre et tenir ferme contre les faux docteurs et les fausses doctrines remplies de funestes contrevérités. Un champion « en la querelle du Seigneur », dit Bèze. Et de préciser aussitôt ce qu'il leur en a coûté à tous ces calomniateurs et faux docteurs, car « ce n'est pas contre un homme, mais contre un vrai serviteur de Dieu » qu'ils se sont dressés. « Aussi se peut-il affirmer que (et tous ceux qui l'ont connu en seront bons témoins) que jamais il n'a eu d'ennemi, qui en l'assaillant, n'ait fait la guerre à Dieu. Car depuis que Dieu a fait entrer son champion en cette lice, il se peut bien dire que Satan l'a choisi, comme s'il avait oublié tous les autres tenants, pour l'assaillir et du tout altérer, s'il eût pu. Mais d'autre part, Dieu lui a fait cette grâce, qu'il l'a orné d'autant de trophées qu'il lui a opposé de ses ennemis. S'il est donc question des combats qu'il a soutenu par-dedans pour la doctrine, rien ne les peut faire sembler légers que la diligence de laquelle il a usé pour ne donner loisir à ses ennemis de reprendre haleine, et la constance que Dieu lui avait

---

collection intitulée *Supplementa Calvinia. Sermons inédits* est venue compléter la première collection en 1961. Une version complète de ses sermons comprendrait plus de 15 volumes. En réalité, Calvin a prononcé plus de 2 400 prédications qui ne sont — loin s'en faut — pas toutes publiées. Les collections de ses lettres adressées aux Églises de France, aux autorités du temps dans l'Europe entière ne sont pas non plus toutes connues et publiées. Il y faudrait, là encore, plusieurs volumes.

donnée pour jamais ne fléchir, tant soit peu en la querelle du Seigneur[6]. »

De cette période de retraite et de recul nous ne possédons que peu de traces. Il semble pourtant que Calvin ait entrepris un nouveau voyage vers Nérac où s'était retirée la cour de Marguerite de Navarre, sœur du roi. En avril 1534, il rencontre là Lefèvre d'Étaples. On ignore à peu près tout de ce qu'ont pu se dire les deux hommes. À l'examen de ses écrits et de ses prises de position publique, il ne semble pas cependant que Lefèvre ait pu d'une manière ou d'une autre rejoindre la réforme protestante. Il est toujours resté en deçà de la Réforme et ne peut être rangé parmi les inspirateurs de la doctrine calvinienne. Tout au plus a-t-il influencé le futur réformateur avant sa conversion. Reste encore à cette date, une incertitude : Calvin semble bel et bien, à Angoulême ou à Nérac, avoir accepté de prononcer quelque sermon ou oraison funèbre dans l'Église catholique locale à la demande de tel ou tel compagnon de rencontre.

Mais l'urgence ne varie toujours pas, Calvin n'aspire pas à multiplier les rencontres et les voyages. C'est un lieu paisible et reculé qu'il cherche. Non qu'il craigne pour sa vie. Nulle trace d'angoisse, ni de fuite dans ses propos. Il voyage en quête de temps pour lire et travailler. « Et de fait, laissant le pays de France, je m'en vins en Allemagne de propos délibéré, afin que là je puisse vivre à recoi en quelque lieu inconnu, comme j'avais toujours désiré[7] », écrit-il. Mais, dans le même temps, il reconnaît, dans l'impossibilité même de cette retraite, une forme d'appel.

C'est à cette époque qu'il entreprend un voyage décisif, celui de Bâle :

> Mais voici, pource que cependant que je demeurais à Bâle, étant là comme caché et connu de peu de gens, on brûla en France plusieurs fidèles et saints personnages, et que le bruit en étant venu aux nations étranges, ces brûlements furent trouvés forts mauvais par une grande partie des Allemands, tellement qu'ils conçurent un dépit contre les auteurs de telle tyrannie ; pour l'apaiser, on fit courir certains petits livres malheureux et pleins de mensonges, qu'on ne traitait ainsi cruellement autres qu'anabaptistes et gens séditieux, qui par leurs rêveries et fausses opinions renversaient non seulement la religion, mais aussi tout ordre politique. Lors moi voyant que ces pratiques de cour, par leurs déguisements, tâchaient de faire non seulement que l'indignité de cette effusion de sang demeura ensevelie par les faux blâmes et calomnies, desquelles ils chargeaient les saints martyrs après leur mort, mais aussi que par après il y eut moyen de procéder à toute extrémité de meurtrir les pauvres fidèles, sans que personne en pût avoir compassion, il me sembla que sinon que je m'y opposasse vertueusement, en tant que moi, je ne pouvais m'excuser qu'en me taisant je ne fusse trouvé lâche et déloyal[8].

Et Calvin d'expliquer alors le motif de ce qui deviendra l'œuvre de sa vie tout entière : la rédaction de son *Institution de la religion chrétienne*. « Et ce fut la cause qui m'incita à publier mon *Institution de la religion chrétienne*, premièrement afin de répondre à ces méchants blâmes que les autres semaient, et en purger mes frères, desquels la mort était précieuse en la présence du Seigneur, puis après afin que d'autant que les mêmes cruautés pouvaient bientôt être exercées contre beaucoup de pauvres personnes, les nations étranges fussent pour le moins touchées de quelque compassion et sollicitude pour iceux[9]. »

EN TERRE « ÉTRANGE »

C'est en janvier 1535 que Calvin trouve refuge à Bâle en compagnie de son ami Louis du Tillet. Cet exil volontaire n'est pas directement lié à la vague de répressions qui s'abat sur le pays après l'affaire des Placards, mais manifeste toujours la même résolution : se retirer du monde et se prouver peut-être que l'attachement au monde est une manière de se détourner de l'essentiel, de soi-même et de l'appel que l'on a reçu. Quelques années plus tard, il confiera à la veuve de Guillaume Budé le sens de son départ de France. Se « retirer par-deçà », c'est se donner les moyens de « servir Dieu en repos de conscience », loin des tentations et des illusions que procurent les succès mondains. Ce thème de l'exil reviendra d'ailleurs très souvent dans les lettres que Calvin adressera plus tard à tous ceux qui, tentés de fléchir devant les persécutions, souhaitent fuir le pays. À cette même Mme Budé, Calvin propose, si elle n'est pas certaine de tenir face aux dangers auxquels s'exposent ceux qui veulent suivre le « pur service de Dieu », de rompre avec l'impureté qui l'entoure et de partir. Cette question du « nicodémisme* » re-

---

* Du nom de ce personnage des Évangiles, disciple de Jésus, qui par crainte

viendra périodiquement dans les échanges entre ceux du royaume de France et ceux du Refuge à Genève ou ailleurs. Certains correspondants de Calvin n'hésiteront pas à lui rappeler régulièrement les dangers auxquels ils s'exposent en France, alors que lui, Calvin, s'est réfugié à l'étranger et profite de la protection des autorités genevoises. La question prend un sens différent ici : il s'agit pour Calvin de souligner le sens de l'exil. Partir, quitter le royaume de France est une pénitence qui ne prend sens qu'à la lueur de la faiblesse humaine. Quitter sa terre natale est un des moyens que Dieu lui a présentés à ce moment-là pour ne pas faiblir ou faillir. Et être la cause de ses propres malheurs.

Aux yeux de Calvin cet exil à Bâle est un acte et une confession de foi, une soumission à la Providence de Dieu. Il a « tourné bride ». Il a choisi de se détourner paisiblement et lucidement d'une voie où il pouvait s'égarer et se fourvoyer. Un choix qui n'est pourtant pas si facile. « C'est chose dure que de laisser la païs de sa naissance », explique-t-il plus tard mais « nous devons repousser telles difficultés par meilleures considérations ; c'est que nous préférions à nostre païs toute région où Dieu est purement adoré ; que nous ne désirions meilleur repos de nostre vieillesse, que d'habiter en son

---

de le montrer publiquement vient trouver le Christ de nuit. Le nicodémisme deviendra, dans la bouche de Calvin, l'attitude des protestants qui, restés en France, tentent de dissimuler leur appartenance à la foi évangélique. Pourtant, après la Révocation de l'Édit de Nantes, la plupart des réformés français doivent abjurer leur foi. Le calvinisme survit en partie grâce au nicodémisme qui sera, malgré tout, dénoncé par la littérature pastorale émanant du Refuge.

Église où il repose et faict sa résidence, que nous aymions mieux d'estre contemptibles en lieu où son nom soit glorifié par nous, que d'estre honorables devant les hommes, en le fraudant de l'honneur qui luy appartient[10]. »

Il ne s'agit pas, au moment, où du Tillet et Calvin quittent le pays, de s'éloigner des persécutions et des difficultés pour s'assurer salut et confort personnel. Mais ce départ est l'acte même d'une confiance en la Providence. Une sorte d'aventure, d'errance assumée et acceptée comme un choix de vie. C'est du moins l'image que Calvin souhaite laisser de lui-même pour cette période.

De cette manière le jeune et brillant étudiant, promis peut-être aux plus hautes destinées universitaires et aux joutes intellectuelles de la Cour, renonce, « tourne bride », change de route et de direction pour s'abandonner, explique-t-il, à la miséricorde de Dieu. Relecture « spirituelle » *a posteriori* d'un choix peut-être plus prosaïque ? Calvin n'a-t-il pas renoncé tout simplement à Paris, à la Sorbonne et à ses démêlés et intrigues ? L'exemple biblique qu'il évoquera plus tard à ce sujet est celui d'Abraham à qui Dieu demande de quitter son pays et son lignage sans savoir exactement où il allait. Et sans connaître exactement le sens ni les enjeux de cette nouvelle existence. L'exil volontaire n'est pas une fuite face à la peur des persécutions ou de la mort, il est l'acceptation pleine et entière d'une autre invitation à la vie. Calvin évoquera plus tard volontiers le vocabulaire biblique d'une épreuve dûment acceptée et choisie. Calvin a conscience que ce moment, ce voyage à Bâle — c'est en tout cas la relecture qu'il en fera tout au long de sa vie —, est un temps de renoncement, d'abandon de tout ce que l'on possède ou ce qui devait normalement advenir, pour aller vers une terre inconnue. Un déracinement assumé qui remet en réalité l'homme entre les seules mains de Dieu. Un exil qui est en lui-même un acte et une confession de foi, une soumission à la providence.

Calvin s'installe à Bâle en janvier 1535. La Réforme, bien assurée dans la ville, est l'œuvre de Jean Oecolampade mort en 1531, auquel avait succédé Oswald Myconius. Si Calvin fait le choix de se rendre à Bâle, c'est certainement parce que cette cité suisse des bords du Rhin, en rupture avec Rome depuis 1529, est une terre ouverte, un carrefour où se croisent et se mesurent tous les hommes qui ont rompu avec l'Église catholique. Cette ville d'où rayonne pendant une quinzaine d'années le génie d'Érasme.

Calvin réside là au moins une année entière dans des conditions que l'on ne connaît pas. Il semble toujours préoccupé par l'étude, le travail de lecture et d'écriture qu'il ne lâche jamais. En cette année 1535, l'imprimeur neuchâtelois, Pierre de Vingle, publie la première traduction française de la Bible, œuvre d'Olivétan. De son vrai nom, Pierre Robert, cet Olivétan n'est autre que le cousin de Calvin et est originaire comme lui de Noyon. Le nom d'Olivétan est peut-être une allusion au sobriquet dont ses amis avaient coutume de l'affubler, lui qui passe le plus clair de son temps et ses nuits à traduire inlassablement les textes originaux à la lueur d'une faible lampe à huile d'olive. Calvin et Olivétan étaient condisciples à Orléans, alors que Calvin y étudiait le droit. Olivétan semble avoir adhéré aux idées de la Réforme quelques années avant Calvin. Il doit se réfugier à Strasbourg dès 1528. Olivétan rédige cette nouvelle traduction à la demande de ses amis vaudois[*].

Contrairement aux précédentes traductions de la Bible — celle de l'humaniste Lefèvre d'Étaples, par exemple —, il ne s'agit pas de paraphraser ou de reprendre en la perfectionnant la traduction latine de Jérôme. Ici, l'Ancien Testament est directement translaté de l'hébreu, et le Nouveau Testament du grec. Calvin est chargé par son cousin d'accompagner cette nouvelle traduction française et d'y adjoindre une introduction. Dédiée « aux amateurs de Jésus-Christ », sa préface stigmatise la fausse piété des théologiens de la Sorbonne et des clercs responsables de la dégénérescence de la foi. À l'origine, cette version française est destinée à être lue par le plus grand nombre et non plus par les clercs cultivés et latinistes. Mais Calvin ne semble visiblement pas très satisfait de la traduction offerte par son cousin. Étonnante franchise : alors qu'il est supposé encenser, ou au moins encourager à la lecture de cette traduction de la Bible, il trouve le texte digne de celui d'un « corbeau en-

---

[*] L'Église vaudoise est issue de la prédication de Pierre Valdo au XIIe siècle à partir de Lyon. Valdo va tenter après sa conversion de revenir à la pureté originelle de l'enseignement évangélique. Il refuse les divers sacrements et prône le retour à la vie apostolique, à une vie de pauvreté. Les premiers vaudois se nomment eux-mêmes « Pauvres de Lyon ». Persécutés, lui et ses disciples se réfugient dans les vallées alpines, et y perpétuent leur foi jusqu'au XVIe siècle. À cette époque, la majorité d'entre eux suivent la Réforme protestante.

roué ». Dans la préface qu'il rédige, Calvin critique « le langage rude » d'Olivétan plus soucieux de proximité avec les textes originaux que d'intelligibilité et de respect de la langue française. Une traduction que le fin lettré, amoureux des belles-lettres, ne trouve pas assez « polie et adoucie » !

PARTIR À NOUVEAU

Le besoin d'errance ne semble pas devoir s'apaiser. Étudiant indécis, chercheur de Dieu et de sa propre voie, Calvin reprend la route et se rend à Ferrare en Italie, chez la princesse Renée de France, fille de Louis XII. Elle résidait en Italie à la suite de son mariage avec Hercule Borgia, duc de Ferrare. Fille cadette de Louis XII, roi de France, et d'Anne de Bretagne. Belle-sœur de François Ier, tante et grand-tante de quatre rois de France, elle est considérée comme une princesse réformée dès les années 1530. Plus tard, elle accueillera nombre de réfugiés protestants durant les guerres de Religion et recevra les ministres de Genève dans sa ville. Certains affirment que Lefèvre d'Étaples aurait présidé à sa formation intellectuelle et religieuse. En vérité, on n'en sait rien. D'ailleurs la jeune princesse était un peu plus âgée que les enfants royaux dont l'humaniste supervisait l'éducation vers 1525. De même, il ne reste que quelques lettres de Renée à Marguerite de Navarre. Il est difficile d'en déduire qu'à son départ pour l'Italie, Renée était proche du Cénacle évangélique de Meaux et de sa protectrice, sœur de François Ier.

À Ferrare, elle réunit autour d'elle une foule d'hommes doctes, dont de nombreux protestants, venus d'Italie, d'Allemagne, de France, de Genève ; elle employa comme secrétaires Lyon Jamet et le poète Clément Marot, protégea de nombreux coreligionnaires poursuivis pour leurs idées religieuses. L'année charnière de son séjour italien, celle où s'affirme son engagement politique et religieux, c'est 1536. Cette année-là, elle reçoit au printemps Jean Calvin qui vient séjourner à Ferrare. Un séjour relativement court puisque Calvin rentre précipitamment à Paris pour, semble-t-il, régler quelques affaires. Peut-être à nouveau ces questions de succession ? Calvin désirait « rencontrer la duchesse, fameuse par sa piété et saluer comme de loin, l'Italie[11] », rapporte Théodore de Bèze. Que s'est-il passé pendant le séjour du futur réformateur ? On ne sait. Très discret dans cette cour remplie d'artistes et de savants, il semble avoir dissimulé son identité sous le pseudonyme de « Charles d'Espeville », du nom peut-être d'un de ses derniers bénéfices de Noyon. « Il la vit, précise sobrement Bèze, et autant que l'état des choses le permettait il la confirma dans la véritable étude de la piété, de telle sorte que tant qu'il vécut elle lui demeura toujours très attachée[12]. » Toujours est-il qu'une longue et régulière correspondance s'établit dès 1537 avec le Réformateur, qui signe sous ce nom « Charles d'Espeville » ses lettres à la duchesse. Ses livres de comptes, conservés à Turin, témoignent en tout cas de son engagement calviniste et de l'achat de nombreux ouvrages réformés. Inquiétée un temps par l'inquisiteur Ory, elle est secourue par François Iᵉʳ qui intervient en sa faveur. Libérée, elle poursuivit son œuvre plus discrètement, à la déception de Calvin qui aurait voulu en faire l'« héroïne » du parti réformé. Au cœur de leurs échanges, la rupture définitive avec Rome. Calvin semble dans sa correspondance lui reprocher une forme de tiédeur, la fameuse accusation de nicodémisme. Renée de France paraît en réalité suivre plusieurs chemins à la fois puisque sa correspondance et sa vie montrent une pratique pleine de convictions calvinistes en Italie, et une « position » moyenne, entre parti protestant et catholique. Une princesse du sang poussée par un puissant désir de réforme de l'Église catholique mais qui se dirige vers le protestantisme. Dans ses lettres, elle se considère ainsi définitivement calviniste. Mais son calvinisme déchirant la conduit à un conflit de loyauté avec la Couronne. Témoin cette lettre du 21 mars 1564 adressée à Calvin peu avant sa mort :

> Monsieur Calvin, je suis marrye que vous ne savez pas comme la moitié du monde se gouverne en ce royaume, et les adullations, envyes qui y règnent, et jusques à exhorter les simples femmelettes dire que de leurs mains elles voudroient tuer et estrangler. Ce n'est point la reigle que Jésus-Christ et ses apostres nous ont baillee, et je le diz avec tout le grand regret de mon cœur, pour l'affection que je porte à la Religion et à ceux qui en portent le nom, dont je ne parle pas de tout mais d'une grande partye de ceux que je y congnoys[*].

---

[*] Ces lettres sont principalement conservées à la Bibliothèque nationale de France et aux Archives d'État de Modène (Italie). On retrouve à la Bibliothèque de Genève quelques lettres de Calvin à la duchesse, et une lettre de Renée à Calvin.

DURCISSEMENTS

Pendant ce laps de temps, Calvin rédige en latin deux textes importants qui témoignent du chemin parcouru depuis ses premières hésitations face à la prédication et aux conceptions de Luther ou de Zwingli. Le premier est adressé à Nicolas Duchemin, ami depuis leurs études communes à Orléans. Duchemin a rejoint, après quelques hésitations, la prêtrise et l'Église de Rome. Calvin regrette vivement ce choix et encourage son ami à imiter les Hébreux des temps bibliques, à « sortir d'Égypte », et à quitter ces rites impurs et autres « immondes formes d'impiété[13] ». Comme avec Renée de Ferrare, ce qui mobilise Calvin depuis qu'il a choisi l'exil, ce sont les hésitations et les craintes des « évangéliques » face à la rupture avec Rome. Foin de faiblesse et de compromis, il est inutile et nuisible à la vérité de sacrifier à l'idolâtrie pour préserver l'unité de la chrétienté. La terre de France est devenue pour lui une terre de captivité. Tout comme Israël est sorti d'Égypte, les fidèles doivent fuir la contagion de la papauté et s'abstenir de l'idolâtrie. Quitter la France pour se réfugier dans un pays gagné par la Réforme devient une obligation, car le véritable exil intérieur serait de demeurer en terre catholique.

La seconde épître, traduite en français plus tard en 1554 à Genève, porte sur la question du sacerdoce catholique. Même motif, même punition, Calvin cite ici le texte de l'Apocalypse qui menace des pires châtiments tous ceux qui se seront montrés « tièdes* ». Mieux vaut être froid ou bouillant, mais malheur aux modérés, à ceux qui souhaitent faire la part des choses et refusent de choisir un camp plutôt qu'un autre. Principaux accusés, ceux qui continuent de jouir de bénéfices ecclésiastiques, tels Gérard Roussel futur évêque d'Oloron. Lui, Calvin, a rompu sciemment toutes les amarres de sa vie passée : plus de bénéfices, plus d'honneurs et de considérations universitaires, plus de patrie... La rupture est définitive, radicale, irrémédiable. Calvin est passé à la Réforme, sa vie désormais est liée à ce seul combat :

« À la trompette veilleur ! s'exclame-t-il dans ce qui deviendra le *Traité des bénéfices*. Aux armes, pasteur ! Quoi ? Tu ne fais rien ? Quoi ? Tu restes immobile ? Quoi tu dors ? Alors que tout est rempli de meurtre ? Tant de morts, tu en dois rendre compte au Seigneur, malheureux, c'est autant de fois que tu es homicide, que tu es coupable du sang versé, dont le Seigneur réclamera de ta propre main toutes les gouttes [...]. Mais c'est encore trop peu que de t'appeler homicide et traître envers les tiens. Voici un crime au-dessus de toute flétrissure : en tant que cela dépend de toi, tu vends de nouveau le Christ, tu le crucifies de nouveau[14]. »

Ce combat, cette guerre pour Dieu, a bel et bien commencé là. Rencontrer l'amour divin, c'est se

---

* Ap. 3, 15-16 « Je connais tes œuvres : tu n'es ni froid, ni bouillant. Si seulement tu étais froid ou bouillant ! Ainsi parce que tu es tiède et que tu n'es ni froid ni bouillant, je vais te vomir de ma bouche. »

placer soi-même dans une posture de lutte, au centre d'un théâtre, celui du monde.

L'INSTITUTION DE LA RELIGION CHRÉTIENNE

Mais ce séjour à Bâle sera aussi et surtout pour Calvin le lieu de la première rédaction de son maître ouvrage, *L'Institution de la religion chrétienne*. Au mois de mars 1536 paraît chez Thomas Platter et Balthazar Lasius, un petit livre de cinq cent vingt pages écrit en latin. De petit format, facile à passer sous le manteau. Une sorte de catéchisme latin en six chapitres. L'inspiration est clairement celle qui anime Luther. L'influence de Bucer semble elle aussi patente à propos de la Cène ou des prémisses de la future doctrine de la prédestination.

1536, c'est déjà presque la seconde génération de la Réforme. Vingt ans se sont écoulés depuis que Luther affichait sur la porte de l'église de Wittenberg les quatre vingt-quinze thèses contre les indulgences (31 octobre 1517). Son message sur la justification par la foi seule a largement pénétré en Allemagne, en Suisse, en France et au-delà dans l'Europe tout entière. Mais 1536, c'est avant tout les débuts des persécutions contre les évangéliques en France. Jusqu'en 1534, François Ier paraît assez favorable aux idées nouvelles encouragées par sa sœur Marguerite de Navarre. Sur le plan international, le roi de France cherche même des alliances auprès des princes protestants allemands. Le dialogue entre les réformateurs, les évangéliques modérés et les « libéraux » catholiques semblait envisageable. François Ier, conscient de cette ouverture possible, a d'ailleurs cherché à attirer Melanchthon, proche de Luther, mais ouvert aux compromis, pour converser avec quelques théologiens catholiques choisis. Même sur la question de l'eucharistie, un accord semblait possible entre les tenants de la doctrine catholique de la transsubstantiation et la consubstantiation* des luthériens. Il s'agirait, selon les tenants de l'ouverture, d'une question de formulation : en présentant sous d'autres termes la doctrine romaine on pourrait éventuellement arriver à un accord. Hélas, dans la nuit du 17 octobre 1534, l'affaire des Placards va ruiner tout espoir de réforme et d'ouverture aux idées nouvelles. Les Placards apparaissent au roi pour ce qu'ils sont : une provocation. On considère généralement que l'« Affaire » a accompli sa mission : le mouvement réformiste a été définitivement éliminé en France. Pour les Réformateurs réfugiés en Suisse, Farel, Froment, Marcourt, Viret... tous exilés pour leur foi, le flou doctrinal entretenu par certains évangéliques français n'est pas acceptable. La vraie réformation de l'Église ne passe pas par des compromis et le silence sur les points litigieux, mais par la vérité doctrinale. En choisissant cette question névralgique de l'eucharistie, et dans des termes aussi injurieux et violents,

---

* Selon la doctrine luthérienne de la consubstantiation, lors de la Cène, le pain et le vin conservent leurs substances propres avec lesquelles (ou sous lesquelles) coexistent les substances du corps et du sang du Christ.

Marcourt et ses acolytes ne doutent pas que la perspective d'une réforme douce doit forcément s'éteindre. Calvin lui-même semble clairement désapprouver les auteurs des Placards en 1534. Théodore de Bèze dans sa brève *Histoire de la vie et mort de maître Jean Calvin* ne cache pas la désapprobation de Calvin qui semble même se défier de ces démonstrations qu'il attribue à des agitateurs anabaptistes. Force est pourtant de le constater : lorsqu'il entreprend la rédaction de la première version de *L'Institution chrétienne*, le ton de Calvin a changé. La charge et la désapprobation visent clairement l'autre camp.

Dans les mois qui suivent l'« Affaire », le roi ordonne, en effet, une répression qui sera féroce. Les supplices se succèdent par dizaines. À tel point, raconte par la suite Calvin, que ces « brûlements furent trouvés fort mauvais par une grande partie des Allemands qu'ils en conçurent un dépit contre les auteurs de telle tyrannie ». Pire encore, rappelle Calvin, « pour l'apaiser, on fit courir certains petits livres malheureux et pleins de mensonges, qu'on traitait aussi cruellement autres qu'anabaptistes et gens séditieux qui par leurs rêveries et fausses opinions renversaient non seulement la religion mais aussi tout ordre politique[15] ».

Non seulement le roi de France s'était autorisé à abattre des personnes dont la foi et les convictions étaient irréprochables, mais on accusait à tort ces fidèles d'être des révoltés, des furieux, des révolutionnaires dangereux que toute autorité se devait de réduire au silence. C'est pour répondre à ces accusations que Calvin, qui n'a alors que vingt-sept ans, adresse à François Ier cette *Institution de la religion chrétienne* précédée d'une épitre au roi qui expose, dans un style étonnant de maîtrise et de style, le but qui est le sien : la défense de ses frères en la foi.

Dans sa rédaction de 1536, qui sera considérablement augmentée et reformulée à six reprises, Calvin livre une sorte de petit catéchisme, à l'image de celui de Luther, pour porter à la connaissance du roi ce qui lui est caché. Une sorte de manuel destiné à faire connaître quelques rudiments de la foi évangélique. Dans sa première version *L'Institution chrétienne* suit d'ailleurs le plan du catéchisme de Luther. Sitôt après avoir évoqué la place de Dieu et de l'homme, il affirme que le salut ne peut s'obtenir que par la grâce de Dieu, dans le Christ offert pour le salut de tous. Il étudie ensuite « Le Décalogue », puis sous le titre « De la foi » détaille *Le Symbole des apôtres**, auquel succède la « prière du Notre Père ». Les chapitres suivants traitent des « sacrements, Cène et baptême », vrais sacrements opposés aux faux sacrements : « confirmation, pénitence », « extrême-onction, ordre et mariage ». Le dernier chapitre est consacré aux questions de la vie dans le monde du croyant : « liberté chrétienne, puissance ecclésiastique et pouvoir politique ».

Calvin se fait le défenseur d'une doctrine qui subit l'accusation de manière infondée. Il se fait l'avocat

---

* *Le Symbole des apôtres* est un des premiers résumés de la foi chrétienne. Sa rédaction, par étapes successives, s'étale entre le IIIe et le VIe siècle. Ce texte condense et récapitule en quelques phrases l'essentiel de la prédication des apôtres.

d'une cause juste qui n'est pas la sienne, mais celle des « gens simples » qui connaissent la doctrine de Dieu et la cause du Christ. Ceux qui sont accusés sont en réalité des innocents, ils sont bien plutôt « la vraie semence » de Jésus-Christ. Non, la doctrine professée par ces frères injustement accusés n'est pas douteuse et incertaine, elle est au contraire une doctrine de confiance qui s'oppose aux doctrines de superstitions et d'angoisses de la religion papiste. Il s'agit pour Calvin de dégager les linéaments d'une sagesse « vraie et entière », d'un savoir donné par Dieu : « c'est qu'en connaissant Dieu, chacun de nous aussi se connaisse ». Partir « d'en haut », de la connaissance de Dieu pour visiter à frais nouveau les « choses d'en bas » et la vie des hommes. Ce qui sera le cœur de la théologie de Calvin se met, dès ce moment, en place.

Six mois ont suffi à Calvin pour rédiger cette somme récapitulant la doctrine chrétienne dans son ensemble. Il n'a que vingt-sept ans ! Et une facilité étonnante d'écriture qui est peut-être le fruit de ses dernières années d'études harassantes. Doué d'une impressionnante mémoire, Calvin a pu mobiliser toutes les ressources de ses lectures, celle de Platon, en même temps que celles des Pères grecs, saint Jean Chrysostome, saint Cyprien ou latins, saint Augustin en particulier. Mais aussi celles des auteurs contemporains, Érasme en premier lieu, même s'il n'est pas cité directement, Bucer, Melanchthon et Luther bien entendu. Mais c'est autour de l'épître aux Romains que se construit très directement le propos de Calvin. Le texte enlevé, précis, direct et clair semble comme jailli d'un trop-plein de convictions et de découvertes. L'impression est celle d'une jubilation d'écriture, le besoin irrépressible de coucher sur le papier tout ce qui s'agite et s'énonce en son for intérieur. Calvin expliquera d'ailleurs un jour qu'il profite lui-même autant ou plus que ses lecteurs de son écriture. Il pense et développe sa pensée, l'enrichit, la construit et la précise au fur et à mesure de l'avancée de son travail. C'est exactement le chemin que suivra *L'Institution de la religion chrétienne* qui va considérablement s'enrichir au fil du temps — et des traductions du latin au français — pour devenir ce lourd volume, composé de quatre grands livres dont la dernière édition paraît en 1560.

Cette tâche terminée, l'errance reprend. Calvin entreprend le voyage de Ferrare dont le séjour sera, nous l'avons vu, écourté pour affaires familiales. Passage par Noyon ? On ne sait. Paris certainement. Puis retour non vers Bâle, mais vers Strasbourg cette fois pour s'adonner avec les réformateurs des lieux à quelques études particulières. Hasard ou destin, la guerre entre la France et le Saint Empire romain germanique contrarie sérieusement ses projets. Il doit faire un détour par le Sud, et Genève. Il y parvient un soir d'août, fatigué de voyager, assoiffé par les chaleurs de l'été. Il rêve seulement de l'hospitalité et d'une chambrette pour la nuit. Il y scellera pourtant son destin. Plus d'errance ni de tergiversations. Plus d'apatride, demain Calvin sera à Genève et Genève sera la ville du Réformateur.

Refuge

> *Maître Guillaume Farel me retint à Genève... par une adjuration épouvantable, comme si Dieu eût d'en haut étendu sa main sur moi pour m'arrêter*[1].

Longtemps résidence épiscopale, Genève venait d'opter pour la Réforme au moment où Calvin s'y installe en cet été 1536. Œuvre d'un petit groupe d'« amateurs de la Sainte Évangile » assemblés autour des livres de Luther et dominé par la figure du bouillant Guillaume Farel, les événements se sont sérieusement accélérés dans la ville des bords du Léman.

Jusque vers les années 1526, les ducs de Savoie qui dominaient la région avait pris pour habitude de faire élire des membres de leur famille à la dignité épiscopale. Une politique d'annexion et de soumission assez efficace. Le sort de la cité semble scellé : tôt ou tard, Genève devait revenir à la maison de Savoie. Ce scénario paraît inéluctable, la commune collaborant étroitement avec l'épiscopat. Des liens se tissent entre certaines familles genevoises et la noblesse du duché savoyard, par le biais de mariages.

Mais, entre-temps, Berne et Zurich ont rejoint la Réforme, la Savoie toute proche en est très loin. Jusqu'alors les relations entre Genève et les cantons suisses sont strictement commerciales, chacun tirant un profit substantiel des grandes foires qui se tiennent dans la région. La menace savoyarde sur Genève va leur donner une tournure plus politique. Le « Traité de combourgeoisie » signé entre Genève et les deux cantons suisses marque une étape importante dans leur rapprochement. Cet accord d'assistance mutuelle est signé en 1526. Sa portée est immense. La politique extérieure échappe pour la première fois à l'évêque. Dès 1527, la commune administre la justice civile ; l'évêque règne mais ne gouverne plus. Bientôt apparaît un second organe « démocratique » : le Conseil des Deux-Cents qui deviendra le véritable organe délibératif de la ville et est pourvu d'un droit d'initiative. Par une cooptation mutuelle, le Conseil des Deux-Cents désigne le Petit Conseil (gouvernement) qui lui-même élit les membres du Conseil des Deux-Cents.

La ville cependant est divisée. Deux partis s'affrontent, les *Eidgenossen* (confédérés) favorables à la Réforme et proches de Berne et les *mamelouks* fidèles à la tradition catholique. Dès 1526, les marchands allemands ont propagé les idées de la Réforme luthérienne. Les adeptes de cette nouvelle foi sont peu nombreux, mais le mouvement se développe sous l'influence du prédicateur Froment suivi, en 1530, par Guillaume Farel. Placé sous la protection des Bernois convertis dès 1528, Farel sera leur missionnaire en terre romande. Durant l'année 1533, la majorité de la classe dirigeante se convertit à la nouvelle foi. Le 10 août 1535, la messe est interdite à Genève par un décret du Grand Conseil. Le 21 mai 1536, soit quelques semaines avant le passage de Calvin, les citoyens assemblés en conseil général dans le cloître de la cathédrale décident à l'unanimité de se rallier à la Réforme. Prêtres et religieux quittent la ville, suivant leur évêque qui avait fui nuitamment quelque temps auparavant. La ville se considère dès lors comme libre et souveraine. Après Neuchâtel, Genève est la seconde ville d'expression française à embrasser la religion réformée. Le bruit de cette nouvelle s'était rapidement répandu en Suisse et en France.

Genève est libre et autonome. Mais sa situation politique et économique est loin d'être florissante. La ville n'est alors qu'une sorte de vaste chantier, au propre comme au figuré. La ville a connu depuis la fin du XVe siècle un sérieux déclin économique. Les grandes foires qui s'y tenaient quatre fois par an ont perdu de leur rayonnement. Les pôles de développement et les routes économiques ont profondément changé depuis l'ouverture des routes maritimes vers le Nouveau Monde. Genève n'est plus ce carrefour, passage obligé entre les marchés du Nord et ceux du midi de la France ou du nord de l'Italie. Son économie s'étiole, elle s'est comme recroquevillée sous la pression à la fois économique et politique qu'elle subit. Au fil des années, la ville qui comptait de nombreux faubourgs, des jardins et même son vieux collège, les abandonne peu à peu pour se réfugier et s'enfermer derrière des bastions construits en toute hâte. L'espace vital s'est réduit, transformant cette cité ouverte et célèbre pour ses foires en une place forte étroite et enlaidie où la promiscuité pèse sur la vie quotidienne. C'est avec la Réforme, grâce à l'alliance future avec Berne et à l'accueil de milliers de réfugiés français que l'essor de la ville pourra reprendre. Mais n'est pas pour l'heure évident. Au moment de l'arrivée de Calvin, le chemin est encore long.

La Réforme est bien établie dans la ville, mais rien ne l'assure. Les motivations des autorités communales ne sont pas toutes d'ordre strictement religieux. L'alliance conclue avec Berne est pour beaucoup un moindre mal et le passage à la Réforme, une source vraisemblable de dangers à venir. Dans ces conditions, l'Église réformée qui se tient à Genève est une de celles dans laquelle, selon le mot de Farel, « il n'y avoit quasi rien ». Les Genevois étaient encore des « gens froids en la foi de Dieu[2] ».

FAREL ET CALVIN

Alors qu'il approche de la porte de Cornavin, Calvin est parfaitement informé de la situation de la ville. Il est harassé, peut-être contrarié par ses infortunes de voyages et le détour considérable qu'il doit entreprendre pour rejoindre Bâle et Strasbourg, termes de son voyage. Il n'est pas inquiet cependant, cette ville est un refuge pour ceux qui se sont attachés au « pur Évangile ». Mais il compte bien ne pas s'attarder. Le voyageur retient une petite chambre dans une hôtellerie. Décidé à prendre quelque repos, mais motivé par le besoin de reprendre rapidement la route pour s'isoler et se consacrer essentiellement à l'étude solitaire. « J'avais délibéré de passer par ici légèrement sans arrêter plus d'une nuit en la ville[3] », raconte Calvin qui met ainsi en scène le nouveau virage que Dieu, pense-t-il, lui a fait prendre. « Adonc un personnage, lequel maintenant s'est vilainement révolté et retourné vers les papistes, me découvrit et fit connaître aux autres. » Parmi ces « autres », Guillaume Farel qui va, ce jour-là, décider du destin de Calvin.

Farel a quarante-sept ans lorsqu'il rencontre Calvin qui n'en a alors que vingt-six. Né à Gap en 1489, Farel entreprend assez tard des études supérieures à Paris pour devenir maître ès arts. À défaut d'être brillant, le jeune Guillaume est au moins un étudiant opiniâtre et déterminé. Il obtient en 1517 un poste de professeur au collège du Cardinal-Lemoine. Encore étudiant, il se lie avec Lefèvre d'Étaples et entre à sa suite dans le groupe enthousiaste qui sous l'autorité de l'évêque Briçonnet participe au renouveau de l'Église dans le diocèse de Meaux. Le Cénacle de Meaux et les « évangéliques » sont nés et vont alimenter la chronique des polémiques et des débats avec la Sorbonne. Ce qui ne manque pas d'inquiéter au cours du temps

Briçonnet. Le groupe, et Briçonnet en particulier, s'attire l'hostilité des Cordeliers (privés du produit de leurs quêtes) et de la Sorbonne qui, en avril 1521, condamne les thèses de Luther. L'évêque de Meaux tente bien de modérer les ardeurs de ses assesseurs, en vain. En octobre 1523, Briçonnet interdit à son tour les livres de Luther dans son diocèse et renvoie Farel, trop violent dans ses prêches. Farel, menacé, tente de se cacher en Guyenne. Le danger n'en est pas moins bien réel. Plusieurs membres du Cénacle, tel ce Jean Leclerc, un cardeur de laine, condamné à « être frappé de verges trois jours de suite dans les rues, puis marqué au front d'un fer rouge comme hérétique... ». Pire, quelques évangéliques sont brûlés en place publique. Jacques Pavannes, un jeune étudiant, arrêté, se rétracte une première fois ; libéré, il reprend ses prêches et finit par être condamné à être brûlé sur la place de Grève à Paris. Mais aussi, l'histoire de cet ermite de Livry, traîné à Paris pour être *brûlé à petit feu* devant la cathédrale Notre-Dame. Une foule immense assiste au supplice alors que les docteurs de la Sorbonne crient de toutes leurs forces : « Il est damné, il s'en va en enfer ! » L'ermite, très calme dans les flammes, prie : « Ma confiance est en Christ. Je meurs dans la foi de mon Sauveur. »

De terribles prémices vont durcir encore l'attitude du futur réformateur suisse. Farel n'a pas vraiment le choix : ce sera l'exil ou la mort. Il se rend alors à Bâle, où sont réfugiés de nombreux intellectuels dissidents, mais Érasme ne goûte guère ses manières enflammées. Il est banni de la ville en raison de ses attaques virulentes contre le catholicisme romain. Décidément inclassable, il s'installe dans la fonction de prédicateur itinérant. On le retrouve dans toute la Suisse romande, Aigle, Lausanne, Orbe, Grandson, Yverdon, Neuchâtel et Genève. Sous son impulsion, Neuchâtel passe à la Réforme en 1530. Au synode de Chanforan (val d'Angrogne dans le Piémont), en 1532, il est présent aux discussions qui aboutissent à la fusion des Vaudois avec la Réforme. De 1532 à 1536, il prêche à Genève à plusieurs reprises. Après un accueil initial hostile, il gagne de nombreux adeptes à la nouvelle foi réformée. Et c'est sous son impulsion que le Conseil de Genève adopte finalement la Réforme en mai 1536.

Farel, prédicateur passionné, débordant de hardiesse et d'énergie, semble cependant lucide sur ses propres capacités d'organisation, de réflexion et de prospection. Genève n'est encore qu'un vaste chantier, il y manque une vraie vision pour l'Église et la ville. Le passage de Calvin à Genève a lieu dans ce contexte ; deux mois à peine après l'adoption de la Réforme.

Leur rencontre est clairement pour Calvin le tournant de sa vie. Il en raconte lui-même très précisément les linéaments et se met en scène — ce qui est très rare — dans ce passage autobiographique de la « Préface » de *Commentaires des Psaumes* :

> Or que je n'eusse point ce but de me montrer et acquérir bruit, je le donnai bien connaître par ce qu'incontinent après je me retirai de là, joint mêmement que personne ne sut là

que j'en fusse l'auteur, comme partout ailleurs, je n'en ai point fait de semblant, et avais délibéré de continuer de même jusqu'à ce que finalement maître Guillaume Farel me retînt à Genève non pas tant par conseil et exhortation, que par une adjuration épouvantable, comme si Dieu eût d'en haut étendu sa main sur moi pour m'arrêter. Pour ce que pour aller à Strasbourg, où je voulais lors me retirer, le plus droit chemin était fermé par les guerres, j'avais délibéré de passer par ici légèrement, sans m'arrêter plus d'une nuit en la ville. Or un peu auparavant, la papauté en avait été chassée par le moyen de ce bon personnage que j'ai nommé, et de maître Pierre Viret ; mais les choses n'étaient point encore dressées en leur forme, et y avait des divisions et factions mauvaises et dangereuses entre ceux de la ville. Adonc un personnage, lequel maintenant s'est vilainement révolté et retourné vers les papistes, me découvrit et fit connaître aux autres. Sur cela Farel (comme il brûlait d'un merveilleux zèle d'avancer l'Évangile) fit incontinent tous ses efforts pour me retenir. Et après les avoir entendu que j'avais quelques études particulières auxquelles je me voulais réserver libre, quand il vit qu'il ne gagnait rien par prière, il vint jusqu'à une imprécation, qu'il plût à Dieu de maudire mon repos et la tranquillité d'études que je cherchais, si en une grande nécessité je me retirais et refusais de donner secours et aide. Lequel mot m'épouvanta et ébranla tellement que je désistai du voyage que j'avais entrepris, en sorte toutefois que sentant mon honte et ma timidité, je voulus point m'obliger à exercer quelque certaine charge[4].

Un tel luxe de détails et d'arguments écrits *a posteriori* par Calvin laisse présager l'importance que le Réformateur veut donner à l'événement. Lui, l'homme de cabinet, d'études laborieuses et solitaires, se voit contraint de « tourner bride » à nouveau et de changer d'orientation. Il se voulait et se savait craintif, timide et honteux, désireux de repos, de tranquillité et d'études, le voilà malgré lui sur le devant de la scène. Et au cœur des conflits du temps. Une nouvelle vie non choisie ni désirée s'ouvre pour l'humaniste érudit qu'il se voulait être. Peut-être faut-il comprendre ce plaidoyer à la lumière des polémiques qui naîtront au cours du ministère de Calvin à Genève. Ne l'accuse-t-on pas d'autoritarisme ou de sévérité trop grande à l'égard de ses adversaires, sinon de despotisme ? Mais surtout d'avoir fait de Genève l'instrument de son pouvoir et de son ambition sans bornes ? La figure d'un Calvin, sorte d'ayatollah ou de guide suprême d'une révolution réformée à visée théocratique traversera en tout cas les siècles. Calvin tente peut-être ici de répondre à ses contempteurs du XVIe siècle et, comme par avance, à ceux du XXe siècle, tel Stefan Zweig qui écrit : « Calvin arrachera tout à lui, il réalisera impitoyablement sa revendication du pouvoir absolu et transformera par là une république démocratique en une dictature théocratique.[5] »

Et pourtant ! Que de combats, de batailles homériques, de colères et de découragements pour ce soi-disant maître de Genève ! Décrire Calvin en despote, c'est faire bien peu de cas d'une réalité incontournable dès ces débuts : entre les Genevois et lui, il y a le magistrat. Le système républicain genevois et ses multiples assemblées — la Commune, l'Assemblée générale des citoyens, les quatre Syndics, le Petit Conseil, le Conseil des Soixante, le Conseil des Deux-Cents — ferrailleront d'arrache-pied pendant des années avec les pasteurs et leurs assemblées, et le plus influent d'entre eux, Calvin. C'est qu'à Genève les propagandistes des idées de Luther et Zwingli sont des bourgeois et des laïcs cultivés, tels le juge Lévrier, le médecin Agrippa, ou les imprimeurs Jacques Vivian et Wygand Köln. Après les cercles de discussions éclairés, le mouvement se concrétise à Genève sous la forme d'un parti constitué de magistrats, de commerçants influents tel le drapier Baudichon de la Maisonneuve. Ces hommes-là, et eux seuls, prennent l'initiative de faire venir les prédicants de Berne ou Zurich. Ils seront à l'origine du passage de la ville à la Réforme. Ce soubassement intellectuel des autorités influentes de la ville et leur engagement sur les questions théologiques et spirituelles suffisent à expliquer les difficultés de Calvin et des pasteurs de Genève pour imposer quel ordre que ce soit. Les auditeurs de Calvin seront ainsi tantôt de fervents « amateurs de la Parole de Dieu », tantôt des libres-penseurs avant l'heure qui souhaitent par-dessus tout se libérer de l'emprise d'un épiscopat largement discrédité à Genève. Ces anticléricaux du XVIe siècle voient dans la Réforme le moyen d'accorder à la communauté bourgeoise l'indépendance totale à laquelle elle aspire. Les premiers brillent par leur piété, les seconds par leur usage de la religion comme d'un levier social. L'histoire des relations entre les autorités civiles de Genève et ses pasteurs se déroulera dans ce cadre précis. Calvin résistera autant que faire se peut aux seconds et s'appuiera sur les premiers. Le combat sera rude et incessant. Il connaîtra plusieurs épisodes de lourds conflits dont l'un conduira à l'expulsion de Farel et Calvin. Avant leur retour et leur relatif triomphe après d'âpres combats, toujours prêts à se rallumer. Une histoire plus riche d'enseignements politiques sur les relations entre Église et État que n'a voulu en retenir la fausse réputation d'absolutisme accolée à Calvin.

Calvin, au moment où il rédige, deux décennies plus tard, le récit de son arrivée à Genève, vise à cette lumière-là sur sa vie. L'appel irrésistible de Farel au jeune homme craintif et timide désireux de solitude et de repos pour étudier est la seule cause de son engagement. Devenir un homme public n'était ni une tentation ni un désir : bien plutôt, un service contraint et forcé.

Farel le convainc cependant d'accepter le titre de « lecteur en la Sainte Écriture » et de participer de la sorte à l'édification de l'Église locale. Sitôt dit, sitôt fait. Le registre du Conseil de Genève en fait foi, Calvin se voit chargé, le 5 septembre suivant, de lire et de commenter les épîtres de saint Paul dans la cathédrale de Genève. Il devient ainsi prédicateur ordinaire et d'une certaine manière pasteur de l'Église sans jamais avoir reçu de consécration pastorale. Il demeure un sérieux flou sur le statut de Calvin à Genève. Il reçoit bien le titre de lecteur, mais on ne le retrouve dans les registres du Conseil ni sous le titre de « prédicateur », ni sous celui de « pasteur ». Il ne recevra en réalité jamais de consécration pastorale, marquant de la sorte une nouvelle rupture avec la tradition ecclésiale de l'Église catholique.

Cette précision est d'ailleurs d'importance dans la qualité des rapports qu'elle entretient avec ses amis et proches condisciples. Ce sera en tout cas le sujet principal du litige ou des discussions difficiles qu'il aura avec son ancien ami et confident Louis du Tillet. Cet ami, qui l'accompagna sur les routes aux premiers mois de son exil — il était du voyage de Bâle et de celui de Ferrare —, décide de se séparer de Calvin et de rentrer en France. Les deux hommes échangent de nombreux courriers où se mêlent visiblement grand respect et profonde affection. Ils s'affublent, pour discuter à l'abri des regards étrangers, de prête-noms*, Calvin signe Charles d'Espeville, Du Tillet est Haultmont.

Entre les deux amis la confiance a fait place à une douloureuse déception. Quelques mois plus tard, la nouvelle parvient à Genève : du Tillet serait revenu au catholicisme ! Ce dernier explique son geste dans une lettre parvenue un an plus tard à Calvin. Il s'excuse d'avoir tu son attitude par « peur que j'avais de n'y profiter rien et d'émouvoir irritation et malcontentement entre nous[6] ». C'est pour être en paix avec sa conscience qu'il a quitté son ami qu'il continue malgré tout d'estimer. Une correspondance pénible s'établit alors pendant quelques mois entre eux. Au cœur de leur dispute, la rupture avec Rome et l'unité de l'Église. L'argument de Du Tillet est prudent : le catholicisme possède plus que des « reliques de la bénédiction de Dieu », explique-t-il. S'il s'y commet de nombreux abus, le nom de Jésus-Christ y est malgré tout invoqué, Sa parole annoncée et les sacre-

---

* Comment oublier, en effet, que le courrier est alors confié aux amis de passage ? Et distribué par des mains bien ou mal intentionnées et pas toujours très sûres. Un courrier peut fort bien être ouvert, se perdre... Et perdre son correspondant, s'il s'agit de messages confidentiels qui touchent, qui plus est, aux « convictions évangéliques ».

ments administrés. Calvin ne peut entendre ni admettre de telles paroles. Certes, il demeure bien en l'Église de Rome quelques « restes » de la bénédiction de Dieu, mais la véritable Église se distingue clairement de la fausse. Au fond, pour Calvin, dès ce moment, l'Église catholique est tout simplement schismatique. Les ténèbres ne peuvent en rien être assimilées à la lumière. Mais c'est à ce point que la réplique de Du Tillet touche à la vocation de Calvin. Il met en doute cette vocation et la validité de son ministère. Il y faut non pas seulement des qualités exceptionnelles d'intelligence et de foi que possèdent Calvin, mais aussi « une décision ecclésiastique. Si auparavant y être appelé et constitué de Dieu, c'est-à-dire par voie que Dieu approuve, vous vous immiscez de ministrer, il se peut dire, à mon avis, que comment que autrement vous y soyez propre, vous ne vous y soyez appelé vous-même sans vocation de Dieu[7] ». Sévère avec son ancien ami, du Tillet veut voir dans cette absence de discernement et de confirmation ecclésiale, l'origine des difficultés que Calvin rencontrera plus tard dans son ministère à Genève. La lettre ne reçut probablement pas de réponse. Du moins aucune trace n'en subsiste. L'amitié entre les deux hommes avait vécu, mais le questionnement qui était adressé à Calvin devait demeurer. N'est-ce pas, en effet, une des causes de l'insistance permanente de Calvin par de multiples références à un appel direct de Dieu en plusieurs occasions décisives ? Comme si ce doute, cette mise en question radicale de Du Tillet avait laissé quelques traces... Et ce jusqu'à la fin. Les récits biographiques de Calvin participent d'une certaine manière à cette théâtralité d'un acteur contraint par Dieu, bataillant contre Dieu et contre sa volonté, pour trouver l'apaisement dans l'acceptation de sa mission et de sa vocation. Pour Dieu seul.

Il n'avait pas reçu d'ordination ecclésiastique. Il est vrai. Mais appelé à Genève, alors qu'il ne le cherchait ni ne le voulait, il l'avait certes été. Il en était convaincu. Il devait en conséquence assurer et répondre à la vocation qui lui avait été adressée. Mais cette conviction qu'il voulait chevillée à sa vie, éclairant les divers temps de son existence, était en elle-même un combat qui ne s'achèverait jamais.

PROFESSION THÉOLOGIEN

Le nouvel enseignant se met alors à la tâche. Hardiment. Il adresse tous les après-midi des leçons sur les lettres de saint Paul à un auditoire où se mêlent anciens prêtres et bourgeois. C'est à ce moment-là que débute l'intense labeur de commentaires bibliques qu'il ne cessera jamais et le conduira à sonder pratiquement tous les livres de l'Écriture. Sa méthode de lecture lui vient de saint Jean Chrysostome qu'il admire. Ce Père de l'Église grecque — ainsi appelé « bouche d'or » pour le brio de sa parole — devint, en effet, célèbre pour sa capacité de rapprocher le texte biblique de la vie des gens et de leurs questions. Il pouvait parfois parler deux heures d'affilée et terminer sous les acclamations et les applaudissements du peuple. L'idée, somme toute très moderne, de Calvin est de savoir bien « déclarer » et de découvrir l'intention de l'auteur de la Bible. Mais il faut le faire avec une « brièveté facile » qui ne comporte point d'obscurités. Être facile, clair et pénétrant, voilà l'ambition du nouvel enseignant. Succès garanti, moins de six mois après, un éditeur de Bâle s'enquiert de la possibilité de publier ses études.

Les commentaires de Paul sont interrompus fin septembre par une de ces « disputes » théologiques qui seront le lot commun tout au long du XVIᵉ siècle et serviront de base de discussion en vue de l'adoption (ou non) de la Réforme dans de nombreuses villes suisses. La *disputatio* remonte en réalité au Moyen Âge et à ces joutes de rhétorique latine qui se déroulaient dans les universités de toute l'Europe et à la Sorbonne en particulier. Elles permettaient aux étudiants et à leurs maîtres de s'affronter intellectuellement. L'objectif était de déterminer la vérité d'une proposition nouvelle. Luther, au début du XVIᵉ siècle, avait déjà participé à de célèbres *disputatio*, celle de Leipzig, qui l'opposa au théologien Jean Eck, est demeurée célèbre en raison des positions inconciliables qui s'y sont fait jour.

La dispute qui se tient à Lausanne en cet automne 1536 est d'une nature un peu différente. Elle fait suite à une série d'événements identiques qui ont jalonné l'histoire de la Suisse. Zurich et Berne ont connu ce même type de disputes dont le résultat a été l'acte de fondation de la Réforme dans ces villes. À Zurich en 1523 au début du mois de janvier, pas moins de six cents personnes se pressent à un débat contradictoire entre Zwingli et les envoyés de l'évêque de Constance. Zwingli avait alors gagné la partie. Et imposé la Réforme à Berne, puis Zurich, et dans les mêmes conditions.

La dispute de Lausanne est ainsi organisée par les autorités de Berne. Elle ne se déroule plus en latin dans le cadre fermé de l'Université, mais devant le peuple et en langue vernaculaire. L'objectif affiché est de statuer sur l'avenir de la ville de Lausanne. Les arguments retenus sont d'ordre biblique, la seule autorité acceptée en la matière est celle des Écritures. Il ne s'agit plus, cependant, d'échanger des arguments savants, mais très clairement pour les Bernois d'affirmer la supériorité de la « vraie foi évangélique ». Rien de tel qu'une grande et belle *disputatio* pour affirmer la supériorité de la Réforme adoptée précédemment par Berne et qu'elle souhaite voir maintenant irriguer tous les territoires qu'elle a pris sous sa protection ou qu'elle domine. Pour faire bonne mesure, le clergé catholique est convoqué afin de défendre la position de l'Église romaine face aux tenants de la Réforme. Mais le message est double, si les autorités bernoises peuvent provoquer une telle rencontre, c'est qu'elles considèrent que l'unité de l'Église universelle n'est plus du ressort du pape, des évêques et de ses « saints conciles », mais d'un débat qu'elles seules vont arbitrer. Les chanoines de la cathédrale de Lausanne ne s'y trompent pas, qui refusent de participer à cette supercherie. Quelques laïcs, le curé de Vevey et deux vicaires entrent cependant dans l'arène. Face à eux, Farel, Viret et Calvin, qui intervient à deux reprises, mais aussi Fabri, Antoine Marcourt — celui de l'affaire des Placards — et Pierre Caroli, le plus brillant orateur en la circonstance. Ce qui devait arriver, arriva. La Réforme venait d'entrer à Lausanne. La prochaine dispute ne pourrait opposer les réformés qu'entre eux. Ce qu'ils ne vont pas se priver de faire, dès l'année suivante.

Un incident éclate, en effet, quelques mois après, Pierre Caroli, nommé premier pasteur de Lausanne par la grâce des autorités de Berne, se met en tête de régenter ses collègues. La discussion démarre sur la question des prières pour les morts. Celles-ci, à l'en croire, ne procuraient pas le pardon, mais hâtaient la résurrection. Pour quelles raisons obscures ? nul ne sait. La polémique enfle pourtant encore devant les représentants du gouvernement de Berne accourus pour tenter de parvenir à un compromis entre les partis. Rien à faire. Caroli, non content de maintenir ses thèses, accuse les représentants de Genève de ne pas croire au dogme de la Trinité. « Arianisme », le vilain mot est lâché. Calvin, Farel et les pasteurs de Genève seraient infectés d'arianisme[*].

---

[*] L'arianisme est un courant de pensée des débuts du christianisme, dû au théologien Arius (256-336). Pour l'arianisme, la divinité du Très-Haut est supérieure à celle de son fils fait homme. Si le Fils témoigne de Dieu, il n'est pas Dieu, si le Fils a une position divine, elle est de moindre importance que celle de Dieu Lui-même. Pour Arius, le Père seul est éternel, le Fils et l'Esprit ont été créés. Arius considère que Jésus est un homme dans lequel s'incarne la Parole de Dieu, suivant le prologue de l'évangile selon Jean.

Théâtral, Caroli somme les représentants de Genève de souscrire sur-le-champ au Symbole de Nicée*, puis à celui d'Athanase, confessions de foi universelles de l'Église, qu'il se met à réciter avec un mouvement de tout le corps et de toute la tête si incongrus, une telle impétuosité de voix, selon les témoins, qu'il souleva un rire général de l'assemblée. Calvin intervient alors pour assurer les autorités de Berne sur l'absolue conformité de leur foi sur la question trinitaire. Si le Réformateur affirme avec force la divinité du Christ et rejette les « erreurs d'Arius, de Marcion ou de Nestorius », il se refuse d'aller au-delà de ce qu'affirme l'Écriture à propos de la Trinité et exclut l'idée de se lier aux Symboles d'Athanase et de Nicée qu'il juge rempli de « verbalisme ». Nicée-Constantinople ? Un poème, plus qu'une formule de confession, tranche-t-il.

Les explications de Viret, Farel et Calvin ont en tout cas convaincu les autorités de Berne. Caroli est contraint de quitter sa charge. Un grand déballage sur la vie pour le moins surprenante et chaotique de Caroli suit cet épisode. Ce curieux personnage reviendra dans un premier temps en France et au catholicisme, avant d'implorer le pardon de ses anciens amis de Lausanne et Genève avant de repartir pour Bâle et Strasbourg.

Conséquence inattendue de la controverse, le ti-

---

* En 325, à Nicée près de Constantinople, l'empereur Constantin réunit le premier concile. Le texte rédigé à cette occasion souhaite mettre fin aux débats relatifs à la divinité du Christ. En 381, à Constantinople, lors du second concile, un nouveau symbole fut adopté qui complète le précédent au niveau de la doctrine trinitaire. Le Symbole de Nicée demeure, jusqu'à aujourd'hui, une profession de foi commune aux trois grandes confessions chrétiennes : le catholicisme, l'orthodoxie et le protestantisme.

mide et mol jeune homme de vingt-huit ans s'est transformé en redoutable bateleur, n'hésitant jamais à pourfendre avec la dernière alacrité ceux qui l'accusent de non-conformité doctrinale. Il n'a pas hésité au cours des échanges avec Caroli à le traiter de « chien ou de cochon », vils animaux dont la foi serait plus affirmée que celle de son funeste adversaire ! Étonnant personnage que ce jeune théologien français ! Les autorités civiles commencent à s'interroger. Mais qui est vraiment ce distingué humaniste auprès duquel le bouillant Farel paraît presque mesuré ? Mais, plus grave, ce sont les « deux colonnes » de Genève, Farel et surtout Calvin qui vont réellement pâtir de cette futile dispute.

Si Calvin a convaincu, l'accusation a laissée des traces qui risquent d'être indélébiles. Certes, il a clairement affirmé sa foi trinitaire, mais le sentiment d'un trouble subsiste. Calvin n'est visiblement pas si assuré qu'il l'affirme au sujet du mystère de la Trinité. Vouloir s'en tenir aux seuls textes de l'Écriture, c'est aussi s'exposer à de sérieuses questions, d'autant que cette représentation est parfaitement absente du vocabulaire biblique. L'accusation d'arianisme, pour infondée qu'elle soit, risque bien de suivre Calvin toute sa vie jusqu'au fatidique épisode de Michel Servet. Ne serait-ce pas pour faire litière de cette sourde accusation que Servet, antitrinitaire notoire, fut condamné et exécuté à Genève ?

PREMIÈRES DIFFICULTÉS

Entre-temps, et au gré des événements ou des débats rencontrés, il reprend son travail de lecteur de la Sainte Écriture. À côté de son travail d'enseignant, Calvin se mêle peu à peu à l'organisation de l'Église sise à Genève. Il prépare avec Farel le texte des *Articles sur le gouvernement de l'Église* que ce dernier doit présenter au Magistrat. L'objectif de ces *Articles* est d'assurer l'unité de la ville et unir les citoyens dans la foi en Christ. Il s'agit, en réalité, de la première mouture d'une *Discipline* de l'Église réformée qui, selon différentes versions, traversera les siècles pour définir encore de nos jours l'organisation des Églises réformées. Une organisation de l'Église qui, pour la première fois, n'est pas ordonnée par les autorités civiles, mais proposée par les prédicateurs eux-mêmes.

L'instruction et confession de foi dont on use en l'Église de Genève[8] commence par affirmer que la connaissance de Dieu est le but de l'humanité. Il s'agit d'amener chaque habitant de Genève à souscrire à la déclaration intitulée : *Confession de foi en laquelle tous bourgeois et habitants de Genève et sujets du pays doivent jurer de garder et tenir*. L'objet se présente sous la forme d'une vingtaine d'articles particulièrement clairs et succincts rédigés sur le modèle du petit catéchisme de Luther où se suivent les articles sur la loi, la foi, la prière, les sacrements. Ces textes évoquent l'autorité de la Parole, le Décalogue, le salut en Christ, la Cène et le baptême et… la possibilité de l'excommunication pour tous les « blasphémateurs, meurtriers, larrons, paillards, faux témoins, séditieux, noiseux, détracteurs, batteurs, ivrognes… ». Il est ainsi prévu — mais ce n'est ni Calvin ni Farel qui initient le modèle en la circonstance, mais bien Œcolampade à Bâle — que le « contrôle » sur les fidèles soit exercé par le biais de l'excommunication, prononcée devant l'Église par le pasteur, à partir des indications fournies par des « délégués » institués par le Magistrat. L'excommunié, s'il ne revient pas sur les faits qui lui sont reprochés, encourra le bannissement. Les *Articles* proposent pour ce faire l'élection « d'hommes de bonne vie » répartis dans les différents quartiers de la ville pour surveiller « la vie et les gouvernements » de chacun. Et dénoncer les déviants aux pasteurs. L'assistance aux cultes et à la participation de tous à la Sainte Cène est non seulement souhaitée, mais obligatoire. Au cœur de ces dispositions, l'organisation de la Sainte Cène et surtout sa distribution. Les pasteurs proposent qu'elle soit souvent célébrée et fréquentée. Ils ne sont pas entièrement suivis sur ce point par les autorités civiles de la ville. D'une fois par semaine, la fréquence de la Cène sera réduite par le Conseil à une fois par mois. Mais il revient, selon ces *Articles,* au Magistrat d'administrer la ville et donc d'être en charge des questions civiles et ecclésiastiques. Le Magistrat surveille ainsi la célébration de la Cène et veille à ce que les décisions prises par les pasteurs soient respectées. Mais pourquoi une telle police des consciences ? Parce que, estiment autorités civiles et religieuses de Genève, l'important est que la Cène ne soit pas « souillée » par la présence de ceux qui vivent de manière contraire à l'Évangile. Faut-il y voir une interprétation ou une réminiscence du texte de saint Paul aux Corinthiens[*] ? Probablement. On peut imaginer ce qu'une telle lecture, prise dans son sens le plus littéral, provoque en des temps troublés par la maladie et l'omniprésence de la mort. « Ils avalaient la colère de Dieu plus qu'ils ne participaient au sacrement de la vie[9] », s'écrit-il. La décision globale d'adopter la Réforme prise en mai 1536 lui paraissait insuffisante. Pour lui, ces femmes et ces hommes peu éduqués et mal enseignés s'approchaient du sacrement de la Cène sans préparation spirituelle sérieuse. Il était de son devoir absolu d'agir contre l'indignité en face de la présence de Dieu.

Calvin semble bien cependant introduire une nuance d'importance dans cette doctrine formulée par saint Augustin qui estimait normal que le châtiment soit appliqué par l'autorité impériale, et systématisée par Thomas d'Aquin dont la *Somme* détaille le droit de punir les hérétiques et de les livrer au bras séculier[10]. Pour Calvin, il s'agit en la matière de l'honneur du Christ et de salutaire exemple. Distribuer la Cène à des hommes n'ayant pas en eux la vraie crainte de Dieu revient, à ses

---

[*] La première épître de saint Paul aux Corinthiens (11, 17-33) institue le repas du Seigneur en mettant en garde « quiconque mangerait le pain ou boirait la coupe du Seigneur d'une manière indigne se rendrait coupable envers le corps et le sang du Seigneur... » Aux versets 29 et 30 Paul avance même que faute d'un tel discernement « il y a parmi vous tant de malades et infirmes et qu'un certain nombre sont morts ».

yeux, à profaner l'honneur de Dieu. Calvin souhaite éviter, en héraut de Dieu qu'il veut être, ce qu'il perçoit comme une possible perversion de l'œuvre de Dieu dans le monde. Il a rompu avec le monde religieux d'avant, il en a une conscience plus inquiète qu'il veut bien l'admettre. Il lui incombe alors l'immense responsabilité de ne pas laisser s'installer l'anarchie et de réduire la Réforme au rang d'une déviance sectaire parmi tant d'autres. D'où son insistance à réclamer de tous les citoyens la signature explicite de la confession de foi qui entrera en vigueur à Genève. La cité devait devenir un théâtre de l'Alliance retrouvée. L'enjeu est celui de la permanence de l'Église du Christ dans le monde. À cette aune, le bannissement de quelques-uns ou leur relégation ne compte pas réellement.

Pour l'autorité civile, l'enjeu est d'ordre public. Loin d'être un simple acte spirituel, la participation à la communion est un puissant levier de contrôle de la moralité publique. Priver publiquement tel ou tel citoyen de l'accès à la Cène est un acte hautement symbolique. Et politique, assurément. Les autorités civiles ne comptent pas s'en départir. Pas plus que Farel et Calvin d'ailleurs. Le conflit qui va traverser toute l'histoire de Genève au temps de Calvin est ici en germe. Pour les pasteurs, leur rôle est d'être « ambassadeurs de Dieu, lesquels il faut écouter, comme Dieu lui-même[11] ». Pour eux, le rôle des autorités civiles, reconnues vicaires de Dieu, consistait à défendre les affligés et secourir les innocents tout autant que punir les « pervers ». Le Magistrat rappelle, de son côté, que le choix de la Réforme a été et demeure de son ressort. Les pasteurs sont ainsi, à ses yeux, des ministres de la république de Genève, employés et rémunérés pour son service.

EXPULSÉS

Dans un premier temps, les événements tournent à l'avantage de nos deux pasteurs. Farel et Calvin s'accordent sur l'essentiel avec le magistrat. Le 16 janvier 1537, les autorités genevoises approuvent la Confession de foi et la plupart des articles distincts qui sont présentés par Calvin. Un rapide survol révèle cependant une police des mœurs assez stricte qui ne manquera pas de provoquer quelques réticences et troubles certains. Destruction systématique des images pieuses, renvoi *manu militari* des anabaptistes demeurés en la ville... Sanctification du dimanche, fermeture des commerces le dimanche, interdiction des jeux et autres fariboles pendant le culte une fois la cloche entendue : voilà de bien stricts règlements qui n'inquiètent pas encore trop. Rien à voir avec ce syndic créé à l'instigation de Calvin qui va de maison en maison pour s'assurer que les habitants souscrivent bien à la Confession de foi ! La liberté de conscience et de croyance n'est pas encore à l'ordre du jour. L'opposition se manifeste tout d'abord dans le Conseil où les esprits s'échauffent. L'ancien syndic Richardet s'insurge au cours d'une séance « Personne ne dominera sur nos consciences », clame-t-il.

Dès le 1er mai suivant, le Conseil prend acte des difficultés de l'opération. Il y faut en effet, outre le Syndic, le solide appui de capitaines de quartier et de dizeniers. Dans sa sagesse toute politique, le Conseil convient que l'on fera bien ce que l'on pourra. Les mesures de contrainte prises par l'autorité s'avèrent, en effet, largement inopérantes. La cité se scinde rapidement en deux clans, les *guillermains*, en référence au prénom de Farel favorables aux pasteurs et à Calvin et les *artichaux* ou *articulants* ainsi nommés parce qu'ils sont favorables à l'adoption d'un corpus d'articles signés avec Berne. Et visiblement moins contraignants. Le point de rupture est atteint quand, en janvier 1538, les pasteurs Farel, Calvin et Coraud demandent au Magistrat l'exclusion de la Cène de tous ceux qui n'avaient pas apposé leur signature au bas de la Confession de foi. Le refus des autorités civiles marque le début d'un différend qui ne va que croître au fil du temps entre les pasteurs et le Conseil. Le Magistrat marque ainsi son territoire et entend bien affirmer son indépendance, y compris en matière de foi. Il est même demandé aux pasteurs de ne pas refuser l'accès à la Sainte Cène à tous ceux qui en feraient consciemment la demande. Calvin note de son côté à propos de cette époque et de la récente controverse avec Caroli évoquée précédemment : « Combien que je me reconnais être timide, mol et pusillanime de ma nature, il me fallut toutefois dès les premiers commencements soutenir ces flots tant impétueux[12]. »

Dans la ville, les affaires se suivent et manifestent un certain déclin de la confiance accordée au ministère des pasteurs. Quelques gaillards plutôt ivrognes s'encanaillent dans les rues et se moquent des prédicants. Ils s'interpellent les uns les autres par ces mots « tu es des frères en Christ[13] ». Les autorités cependant réagissent. Désireuses de maintenir l'ordre, elles interviennent et interdisent ces « paroles déshonnêtes » sous peine de châtiment sévère. Malgré tout, les rapports entre les Conseils de la ville et les réformateurs se tendent. D'autant que les nouvelles élections du Conseil général voient le triomphe des adversaires les plus résolus de Farel et Calvin. Les quatre nouveaux Syndics ne portent pas réellement dans leur cœur les pasteurs. La réélection du Petit Conseil confirme le lendemain la nouvelle orientation. La situation évolue rapidement. Les nouveaux élus prennent prétexte de la volonté d'unification des autorités bernoises pour pousser leur avantage. L'enjeu, que l'on peut qualifier de futile, porte alors sur les espèces de la Sainte Cène et sur les fêtes carillonnées. À Berne, on administre la Cène sous les espèces de pain sans levain, pas sur les bords du Léman où l'on utilise du pain ordinaire. D'autre part, les Bernois conservent les fêtes de Noël, Pâques, Ascension et Pentecôte et les fonts baptismaux que Genève a supprimés. Les pressions de Berne en faveur d'une unité de pratique sur les terres qu'elle domine sont réelles. Un synode est convoqué pour ce faire à Lausanne. Calvin et Farel s'y rendent, mais sans y prendre la parole. Les autorités de Berne tranchent. Les Magistrats et les réformateurs de Genève doivent se soumettre aux pratiques de Berne. Contre l'avis des réformateurs qui ne veulent pas s'en laisser compter. Mal leur en prend. Ils sont convoqués devant le Conseil qui leur demande de se soumettre aux rites bernois. Couraud, l'un des pasteurs de Genève, qui s'indigne et blâme publiquement le Conseil des Deux-Cents, est interdit de chaire. Le jour de Pâques, Calvin et Farel, qui prêchent en deux Églises différentes de la ville, décident de ne pas donner la Cène aux fidèles. Non « à cause du pain qui est une chose indifférente, mais en raison du tumulte, des désordres et abominations qui règnent dans la ville[14] ».

Les choses tournent plutôt mal. Sans traîner, le Conseil des Deux-cents, réuni le lendemain, parle d'emprisonnement avant de se raviser pour prononcer le congé des prédicants récalcitrants. Ils devront quitter la ville dans les trois jours. Les deux compères partent dès le lendemain et prennent la route de Lausanne. Le Conseil leur retire maison et meubles. Ils ne résident plus à Genève. Le dimanche suivant, deux pasteurs genevois prennent le relais et officient selon la coutume de Berne. Calvin et Farel ont entre-temps gagné Berne où ils tentent de plaider leur cause auprès des autorités civiles de la ville. Ils sont entendus et soutenus en apparence par les Bernois qui prennent l'initiative de tempérer les ardeurs des Genevois et arguent qu'ils n'ont pas été bien compris dans leur désir d'unité. Rien n'y fait. Genève campe sur ses positions, la sentence d'expulsion est confirmée. Calvin se dirige vers Bâle tandis que Farel retourne vers Neuchâtel où il s'installe. Pendant le trajet harassant et pénible en raison de la pluie, l'un deux manque de se faire emporter par le Rhin en crue. Les deux amis sont « à demi morts de fatigue », mais, raconte Calvin, « le fleuve s'est incliné pour nous sauver devant la miséricorde de Dieu[15] », et d'ajouter en conclusion de l'affaire et de leur bannissement : « si nous ussions servi les hommes, nous fussions mal récompensés. Mais nous servons un grand maître qui nous récompensera ».

Ont-ils commis quelque faute, quelque imprudence ? Péché par orgueil et intransigeance ? La question ne semble pas se poser pour Calvin. La décision de toute façon ne leur appartient pas. Elle est l'œuvre de Dieu d'une manière ou d'une autre. Satan s'est déchaîné, ce démenti divin de la mission qu'il pensait avoir reçu là-bas est un message de la Providence. Calvin quant à lui se promet — à moins d'un appel impératif irrésistible — de ne plus accepter de charge pastorale. Son existence est plus que jamais à la merci de ce Dieu qu'il veut servir quoi qu'il en coûte. C'est ainsi qu'il veut relire et transmettre en tout état de cause le récit de son existence. Il est ce lutteur de Dieu ballotté, secoué, en butte, malgré les succès de sa prédication, à l'opposition. Dans les succès comme dans les échecs sa vie est soumise à la providence de Dieu, c'est elle seulement qui doit le guider. Et la Providence lui fait à nouveau signe sur cette nouvelle route. Il souhaite rejoindre Bâle et s'y fixer à nouveau peut-être pour reprendre le fil de ses travaux. La Providence et ses amis de Strasbourg — parmi lesquels Martin Bucer — en décideront autrement.

Bonheur et mariage

> *Je ne suis pas de la race insensée ce ces amants, qui une fois pris par la beauté d'une femme, chérissent même ses défauts[1].*

Arrivés à Bâle, les deux exilés trouvent refuge chez l'imprimeur et professeur Oporin. Les semaines s'écoulent, lourdes et graves. Calvin envoie de longues missives à Genève, reprend le fil des événements, commente, interroge. Et ressasse. À Genève les passions sont toujours à fleur de peau. Il mettra des semaines à se reprendre. Il est bientôt solitaire. Farel le quitte fin juillet pour Neuchâtel. Calvin se reprend peu à peu et lui écrit début août : « Pour nous, si nous comprenons qu'ils ne maudissent pas ainsi sans que Dieu l'autorise, nous n'aurons pas de doute sur le but auquel tend la volonté du Seigneur. Humilions-nous donc pour ne pas résister à Dieu qui tend à notre humiliation[2]. »

Sombre période, cependant, Calvin finit par tomber malade. La peste, qui plus est, a fait sa réapparition dans la ville. Il n'est pas atteint, mais assiste impuissant à l'agonie d'un jeune neveu de

Farel. C'est à ce moment que lui vient un nouvel appel. De Strasbourg, celui-là. C'est le bon Bucer qui se manifeste à son souvenir. Mais il n'est vraiment pas décidé. C'est du moins la version qu'il veut garder de l'événement. Il a résolu de ne point se consacrer au ministère pastoral, l'expérience de Genève fut trop cruelle. Il est homme d'études et de cabinet, mais pas encore un de ces lutteurs de Dieu au cœur de tous les conflits du temps. Il n'en a ni la trempe, ni l'audace, ni encore moins le courage, prétend-t-il. Et voilà qu'on lui propose à nouveau d'assurer un ministère d'Église, celui de pasteur de l'Église de langue française qui accueille les centaines de réfugiés arrivés en Alsace et qui fuient les persécutions. Renvoyé de Genève, il souhaitait se fixer à Bâle et reprendre ses chères études. Il n'en sera pas fait selon sa volonté.

Toujours cette même idée, quand il s'est résolu à un choix, à une nouvelle inclinaison, d'une intervention de la Providence qui l'en détourne ! Et toujours, cette même mise en scène ! Ainsi parle le Seigneur, qui le conduit à biaiser ses choix. À nouveau, il doit « tourner bride ». Dieu décidément contrarie ses voies. Le Dieu de Calvin n'est pas de tout repos. Il est celui qui détourne et bouleverse les plans les mieux élaborés. Pire, il est toujours aussi impossible de s'y soustraire, nous explique le Réformateur. La volonté de Dieu ne peut se lire qu'à cette aune-là, celles des destinées déroutées, bouleversées et soumises à d'autres règles que celles de la volonté humaine…, prédestinées par Dieu lui-même. La seule nécessité, expliquera-t-il plus tard, est la persévérance. Être à la suite du Christ, c'est accepter d'entrer non dans le repos et l'apaisement, mais dans une existence « assiégée et assaillie » de tentations graves et violentes.

Il n'est plus tout à fait le même jeune homme ambitieux qui avait pris la route de Bâle quelques années plus tôt. Les difficultés genevoises l'ont-elles aguerri ? Policé ou grandi ? La manière même qu'il emploie pour faire part de ses doutes est celle d'un homme hésitant sur la marche à suivre, mais empli d'une nouvelle humilité et sagesse après l'expérience de Genève. Il écrit ainsi à du Tillet en toute simplicité et franchise, l'été 1538, avant leur rupture : « Le Seigneur nous adressera en toutes choses de rentrer en la charge dont je suis délivré, réputant en quelles perplexités j'ai été du temps que j'y étais enveloppé. Car comme lors je sentais la vocation de Dieu qui me tenait lié, en laquelle je me consolais, maintenant, au contraire, je crains de la tenter si je reprends un tel fardeau lequel j'ai connu m'être importable[3]. »

Reste que cette période strasbourgeoise qui s'ouvre, à l'inverse de l'échec genevois, sera pour le futur réformateur, le temps de l'apaisement et de la maturité sereine. La grâce d'une région déjà plus débonnaire et accueillante que le reste des provinces qui l'environne, peut-être ? La qualité des hommes qui ont accompagné le passage de cette ville à la Réforme ? Ce milieu de réfugiés cultivés et zélés qu'il trouve à Strasbourg ? Probablement. Tout cela, mêlé à une nouvelle maturité. Calvin écrira plus tard que ces trois années vécues à Strasbourg furent les plus heureuses de sa vie.

UNE VILLE À SON APOGÉE

Ville libre comme de nombreuses grandes cités, Strasbourg s'est affranchie du pouvoir épiscopal au XIVe siècle. Elle est proclamée ville libre impériale par Charles IV. La cité va alors accroître sa notoriété, les nombreux édifices qui bientôt s'y élèvent disent sa nouvelle fortune. Le Rhin est déjà un lieu de passage majeur pour le transport des marchandises. La puissante corporation des bateliers exerce un contrôle strict sur les marchandises en transit et prélève des taxes qui participeront dans une large mesure au développement de la ville. En 1439, après quatre siècles de construction, la flèche de la cathédrale est achevée. Elle est alors le monument le plus haut de la chrétienté et symbolise la puissance de la ville. Strasbourg compte vingt-six mille habitants et peut soulever, à tout moment, une armée de quatre mille cinq cents hommes. Cité bancaire par excellence, elle dispose d'une enceinte et son impressionnant dispositif d'artillerie en fait une place fortifiée de tout premier plan. La ville est à son apogée.

La vie intellectuelle est marquée au XVe siècle par la révolution de l'imprimerie. Installé à Strasbourg depuis 1434, Johannes Gensfleisch, dit Johannes Gutenberg y conçoit l'imprimerie à caractères mobiles. Strasbourg devient très vite un des grands centres de l'imprimerie. Dès la fin du XVᵉ siècle, la ville compte une dizaine d'ateliers. De fait, Strasbourg va attirer nombre d'intellectuels et d'artistes. Sculpteurs, architectes, orfèvres, peintres, horlogers. Le développement de l'imprimerie favorise le courant humaniste qui se fait jour à Strasbourg. Jakob Wimpheling, Geiler von Kaysersberg ou Sébastien Brant sont des grands noms de l'humanisme strasbourgeois. Cependant, aucun d'entre eux n'adhère à la Réforme, mais par leur esprit critique et leur dénonciation des abus de l'Église, ils en ont préparé l'avènement. Strasbourg est une des premières villes qui appelle au changement. Dès 1519, les thèses de Martin Luther sont affichées aux portes de la cathédrale et les dirigeants de la ville, notamment Jacques Sturm, sont favorables à ce changement. En 1523, un édit du Magistrat engage le clergé local à ne « prêcher que rien d'autre que le Saint Évangile ». La messe est abolie en 1529. La ville adopte la Réforme en 1525 et devient protestante en 1532 avec l'adhésion à la Confession d'Augsbourg.

C'est Martin Bucer — celui-là même qui vient d'appeler Calvin auprès de lui — qui organise, de 1523 à 1548, l'Église protestante grâce à l'appui du *Stettmeister* (Magistrat) Jacques Sturm. Mais la cité protestante devient progressivement aussi le refuge des persécutés du Nord de l'Europe. Après l'échec de la guerre des paysans en Allemagne, Strasbourg accueille des anabaptistes, des spiritualistes et des huguenots persécutés. Les dissidents religieux y sont non seulement accueillis, mais ils peuvent propager leurs idées grâce à l'imprimerie.

Cette identité protestante va largement contribuer à son rayonnement. À Strasbourg, la Réforme se traduisit, entre autres, par un important effort de scolarisation et plus particulièrement par la fondation de la Haute École (Gymnase Jean Sturm) en 1538, fondation qui sera plus tard imitée à Genève par Calvin. À la fin du XVIe siècle, les vingt mille habitants de la cité rhénane étaient presque tous protestants. La forte minorité de réfugiés français s'y trouve installée depuis quelques années quand Calvin arrive. Une paroisse de langue française leur est même dédiée. La ville même et son organisation autour d'un lien étroit entre Bucer et le Magistrat, son modèle d'ouverture, la formation qui y est dispensée inspireront durablement le futur réformateur. Tout autant qu'une théologie nouvelle, la Réforme protestante pouvait inspirer un mode de vie commune, un nouvel ordre social et politique. Aux côtés de Bucer, on retrouve le curé de la cathédrale, Matthieu Zell, qui le premier devient un ardeur propagandiste de la Réforme luthérienne, mais aussi Capiton, de son vrai nom Wolfgang Köpel, un intellectuel, hébraïsant distingué et ancien collaborateur d'Érasme. Leur entente avec le *Stettmeister* de la ville, Jean Sturm est à l'origine d'une alliance implicite entre la Réforme et l'autorité civile, pour le meilleur et pour le pire, caractéristique de cette forme de protestantisme en train d'entrer dans l'histoire.

Dans son projet d'Église, Bucer attribue au Magistrat un rôle incontournable. Selon lui, l'Église nouvellement réformée ne saurait être une Église dite « libre ». Elle a sa place, son rôle, sa mission inaliénable dans l'ensemble de cette société dont l'autorité civile est appelée (par Dieu), qu'elle le reconnaisse ou non, à être la collaboratrice des autorités ecclésiales. L'Église est plongée au cœur d'une société toujours à évangéliser. Église et chrétienté sont indissolublement liées. Entre les deux, elles incluent toute l'humanité. Leur tâche est en permanence une tâche missionnaire. Cette doctrine recommandant une forme de collaboration avec les autorités civiles aura par la suite bien des répercussions et des conséquences fâcheuses dans l'histoire de l'Église, et cela jusqu'à nos jours.

La particularité de Bucer, qui exaspérera parfois Calvin, mais avant lui Luther, c'est son pragmatisme à toute épreuve. La Réformation, pour être une réforme véritable, doit avoir sans cesse des répercussions pratiques. Dès lors, il n'hésite pas à changer d'avis ou d'orientation quand la pastorale de ses ouailles l'exige. Jamais il n'aimera les positions extrêmes. Un théologien affublé d'une personnalité indéterminée, voilà qui tranche dans cette furieuse période où les opinions et positions sont forcément abruptes. Son intention « Vivre autrement en vivant pour les autres », n'a cependant rien de contestable. Pour lui, le service dans l'amour-charité est le seul objectif digne de l'homme sauvé. Toute la pensée théologique de Bucer se situe dans cette perspective. La sanctification est l'un de ses motifs privilégiés : l'homme sauvé en Christ doit « porter des fruits », attester par sa manière de « vivre autrement » qu'il est bel et bien introduit dans le processus du nouveau « royaume ».

Pour ce faire, Bucer invente un système d'Église original : simultanément les fidèles doivent appartenir à la Grande Église, celle de la multitude, mais ils doivent aussi devenir des « professants » au sein de petites communautés chrétiennes créées à l'intérieur de celle-là. Les ministères doivent être divers, et la collaboration des ministres avec l'autorité civile effective, la discipline ecclésiastique basée sur des ordonnances énoncées par le Magistrat. Des synodes réguliers composés de délégués laïques et de « pasteurs » sont régulièrement tenus. La formation catéchistique, tant des enfants que des adultes, doit être permanente et le baptême des plus petits complété par une « confirmation » d'un genre nouveau... Le projet de Bucer prétendant même englober l'ensemble des problèmes de la Chrétienté, il n'hésite pas à recourir à des tentatives de conciliation « œcuménique » tant avec les dissidents de la Réforme qu'avec l'Église encore soumise au pape de Rome. Il est ainsi prêt à bien des compromis, ce que lui reprochent ses collègues réformateurs, à commencer par Luther. « Bucer ? Un coquin enjôleur ! s'irrite le réformateur de Wittenberg. Il a perdu chez moi toute crédibilité. Plus jamais je ne lui ferai confiance. Il m'a trop souvent trompé. Récemment, à la Diète de Ratisbonne, il s'est comporté de triste façon, voulant jouer le médiateur entre moi et le pape, sous prétexte qu'il serait tellement triste que tant d'âmes soient perdues à cause d'un ou deux articles de foi ! Il voit les choses de manière trop politique, pensant qu'elles sont tributaires de l'époque, pouvant être changées au gré du temps[4]... »

Calvin qui n'a jamais ménagé, non plus, l'ami strasbourgeois — il ne supporte pas ce ton de modération ni l'esprit de compromis ! — accepte cependant sa proposition. Malgré ses réticences et ses doutes, il viendra à Strasbourg et sera pasteur de la paroisse française. Fort heureusement, Strasbourg se révèle plus accueillante que Genève. La communauté de ces réfugiés français semble une petite société plus unie et plus reconnaissante que la mixtion genevoise. Il prêche quatre fois par semaine, mais donne aussi des cours de théologie et d'exégèse à la Haute Écriture fondée en 1532. Il s'adonne dans la capitale alsacienne à une activité de controverse déjà entamée à Paris, contre les anabaptistes nombreux dans la ville-refuge. Il se voue ainsi à une œuvre de conversion et en particulier auprès des jeunes gens et des enfants qu'on lui amène pour qu'il les baptise. Il découvre d'ailleurs à cette occasion et sous l'influence de Bucer l'importance de l'enseignement et de l'éducation doctrinale des plus jeunes. Mais il découvre aussi l'importance d'une nouvelle liturgie pour le culte et emprunte au réformateur strasbourgeois la pratique du chant des Psaumes. Des textes de prières, de louanges et de plaintes qui expriment le plus scrupuleusement les mouvements de l'âme des fidèles. Il procède à la versification et à la première traduction de cinq psaumes destinés au chant de toute l'assemblée, et y ajoute treize autres psaumes versifiés par Clément Marot. De cette initiative, naîtra le premier recueil du psautier français, imprimé en 1539 à Strasbourg. Cette première tentative aura de nombreuses suites. De nouveaux recueils paraissent en 1542, 1543 jusqu'en 1562, date de la publication du Psautier qui demeure encore en vigueur dans de nombreuses assemblées réformées ou presbytériennes dans le monde aujourd'hui. Le chant des psaumes deviendra un des signes distinctifs du culte réformé. Entonnés sans accompagnement musical, les psaumes ont pour Luther « le pouvoir de chasser les démons » et pour Calvin celui « d'enflammer le cœur des hommes ». Ils portent à louer Dieu avec le zèle le plus grand qui soit, estime même Calvin.

COLÈRES

Entre-temps, le nouveau pasteur semble s'être adapté à ses nouvelles fonctions, bien que son pécule ne soit guère abondant. Il est difficile de vivre avec un salaire d'un florin par semaine. Le Réformateur, dans une de ses réponses à du Tillet qui se propose de l'aider, refuse en arguant qu'il est l'hôte de Bucer qui lui fournit aussi les livres dont il a besoin. Il révèle à cette occasion que ses livres, notamment *L'Institution*, lui rapportent quelque écot. Mais il offre aussi gîte et couvert à plusieurs étudiants qui l'aident ainsi à joindre les deux bouts. La maison de Calvin est de ce fait remplie de jeunes gens et l'ambiance est à la franche convivialité. Il y a là, auprès de lui, le Breton Jean Curie, les Briards Jacques Sorel et Robert Louvat, mais aussi Sébastien Castillon que l'on retrouvera plus tard à Genève avec le Réformateur, et puis à Bâle, un opposant irréductible à Calvin après l'affaire Servet.

N'était ce bon Bucer tout irait pour le mieux dans le meilleur des mondes réformés. Bucer, décidément adepte des contorsions, joue à Calvin de drôles de parties de temps en temps. Témoin, les suites de l'affaire Caroli. Voilà que débarque à Strasbourg le cher pasteur de Lausanne en fuite après l'épisode polémique avec Farel et Calvin et un passage éclair par le catholicisme. Et en grand conciliabule avec Bucer et Capiton qui souhaitent l'entendre sur ses revirements successifs. Pour toute défense, Caroli accuse Calvin et Farel d'avoir tourné en ridicule son récit insistant sur le Symbole de Nicée. À dire vrai, ses arguments et explications n'impressionnent guère les Strasbourgeois qui jugent que son retour au catholicisme sous ces prétextes ne pèse pas très lourd. Caroli est renvoyé à ses errements et congédié de la ville. Pas de souci pour Calvin, sauf que les propos de Caroli trouvent un écho chez Bucer qu'il entraîne dans ses suspicions sur la question trinitaire. Bucer s'entremet donc pour réclamer de Calvin quelques explications de foi supplémentaires... On s'étonne de son refus de signer un document auquel il adhère sur le fond. La discussion s'envenime. Bucer demande à Calvin de signer une sorte de procès-verbal tiré de leur discussion avec Caroli. Calvin prend connaissance de ce texte en pleine nuit et découvre une phrase lui imputant la responsabilité de la défection de Caroli. Inutile de décrire sa fureur. Plutôt mourir sur-le-champ que de se soumettre à cet interrogatoire humiliant en raison des propos tenus par ce fourbe de Caroli ! Le ton monte. Calvin explose — « l'excitation fut si grande que je n'aurais pas été plus violent avec Caroli lui-même s'il avait été là », confesse-t-il à Farel[5] — et quitte violemment la chambre où ils étaient réunis. Bucer tente de le raisonner. En vain. Calvin revient et jure qu'il ne quittera pas les lieux tant que la phrase incriminée ne sera pas biffée du compte rendu. En racontant l'épisode à Farel, Calvin avoue avoir été pris d'une véritable crise de nerfs : larmes, spasmes, étouffements... en rentrant chez lui. Une description étonnante de sincérité et de vérité de la part de cet homme si sûr de sa mission et de sa vocation. D'autant qu'il s'accuse sans aménité de s'être furieusement emporté et d'avoir ainsi « gravement péché ».

Très loin de cette image d'un austère et froid théoricien, Calvin apparaît ici tel qu'on le retrouvera en maintes occasions, bouillonnant, éructant, rempli de colère et de fureur. Une manière peut-être d'illustrer ce texte de l'Évangile « le zèle de ta maison me dévore* » ? À chaque épisode, le motif sera à peu près identique, un conflit théologique. Ici la Trinité, plus tard une confession de foi, la place de la Cène, la prédestination… tous sujets si fondamentaux pour lui qu'ils provoquent immanquablement passions et emportements. La plus célèbre de ses « saintes colères » se produira plus tard à Genève alors qu'il avait obtenu un accord sur la Cène entre Genève et Zurich après des mois de pénibles discussions. Les atermoiements et les chamailleries des autorités de Genève, à la réception de ce texte, le mettent hors de lui. « Peu s'en est fallu — écrit-il alors au même Farel — que je ne le jetasse au feu […]. Je m'enflammais tellement, que je jurais aux quatre syndics : dussé-je vivre mille ans, je ne publierai jamais plus rien dans cette ville[6]. »

On peut certes gloser à loisir sur une terrible forme d'intolérance ou, de manière plus psychanalytique, s'interroger sur le fond d'angoisses que dévoilent ces remises en question. Quel véritable combat mène cet homme qui peut-être doute de lui-même plus qu'il n'y paraît ? On ne sait au juste. Mais ce qui étonne peut-être le plus en ces circonstances est la touchante humilité dont il fait preuve. Il s'accuse toujours volontiers, reconnaissant ses emportements : « J'ai gravement péché,

---

* Dans l'Évangile de Jean (2:17) lorsque Jésus purifia le Temple, ses disciples se souvinrent alors qu'il était écrit : « Le zèle de ta maison me dévore. » Un passage prophétique tiré des Psaumes (69:9-10) : « Je suis un étranger pour mes frères et un inconnu pour les fils de ma mère car le zèle de ta maison me dévore… »

parce que je n'ai pas su garder la mesure. La bile avait si bien envahi toute mon âme que de tout côté j'ai répandu mon amertume. Il y avait bien quelque motif d'indignation, mais il aurait fallu être modéré[7]... » écrit-il encore à Farel.

Mais comment ne pas souligner, en l'espèce, le tempérament de feu de l'homme. Quelle puissance de vie et quelle santé intellectuelle ! Comment ne pas y voir aussi la passion extraordinaire, même si parfois extravagante, d'un homme pour ce qu'il tient comme la vérité et la justice ? Surtout, face à un fieffé tordu de la trempe de ce Caroli. Un froid et terne théologien, Calvin ? Que nenni ! Un homme debout, tellement vivant, véhément et authentique qu'on en viendrait presque à trouver quelques excuses à ses débordements !

Là où, cependant, le calvinisme ne brillera pas des mille feux de la passion, c'est bien dans l'union charnelle et sexuelle. Et les épousailles. L'histoire du mariage de Calvin en sera peut-être l'exemple le plus abouti.

IDELETTE, L'AMOUR

Tout commence par des échanges épistolaires entre Farel et Calvin. Les inquiétudes de Farel, qui, lui, ne semble pas trop avoir souffert du syndrome que l'on nommera plus tard — et à tort probablement — le puritanisme protestant*, sont claires : le célibat ne convient pas à un prédicateur de l'Évangile. Il est important de se démarquer ainsi de l'ancien clergé en embrassant ostensiblement la vie des laïcs. Les prédicateurs sont des hommes comme les autres et appelés aux mêmes modes de vie que tout un chacun. Aucune raison, donc, de vivre à part ou différemment. Luther et tous les réformateurs à sa suite ont déjà pris femme. Et s'en portent plutôt bien. Dès la première version de *L'Institution chrétienne*, publiée en 1536, Calvin plaide énergiquement en faveur du mariage des pasteurs. En réponse à un pasteur qui préconise le célibat des ministres « pour mieux servir le Seigneur » Calvin répond :

> À mon tour j'objecterai d'abord que le célibat présente aussi des inconvénients qui ne sont ni négligeables, ni d'une seule sorte. Et je ne parle pas encore de la difficulté d'être contient. Mais je dis que les célibataires sont distraits de leur charge par des préoccupations qui ne sont ni moindres, ni plus rares que celles que connaissent les gens mariés, ou pour le dire autrement, il s'en faut de peu que les uns et les autres ne soient également distraits. Et même s'il était établi qu'il n'y a nulle part plus de liberté que dans le célibat, et plus d'inconvénients que dans le mariage, cela ne doit pas interdire de tenir compte du besoin de ministres. Car il est clair que beaucoup ne peuvent utilement se priver du mariage, qui sont plus que d'autres aptes au ministère[8].

Autant de réflexions, somme toute, très sensées et équilibrées. Mais si la pensée semble ferme et

---

* Farel fera scandale en convolant en justes noces avec une « jeunette » de dix-huit ans, Marie Torel, alors qu'il approchait les soixante-dix ans. Calvin ne paraît pas avoir spécialement goûté alors la liberté de son ami. On raconte qu'il resta muet d'étonnement, ce qui n'est pas précisément exact, il fit plutôt plusieurs remarques sévères à ce sujet et trouvait que Farel accomplissait là une « folie digne de pitié ».

nette, les actes ne suivent pas encore. Prendre femme, soit. Mais pour un futur réformateur, la décision demande réflexion... Pour l'heure, les deux amis décident de pousser les feux. Il leur faut trouver une compagne. Mais comment procéder ? Comment trouver l'âme vraiment sœur ? Si Calvin ne voit pas de parti se dessiner, il fixe cependant l'horizon : pas de folie, ni d'emportement amoureux ! « Je ne sais pas si avant le départ de Michel quelqu'un aurait déjà fait mention de la personne au sujet de laquelle je t'ai écrit », rappelle-t-il à Farel dans une allusion à une précédente lettre dont nous n'avons pas de traces, pas plus que ce Michel dont il est ici question. Et de poursuivre : « Mais tu te souviens certainement de ce que je recherche en elle. Je ne suis pas de la race insensé des amants qui, une fois pris par la beauté, approuvent les défauts eux-mêmes. La seule beauté qui me séduise est celle pudique, soumise, sans orgueil, économe, patiente et dont on puisse attendre qu'elle ait soin de ma santé[9]. »

Voici les choses clairement posées. Une amante ? Pas question. Une femme dévouée, discrète, au service du grand homme et de sa santé délicate ? Voilà qui manque pour le moins de romantisme, si ce n'est de sentiment amoureux. « Si je prends femme, ce sera pour que mieux affranchi de nombreuses tracasseries, je puisse me consacrer au Seigneur[10] », confirme-t-il au cours de cette période d'intenses recherches. La femme servante du Seigneur et de son mari dans le même mouvement ! Intenable vision aujourd'hui d'une femme qui ne serait qu'une assistante de tous les instants.

Une douce et tendre fée du logis censée atténuer les maux du monde qui accablent ces hommes de foi et de devoir que sont les prédicateurs de l'Évangile. Rien d'étonnant donc à ce que le malheureux éprouve quelque difficulté à trouver cette âme sœur-là...

Trêve d'anachronisme cependant. C'est que l'Europe, à travers la Renaissance, vit un moment charnière sur cette question des relations et de l'amour entre les hommes et les femmes. La beauté des corps féminins s'expose en sculpture et en peinture dans tous les châteaux du royaume. Calvin et Farel ne dédaignent pas d'ailleurs, dans leurs échanges épistolaires, les allusions directes aux vertus physiques des belles. Les femmes de la Renaissance osent s'exprimer ouvertement, prennent parfois des manières ou des costumes d'hommes. Paradoxalement, ce qui est en cause à la Renaissance, c'est l'institution du mariage. Pas l'amour. Car on n'a jamais autant chanté l'amour sous toutes ses formes. C'est la grande affaire de tous. L'amour et la guerre sont les obsessions du siècle. L'institution socio-économique du mariage se vit à cette époque comme la sujétion forcée d'un individu à un autre pour la reproduction de l'espèce et de la classe sociale. Il n'en est pas de même dans l'amour, qui est échange et partage, reconnaissance de l'autre.

Calvin, qui a lu les auteurs contemporains, participé à ces discussions passionnées autour des choses de l'amour, ne souhaite pourtant pas participer directement aux élans de ce siècle. Clairement le Réformateur et ceux qui le suivront ne veulent pas mêler les élans amoureux à ceux de la vie de foi. Il ne s'agit pas de pudibonderie, les termes qu'emploie régulièrement Calvin pour dénoncer les turpitudes sexuelles de certains moines et autres fornicateurs ne laissent pas de doute. Le siècle est leste et assez loin des mièvreries des futurs puritains anglais issus du calvinisme. La promiscuité forcée des temps, le manque d'espace et les impératifs des aléas climatiques ne laissent que peu de place à l'intimité. Et au bonheur amoureux. Le grand sujet d'angoisse pour les mâles de ce temps semble d'ailleurs celui du cocufiage. Peu d'histoires populaires colportées à l'époque sans son épisode du mari trompé, risée de toute une population ravie de sa mésaventure.

Reste que le procès fait à Calvin en matière de sexualité doit être tempéré par nombres de ses commentaires. Il explique de manière tout à fait pratique, sinon sensible, ce verset du chapitre du Deutéronome (24, 5) : « Quand un homme sera nouvellement marié, il n'ira pas à la guerre, et on ne lui imposera aucune charge. Pendant un an il sera libre de rester dans sa famille et il réjouira la femme qu'il aura épousée. » Son plaidoyer vise à reconnaître la bonté de Dieu à travers la jouissance physique. Les termes sont hésitants, on passe du plaisir assumé à l'exploitation des vices, mais l'essentiel est sauf, la joie des époux n'est pas en soi condamnable. « Nous n'avons pas tous été enfantés dans le péché », comme le prétendra l'austérité victorienne. Un voile pudique doit recouvrir les élans charnels de l'homme et de la femme, mais ils n'en sont pas moins donnés et bénis par Dieu. La sainteté du mariage ne fait pas de doute pour Calvin. L'union scellée dans le mariage est bénie de Dieu, mais ne doit pas pour autant déboucher sur une turpitude d'incontinence, avance-t-il. Chacun doit se tenir « sobrement » avec sa femme et la femme avec son mari. En tout état de cause, les relations sexuelles n'ont pas pour seule fin la procréation, mais le bonheur des époux. Mais sans oublier que le mariage unit deux créatures déchues de leur pureté d'origine. Dieu permet et bénit le mariage afin qu'hommes et femmes puissent, dans le cadre de la vie chrétienne, vivre dans les voies de Dieu en évitant le mal et ses tentations. Même s'il convient de l'aborder avec prudence et discernement, l'acte sexuel correspond à un désir d'origine divine, il est reconnu et considéré positivement. Parler à propos de la vision de Calvin de « haine de la chair » serait réellement abusif :

« Au reste, ce que Dieu permet à une jeune femme de se réjouir avec son mari est une approbation de sa bonté et douceur infinie. Pour vrai il ne se peut faire qu'il n'y ait de l'intempérance de la chair, laquelle rende la compagnie de l'homme et de la femme vicieuse. Ou non seulement Dieu pardonne tout ceci, mais il le couvre du voile du saint mariage à ce qui était vicieux de soi ne soit pas imputé ; voire quand il daigne bien descendre jusque-là d'octroyer au mari et à la femme de s'ébattre ensemble. Le dire de saint Paul[11] est conforme à cette sentence, quand il exhorte le mari et la femme de rendre chacun le devoir à sa partie[12]... »

L'argument de Calvin touche, bien entendu aussi à la valeur qu'accorde l'institution catholique et romaine au célibat et à la chasteté. Pour Calvin, il ne s'agit absolument pas d'une situation supérieure ou plus sainte. L'abstinence est exception et ne répond à aucune fidélité particulière. Il le précise dans un passage de *L'Institution chrétienne* à propos d'un commentaire de l'épître aux Corinthiens où l'apôtre évoque longuement la question du mariage (1 Co 7, 1-16).

« Le mari et la femme fidèles font bien, si pour quelque temps ils s'abstiennent de la compagnie du lit pour vaquer plus librement à jeûne et oraison[13]. » Et de compléter ces remarques dans son commentaire du Nouveau Testament :

L'apôtre requiert premièrement consentement mutuel, parce qu'il n'est pas ici question de la continence d'un seulement, mais de deux ; et puis encore il ajoute incontinent après deux autres exceptions. La première, que cela ne se fasse point sinon pour un temps [...]. La seconde qu'ils ne s'abstiennent point de la compagnie mutuelle, comme si cette abstinence était de soi une œuvre sainte et bonne, ou que ce fut un service agréable à Dieu ; mais qu'ils s'en abstiennent afin qu'ils puissent vaquer à meilleur exercices[14].

Admirable théorie, mais dans les faits, le séjour strasbourgeois s'étire sans résultat probant. « Ah ! plût au ciel qu'il me soit une fois permis de déposer familièrement dans ton sein ce que je sens, et en retour d'entendre tes conseils[15] », s'épanche-t-il auprès de Farel. Rien n'y fait, quelques semaines plus tard, même déception. Et nouvelle lettre à l'ami Farel : « pour le mariage, nous sommes encore en suspens[16] ».

Comme tout homme sérieux du XVIe siècle, le Réformateur songe aux épousailles, mais sans être vraiment épris. Le problème pour lui en ce séjour strasbourgeois est plutôt d'éviter, sinon se soustraire, aux pressions des belles familles. Les amis de Calvin reviennent régulièrement à la charge qui lui proposent filles, sœurs, cousines, amies… Il s'en ouvre encore une fois à Farel, moitié intéressé, moitié désolé : « On m'offrait une jeune fille de noble famille et dont la dot dépasse ma condition. Deux raisons me détournaient de ce mariage : elle ne possède pas notre langue et je craignais qu'elle ne se souvienne trop de sa race et de son éducation[17]. » Mais les amis ne désarment pas. À tel point que Calvin se sent menacé dans sa liberté de choix : « J'allais avoir la main forcée, si Dieu ne m'avait délivré. Car lorsque je répondis que je ne ferais rien si la jeune fille ne promettait de s'appliquer à l'étude de notre langue, elle demanda le temps de réfléchir[18]. » Mais le réformateur lui-même n'est pas inactif. Il raconte dans la même lettre à Farel comment il avait envoyé son frère Antoine solliciter la main d'une autre jeune fille « magnifiquement recommandée par tous ceux qui la connaissent ». Las, le parti convoité ne se laisse pas convaincre. L'incertitude se prolonge. Les propositions affluent, mais ne rencontrent visiblement qu'un mol écho. Les parents d'une jeune fille insistent lourdement « mais je ne le ferai jamais, à moins que Dieu m'ôte complètement l'esprit », confie-t-il encore à son ami. Et d'ajouter pour justifier son embarras : « Il est pénible de refuser, surtout à de telles gens qui m'étouffent de leur gentillesse, je désire vivement être délivré de cette difficulté[19]. »

Que se passe-t-il alors ? On ne sait. Toujours est-il que nous apprenons par une lettre de Christophe Fabri* à Farel que Jean Calvin s'était dûment marié avec une certaine Idelette de Bure, veuve d'un anabaptiste que Calvin avait accompagné pour le « tirer de ses erreurs ». Idelette avait déjà deux enfants dont une fille, Judith, que l'on retrouvera à Genève. L'ami Farel est évidemment de la partie et convoqué à Strasbourg pour bénir le mariage. Ce qu'il accomplit avec une satisfaction évidente au vu du compte rendu qu'il en fait à son retour. Il parle d'Idelette comme d'une épouse « probe et honnête » et ajoute, « de plus, elle est belle[20] ». Va pour la belle Idelette.

Peut-on dès lors parler de bonheur sans partage ? Certainement, mais avec la mesure qu'il se doit. Deux mois à peine après leurs épousailles, nouvelle missive à Farel : « Je te réponds tard, car lorsque ta lettre m'a été apportée mon corps était si faible que je ne pouvais à peine lever le doigt[21]. » Drôle de lune de miel tout de même ! Affublé d'un corps qu'il qualifie quelquefois « d'imbécile », Calcin découvre lors de ce séjour strasbourgeois les limites que lui impose sa santé fragile. Pire,

* Pasteur à Thonon et Neuchâtel.

Idelette ne semble pas vraiment en meilleure forme et sera d'ailleurs enlevée neuf ans plus tard à l'affection de son époux. Mais celui qui s'attend en toutes choses à la Providence trouve dans ces tristes débuts matière à un message divin : « En vérité de peur que notre mariage ne fût trop heureux, Dieu s'est hâté et a tempéré notre joie, pour qu'elle ne dépassât pas la mesure[22]. » La joie et le bonheur, certes, mais point trop n'en faut de peur d'oublier Celui auquel on le doit. De là, l'austérité calviniste ? Peut-être.

Un enseignement que semble avoir reçu Théodore de Bèze pour qui les choses ne traînent pas. Il note dans sa courte biographie du maître : « Calvin a vécu environ neuf ans en mariage en toute chasteté[23]. » Plus sobre, on ne peut. Le mariage, oui, mais en toute chasteté. Ce qui n'est, bien entendu, pas exact au sens strict du mot puisque Jean et Idelette ont eu un garçon, Jacques, qui n'a pourtant vécu que quinze jours. Et peut-être une fille décédée, elle aussi, peu après sa naissance.

À la vérité, Calvin montre par la suite un attachement profond à la belle Idelette qui le suivra dans son ministère et y participera à chaque instant. Mais cet attachement ne se départira jamais — par la force des choses — d'une anxiété permanente au regard de la santé fragile de son épouse. Une vie de couple sous le regard de la Providence qui guide toute chose car :

> [...] Nous constituons Dieu, maître et modérateur de toutes choses, lequel nous disons dès le commencement avoir, selon

sa sagesse, déterminé ce qu'il devait faire, et maintenant exécute par sa puissance tout ce qu'il a délibéré. D'où nous concluons que non seulement le ciel et la terre, et toutes les créatures insensibles sont gouvernées par sa providence, mais aussi les conseils et vouloirs des hommes, tellement qu'il les dresse au but qu'il a proposé[24].

Une Providence qui ne supprime ni n'épargne les épreuves et les souffrances. La foi de Calvin n'est certes pas une assurance, une paisible confiance en la bonne main de Dieu, mais le choix d'une existence en accord avec le dessein de Dieu pour le monde. L'homme ne devient pleinement lui-même qu'accordé à ce dessein. « Là où Dieu est pris au sérieux, l'humanité est bien prise en charge », explique-t-il dans son commentaire du prophète Jérémie. Suivre le dessein de Dieu, c'est espérer contre toute espérance, mais en même temps accepter la réalité d'un monde souffrant qui n'épargne point ceux qui le servent. Le juste vit par la foi seule et non par le mérite de ses actions, de son comportement ou même de sa foi, avait annoncé Luther. La foi ne constitue aucune garantie, elle est chemin avec le Christ. Tout a son passé et son présent en Christ, mais aussi son avenir définitif. On retrouvera ainsi le Réformateur bouleversé et accablé à la mort de sa femme, enfermé dans sa souffrance et incapable de tout mouvement d'espérance. Accablé, criblé, mais dans la certitude d'être encore dans les mains du Créateur de toutes choses.

Cette inquiétude pour sa femme prend naissance dans ces quelques mois qui suivent leur mariage. Calvin est appelé à se joindre à Bucer pour participer au colloque de Ratisbonne, alors que la peste fait sa réapparition à Strasbourg. Ses lettres à Farel, vibrantes d'inquiétudes et d'angoisses pour la vie de sa femme, en disent assez long sur la profondeur de ses sentiments. Et son tourment. Colloque qui, malgré tout, marquera une étape supplémentaire dans la carrière du jeune théologien, reconnu, à cette occasion, pour ce qu'il est : une figure exceptionnelle et parmi les plus puissantes de la Réforme.

Plusieurs colloques sont en effet organisés à la demande de Charles Quint afin de trouver une solution à ce qu'il considère comme une triste querelle religieuse entre catholiques et luthériens allemands. En février 1539, Calvin est à Francfort où il accompagne Bucer. Il y rencontre Philippe Melanchthon avec qui il entretiendra par la suite une longue correspondance et une vraie amitié. Il le retrouvera pour les mêmes raisons à Haguenau et à Worms durant l'hiver 1540-1541. Calvin est alors l'assistant de Bucer. Les théologiens des deux partis prennent pour base de discussion la Confession d'Augsbourg. La discussion tarde à s'engager, pour finalement être reportée faute d'une réelle confrontation. Une ultime rencontre est convoquée par l'empereur au printemps 1541 à Ratisbonne. Calvin représente Strasbourg à parité avec Bucer et Jean Sturm. La diète de Ratisbonne échoue à son tour, mais après avoir longtemps tergiversé, la discussion entre théologiens réformés et catholiques a bien lieu. Nombres de convergences s'esquissent même sur le péché originel, où la justification par la foi. Le compromis tient ici dans la formule : « L'homme est justifié sans aucun mérite uniquement par la foi ; mais cette foi doit être vivante et opérante. » Les heurs commencent notamment autour de la question de l'Église. Il est impossible de s'entendre sur la conception de son pouvoir. La querelle se poursuit lorsqu'il s'agit d'aborder les thèmes des sacrements ou de la Cène. Calvin intervient sur le sujet et condamne fermement l'adoration du Saint Sacrement. De là, cette conception originale qu'il développera par la suite : Le Christ est réellement présent dans le sacrement, mais en tant que mystère spirituel dans le cours duquel « Dieu fait le tout ». La communication que les hommes ont au corps et au sang du Seigneur est un « mystère spirituel », elle n'apparaît pas aux sens humains, mais elle n'en est pas moins réelle.

On cherche sur le sujet différents compromis. Les catholiques acceptent de retirer le mot transsubstantiation. Ils admettent encore la concession de la coupe aux laïcs* et la suppression des messes privées. Impossible, par contre, de s'entendre sur l'obligation de la confession ni sur l'invocation des saints, la primauté du pape ou l'autorité de l'Église. La diète de Ratisbonne s'achève sur le constat de thèses irréconciliables. Le concile de Trente mettra un point final à ces tentatives de conciliations. La rupture était dès lors définitive.

Ratisbonne comprend toutefois une partie poli-

---

* Il s'agit de la distribution de la Cène sous les deux espèces, le pain et le vin, aux laïcs. La tradition catholique voulait que l'on ne distribue que l'hostie et non la coupe de vin qui était réservée au clergé.

tique au cours de laquelle Calvin se dépense sans compter pour obtenir une démarche des princes allemands en faveur des réformés français. Les princes adressent alors à François Ier une chaleureuse lettre de recommandation pour les protestants français. Mais c'est aussi au cours de ce séjour en Allemagne que Calvin reçoit des nouvelles alarmantes de Strasbourg. La maison qu'il avait laissée vivante et joyeuse par la présence de ces jeunes étudiants qu'il continuait à héberger n'est plus que larmes et désespoir. Feray et l'un de ses élèves, Louis de Richement viennent de succomber à l'épidémie de peste qui s'est étendue sur la ville. Capiton, l'une des colonnes de la ville, est enlevé à son tour. Idelette, son frère Antoine et Charles de Richement ont fui Strasbourg et se sont réfugiés dans les campagnes environnantes. Calvin adresse alors à M. de Richement, le père de l'étudiant décédé, une lettre magnifique pleine de sentiments bouleversés et d'attentions émouvantes pour ceux qui furent ses hôtes. Pas question de consolations à bon marché, mais là encore la ferme assurance que Dieu est en toute chose : « Quand nous oyons que c'est une chose que le Seigneur a faite, pensons quant et quant que ce n'est point témérairement ni à l'aventure ou par cas fortuit, ni de quelque cause survenante d'ailleurs, mais par son conseil, par lequel il ordonne et ne fait rien, sinon ce qu'il prévoit être non seulement bon et juste, mais aussi bon pour nous et notre salut[25]. »

Calvin se révèle ainsi petit à petit à lui-même. Il n'est plus ce jeune et brillant étudiant ès belles lettres, érudit et humaniste. Il est entré contraint et forcé dans un combat, celui du « pur Évangile ». Cet engagement n'est plus celui d'un strict intellectuel enfermé dans son cabinet, il est livré aux luttes et aux difficultés du siècle. Lettré, intellectuel spéculatif et savant, il l'est assurément, mais dans le monde et au cœur même des mouvements de ce monde. Son travail théologique, l'extraordinaire capacité de clarté et d'exposition qui est la sienne seront au service des femmes et des hommes de son temps, avec ce qu'ils sont réellement, changeants, récalcitrants ou désespérément ignorants. Les ouvrages et traités qu'il publie au cours de cette période strasbourgeoise en témoignent avec force, Calvin est devenu un théologien de profession, il est le réformateur français.

Réformateur

> *Jamais nous ne serons clairement persuadés comme il est requis que la source de notre salut soit la miséricorde gratuite de Dieu...*
> L'Institution de la religion chrétienne, livre III, chap. XXI[1].

Humaniste ? Juriste ? Savant lettré ? Calvin dispose de toutes ces qualités alors qu'il quitte Paris à l'hiver 1535, quelques années plus tôt. Mais théologien ? Il ne l'est assurément pas. Il n'a pas spécialement étudié la scolastique, les Pères ou l'histoire de l'Église. Théologien autodidacte, alors ? Effectivement. C'est bien ce que lui reproche son ami du Tillet qui lui fait remarquer qu'il n'a reçu appel d'aucune autorité universitaire, ni n'a été ordonné par l'Église. Et pourtant, comment ne pas constater la fermeté et la puissance suggestive de ses écrits théologiques dès la première édition de *L'Institution chrétienne,* alors qu'il n'a que vingt-sept ans ? Mais, c'est bien au cours de ce séjour strasbourgeois que la pensée de Calvin s'affirme pour ce qu'elle est, celle d'un réformateur de la seconde génération. Une pensée précise, assurée, originale. L'inspiration est toujours celle de Luther, mais elle s'expose maintenant dans toute sa nouveauté. Calvin lui-même — prétention ou lucidité exceptionnelle ? — ne manque pas de souligner les insuffisances des écrits réformateurs qui l'ont précédé. Il faut, pour lui, être court, précis, sans être obscur. « La principale vertu d'un expositeur consiste en une brièveté facile, et qui n'emporte point d'obscurité[2] », note-t-il. Et de reprocher tranquillement aux auteurs allemands — mais sans citer nommément Luther — leur lourdeur, le côté amphigourique de leurs développements trop copieux et fort peu concis. Plaidoyer *pro domo* que l'on peut considérer aussi comme une apologie de la réforme française, un style, une agilité, une précision différente. Une manière, selon lui, sans conteste plus efficace, parce qu'accessible au plus grand nombre.

Trois ouvrages marquent ce style et cette époque de son travail théologique. Les *Commentaires sur l'épître aux Romains* (1539), tout d'abord. Sorte de parcours obligé pour le protestantisme puisque cette lettre de l'apôtre Paul est au cœur de la découverte de Luther, « *le juste vivra par la foi*[*] ». Une manière aussi de se placer directement dans le sillage du maître incontesté de la Réforme. De même, c'est au cours de cette période que sort à Strasbourg, en août 1539, la seconde édition de *L'Institution chrétienne*. En 1541, paraît une tra-

---

[*] Rom. 1, 17. « En effet, cet Évangile nous révèle en quoi consiste la justice de Dieu : ceux qui croient, il les déclare justes, d'une justice qui vient de la foi et reçue par la foi, comme il est dit dans l'Écriture : Le juste vivra par la foi. »

duction française qui a immédiatement un grand retentissement au point d'inquiéter le Parlement français. L'essentiel de ce que l'on nommera plus tard le calvinisme est déjà exposé avec la rigueur que l'on retrouvera au cours des six versions successives de cette œuvre. Mais c'est aussi de Strasbourg que Calvin envoie à ses anciens religionnaires de Genève un court texte, *L'épître à Sadolet*, en réponse à une admonestation du cardinal Sadolet adressée aux Genevois pour les inciter à revenir à l'Église, Une, Sainte et Catholique. Un petit texte où perce un nouveau Calvin au style enlevé, incisif, d'une clarté éblouissante.

Il ne faudrait cependant pas se méprendre sur l'attitude théologique profonde du Réformateur. En fait, ce n'est pas l'énoncé ou la discussion des dogmes ou des principes de foi essentiels qui animent sa pensée. Ce sont bien les interprétations de la Bible qui font l'objet de ses cours de théologie. Consignés dans des notes officielles, ils ont été ultérieurement publiés. Pour Calvin, la formation théologique, c'était l'interprétation des Saintes Écritures. Mais le sermon avait à ses yeux la même signification. Le commentaire de l'Écriture est une communication, commandée par Dieu, à distinguer du dogme, qui est un enseignement humain. Sermon et cours ne sont pas la même chose, mais Calvin n'établit pas en principe de distinction entre les deux. Les cours sont de brèves préparations aux sermons qui expriment le même contenu, mais plus en détail, de manière plus illustrée, en tenant davantage compte des auditeurs. Tout au long de son existence de prédicateur, Calvin s'acharne, non seulement à « disputer » avec les savants, mais surtout à se faire entendre et comprendre de l'ensemble du peuple. Le prédicateur tient pour lui le rôle du prophète de l'Ancien Testament, il enseigne, corrige, interpelle et commente la parole de Dieu pour le peuple.

LE RÔLE DE LA LOI

Pour Calvin, l'épître aux Romains est une sorte de clé qui donne accès à l'ensemble de l'enseignement biblique. Il l'enseigne au collège fondé par Jean Sturm à Strasbourg, avant de rassembler ces cours d'exégèse en un ouvrage complet. Nul doute pour lui, l'épître aux Romains recèle une grâce particulière, dont le point de départ est la justification par la foi.

« [...] Quiconque est parvenu à la vraie intelligence d'icelle a comme la porte ouverte pour entrer jusqu'aux plus secrets trésors de l'Écriture[3] », écrit-il à propos de Romains 1. Et de poursuivre : « Ainsi, il [l'apôtre] entre au principal point de toute l'épître qui est que nous sommes justifiés par la foi : lequel il poursuit jusqu'à la fin du cinquième chapitre. Voici donc le sujet de ces cinq chapitres : que les hommes n'ont point d'autre justice que la miséricorde de Dieu en Christ. »

Pour Luther comme pour Calvin l'observance pleine et entière de la Loi est une impossibilité. Elle est la limite qui vient rappeler à l'homme les siennes. La Loi nous révèle notre propre condamnation, car nous sommes incapables par nous-mêmes de faire le bien. À tenter d'observer malgré tout la loi, on ne peut que connaître l'échec et la désespérance. C'est l'expérience de Luther. Mais, c'est justement à ce point que Calvin introduit une différence. Pour lui la loi garde un caractère positif, alors qu'elle n'est qu'une révélation de la condamnation de l'homme chez Luther. Impénitent juriste, la réflexion de Calvin demeurera à jamais marquée par les arguties et le mode de pensée de l'homme de loi. Une passion dont il ne se départira pas et alimentera de manière originale ses options théologiques. Reste à savoir si ce recours massif à la loi n'obliquera pas en même temps non seulement sa réflexion, mais aussi son action à la tête de la Réforme française ?

Pour Calvin, la Loi — c'est-à-dire toute la religion d'Israël et non seulement le Décalogue — n'a pas été donnée par Dieu pour éloigner de Lui le peuple qui l'a reçu. La Loi a été clairement donnée en fonction de son accomplissement, c'est-à-dire de l'avènement du salut offert en Jésus-Christ. Sa fonction, précise-t-il, était de « tenir les esprits en suspens[4] ». Certes, comme chez Luther, la Loi n'a pas de portée salutaire. Mais elle demeure une manière de bien vivre, au sens de la vie bonne. Des pans entiers des prescriptions de Moïse sont appelés à disparaître, mais ceci ne signifie pas l'annulation du contenu éthique de la Loi. Pour Calvin, subsiste une loi morale qui doit conduire les esprits et orienter les comportements. Bien entendu, la Loi ne peut nous conduire au Salut, aucun accomplissement de la volonté de Dieu n'est réellement possible à l'homme. Seule et livrée à elle-même, elle n'est que condamnation. Cette même Loi, quintessence de la religion d'Israël et ombre du Salut à venir, nous porte cependant vers la lumière. La loi morale, noyau dur de la volonté divine, se voit, en effet, placée dans la lumière de l'Évangile. C'est ainsi qu'à côté des rôles identifiés par Luther, Calvin ajoute un troisième usage de la Loi. D'où cette fameuse distinction des trois usages de la Loi chez Calvin : *usus elenchticus legis*[5], *usus politicus legis*[6] et *usus in renatis*[7] tels que mentionnées par la seconde version en latin de l'Institution.

De quoi s'agit-il ? En premier lieu, la Loi sert de révélateur de l'état de péché dans lequel se trouve l'humanité, on parle d'usage élenctique*. La Loi est comme un miroir qui nous montre notre faiblesse. Et le besoin dans lequel nous sommes de la grâce de Dieu sans laquelle aucun salut ne serait envisageable. Son second rôle est de nature sociale. Sa fonction est de tenir les humains en bride par ses menaces. Ce que nous appelons, la peur du gendarme ! Elle limite les conséquences du péché dans la société. La publication de la loi de Dieu, rejoignant en l'homme les aspirations profondes de sa nature créée (Rom 2.14-15) fait peser sur les consciences le sentiment d'un devoir moral. « Cette justice contrainte et forcée est nécessaire à la communauté des hommes[8] », dit avec réalisme Calvin. Enfin, le troisième usage de la loi morale

---

* C'est-à-dire, visant à convaincre de péché.

est de faire connaître aux chrétiens la volonté de Dieu. Elle est écrite dans les cœurs des croyants par le Saint-Esprit et elle balise leur marche vers toujours plus de proximité et de conformité avec la volonté de Dieu. Elle est l'œuvre de l'Esprit saint, mais la responsabilité de la personne n'est pas pour autant écartée. Or cette dernière, pour pouvoir s'exercer, a besoin de normes et de repères donnés par Dieu. La loi, expression de la volonté bonne de Dieu, balise alors le chemin de la sanctification comme le font des panneaux indicateurs.

La destinée de la loi n'est pas en premier lieu de faire prendre conscience à l'homme de ses péchés (comme chez Luther), mais son objectif réel est d'orienter la vie des hommes selon les commandements de Dieu. L'existence humaine selon Calvin est subvertie par le péché. La liberté de l'amour doit être assistée et renforcée par la Loi. Mais observer la nouvelle Loi, être actif dans le monde sur la base de ses propres valeurs, n'est pas du tout, pour Calvin, la justification par les œuvres, mais plutôt l'expression de la grâce, de la joie, de la reconnaissance et de la louange de Dieu. Chez Calvin, la Loi est liée à sa vision du Christ, à sa christologie, disent les théologiens. Calvin traite les questions de la Loi dans le deuxième livre de *L'Institution de la religion chrétienne* au sein de la christologie. Ce n'est pas un hasard, mais un signe de sa conviction : l'homme est capable d'aimer par la grâce de Dieu, visible et proche en Jésus Christ :

> La troisième et principale application de la loi, qui appartient en propre à la finalité même de la loi, a lieu parmi les fi-

dèles, dans le cœur desquels l'Esprit de Dieu vit et règne déjà. Car bien que la loi soit gravée en leurs cœurs par le doigt de Dieu, c'est-à-dire bien qu'ils aient été guidés sous la direction du Saint-Esprit, qu'ils désirent ardemment obéir à Dieu, ils profitent toutefois doublement de la loi : car elle leur est le meilleur instrument pour apprendre chaque jour plus profondément la nature de la volonté de Dieu, à laquelle ils aspirent, et les confirmer dans la connaissance de cette volonté. Un serviteur, bien qu'il aspire de tout son cœur à bien servir son maître et à lui complaire en tout, a toutefois toujours besoin de mieux connaître et mieux appréhender les voies de son maître, afin de s'y conformer. Il en est de même pour tous les croyants. Et aucun d'entre nous ne doit se dispenser de cette nécessité, car nul n'a encore atteint une telle sagesse qu'il ne puisse, par l'enseignement quotidien de la loi, progresser vers une connaissance plus approfondie de la volonté divine.

Plus encore, parce que nous n'avons pas seulement besoin d'enseignement mais aussi d'exhortation, le serviteur de Dieu tirera également avantage de la loi : par une fréquente méditation sur celle-ci, il sera incité à l'obéissance, sera renforcé dans cette obéissance, et écarté du chemin glissant du péché et de la désobéissance. Car, de cette façon, les saints doivent persévérer, puisque, quelque empressement qu'ils mettent à s'appliquer à bien faire, la faiblesse de la chair leur est toujours un fardeau qui les freine dans le plein accomplissement de leur devoir[9].

De là peut-être, pour « inciter chacun à l'obéissance », ces ambiguïtés sur le rôle de l'Église, à la fois lieu de libération et instrument de contrôle social qui marque d'un sceau indélébile l'action de Calvin. De la sanctification des fidèles et du rôle didactique de la loi à la discipline la plus ferme, il y a un pas que Calvin a franchi, peut-être pour son malheur. Ou au moins, sa triste réputation à travers les siècles.

Notons ici, cependant, la distance culturelle qui nous sépare de ce XVIᵉ siècle où l'individu, le caractère sacré de sa destinée personnelle et son autonomie ne correspondent pas à l'imaginaire du temps. Et ce, même si Calvin introduit l'idée que la Réforme pénètre tous les aspects de la vie quotidienne et que chacun puisse rendre compte de sa foi, non seulement le théologien mais aussi le « plus rude et sot porcher ». En confiant à chaque chrétien la responsabilité de sa foi, Calvin lui donne une autonomie et une liberté jusqu'alors inconnues. On peut même avancer qu'en modifiant peu à peu le statut de l'individu dans le monde, la Réforme a participé de manière déterminante à la lente évolution de la société vers sa démocratisation.

Toutefois, pour l'homme du XVIᵉ siècle qu'il demeure, l'insistance porte sur la destinée collective de l'Église nouvellement réformée. C'est sa pérennité et son avenir qui importent plus que le sort réservé à tel ou tel individu dont le comportement déviant ou non conforme peut entraîner la chute de l'ensemble. Calvin proposera ainsi, sans coup férir, de convoquer les paroissiens ayant commis un délit ou enfreint les enseignements pour les interroger, les blâmer, voire les punir. Les corrections peuvent aller jusqu'à la sanction suprême de l'excommunication. Pour lui, en effet, l'Église ne peut qu'aspirer à devenir ce modèle où s'expérimente et se réalise la volonté juste et bonne de Dieu. C'est en référence au chapitre 18 de l'Évangile de Matthieu, et en suivant l'évangéliste sur ce chemin de la sanctification des croyants, que Calvin mettra en place une véritable discipline ecclésiastique. Une « discipline » qui ne manquera pas de nourrir, du vivant de Calvin, dures oppositions, révoltes et critiques. Mais là n'est pas l'intention ni la préoccupation du réformateur. Il pense qu'une Église sûre de ses convictions doit veiller à la bonne conduite de ses membres afin de pouvoir remettre en question, en cas d'infractions sérieuses, le fait que ces personnes puissent continuer à appartenir à la communauté.

L'éthique de Calvin est à la fois une éthique religieuse, inspirée par Luther, et une éthique de la Loi morale, soucieuse d'instruire un nouveau rapport au droit et à la cité. La manière même dont Calvin énonce le rôle ambigu de l'Église, lieu de liberté et de contrôle, est révélatrice de sa visée critique et constructive, comme de ses propres limites. Une théologie mise sans cesse en forme et prolongée jusqu'au terme de sa vie dans *L'Institution de la religion chrétienne*. Dogmatique calviniste que l'on peut considérer aujourd'hui à la fois féconde et libératrice tout autant qu'entravée et autoritaire.

L'INSTITUTION

Cette *Institution de la religion chrétienne,* dont l'intitulé même exprime bien la visée, constitue la première dogmatique protestante détaillée. Il ne s'agit pas de guider les croyants, ni même de les conforter ou les édifier dans leur foi, mais d'instituer, d'installer de manière quasi intangible les bases de la vraie foi évangélique telle qu'elle se trouve exposée dans les Écritures. Si la version de 1536 était une sorte de petit catéchisme, une courte apologie des thèses évangéliques, celle qui paraît à Strasbourg prend en compte l'histoire récente du Réformateur, les échecs de la prédication ou la dureté des cœurs. La méthode est la même, didactique et pédagogique. Des questions multiples en tête de chaque grand thème théologique : Dieu, le péché, le mal, la liberté... Posées le plus clairement possibles, et les réponses argumentées tirées de l'Écriture. Les différentes versions de *L'Institution* ne varieront pas de modèle. Seules les réponses seront toujours plus argumentées et développées au gré des difficultés et des problèmes rencontrés par la vie de l'Église. Et par Calvin dans son ministère.

À l'évocation d'une piété libérée des superstitions médiévales s'ajoutent dans cette seconde version une réflexion sur le problème de Dieu et l'origine du mal. Le renouvellement réformateur, dès cette seconde version, atteint son apogée, en s'opposant radicalement à la tradition scolastique et en dialoguant en permanence avec les écrits de l'Ancien et du Nouveau Testament.

Il faut noter ici l'importance accordée par Calvin à l'Ancien Testament. Contre certains anabaptistes et très loin de toute tentation de marcionisme*, il estime que l'ancienne alliance et la nouvelle contiennent la même foi et les mêmes espérances. L'Ancien et le Nouveau Testament sont des témoignages du même Dieu. C'est pourquoi il n'existe pas de différence fondamentale entre les deux parties de la Bible. Il convient plutôt de dire que les promesses de l'Ancien Testament sont déjà réalité dans le Nouveau Testament. Pour Calvin, dans l'Ancien Testament, l'Évangile n'est encore qu'une ombre tandis que le Nouveau Testament présente la lumière elle-même. Sans nier les différences, les similitudes sont nombreuses car c'est la même alliance de Dieu avec les hommes qui est attestée dans la Bible entière.

Calvin affirmait tranquillement d'ailleurs que les lectures et commentaires juifs de la Bible étaient plus conformes à l'enseignement biblique que ceux de l'Église de Rome. Les auteurs bibliques, leurs tourments, leur foi en l'Éternel dans l'adversité seront un exemple et une source d'inspiration intarissable pour le Réformateur. Une attitude philosémite dont une des conséquences, indirecte, mais non négligeable, est de mettre Calvin et à sa suite, le calvinisme, à l'abri de toute tentation antisémite. Prenant le livre fondamental de l'éthique biblique, la Loi de Moïse, la Tora, Calvin l'a étroitement lié à Christ au lieu de l'en séparer presque catégoriquement, comme le voulait une longue

---

* Considéré par la première Église comme hérétique, Marcion (fin du Ier siècle, début du IIe) pensait que Jésus avait abrogé la Loi pour la remplacer par celle de l'Évangile, donc que le père de Jésus était différent du Dieu de l'Ancien Testament. Marcion rejetait donc en bloc l'Ancien Testament comme écriture inspirée.

tradition exégétique. Dans cette Loi se trouve déjà renfermée toute la promesse du royaume de Dieu, et c'est pourquoi il ne saurait y avoir de différence fondamentale entre la proclamation du salut dans l'Ancienne et la Nouvelle Alliance. Juifs et chrétiens vivent tous deux « de la même substance ». Pour Calvin, Christ a « été connu des juifs sous la Loi », même si ce n'est que dans l'Évangile qu'il est pleinement révélé. La haine du juif, pratique désespérante et pourtant commune au temps de l'Inquisition, n'effleurera même pas Calvin. À l'inverse d'un Luther dont les propos immondes sur les juifs — peut-être dus à la déception de ne pas les avoir attirés vers le « véritable Évangile » — demeurent comme une tâche sur le protestantisme luthérien. À l'opposé, l'attention de Calvin au Premier Testament et au peuple qui en est le cœur aura des effets visibles jusqu'à l'époque contemporaine. Il n'est pas indifférent de constater que la résistance à la propagande nazie et l'aide apportée aux juifs déportés furent particulièrement actives dans les régions protestantes et réformées.

La pensée de Calvin est en réalité marquée par deux pôles complémentaires : il souligne d'une part la gloire, la majesté et l'omnipotence de Dieu incarnées en Jésus-Christ et, avec le même niveau d'importance, le salut de l'homme. Les deux pôles, la gloire de Dieu et la délivrance des hommes, ne font qu'un : c'est justement dans la rédemption de l'homme et son incarnation que se manifeste la gloire de Dieu. Dans la traduction française de 1541, le premier prévient « toute notre sagesse, laquelle mérite d'être appelée vraie et certaine sagesse, est quasi comprise en deux parties ; à savoir la connaissance de Dieu et de nous-mêmes. La vue de notre misère nous incite à élever les yeux à Dieu ». Cette connaissance de Dieu mène en réalité à celle de soi. « Nous nous croyons justes et véritables, sages et saints tant que nous n'avons pas contemplé le Seigneur[10] », insiste-t-il. Cette dialectique de « l'en haut » et de « l'en bas » est d'ailleurs au cœur de la théologie de Calvin qui n'a de cesse d'appeler ses auditeurs à détourner les regards du bas pour les élever et recevoir ce qui vient d'en haut.

Pour lui, le Christ est celui qui unit en lui le divin et l'humain, le fini et l'infini, le temporel et l'éternel. Grâce à la médiation unique de Christ, la seule connaissance possible de Dieu est celle du *Dieu* incarné, non de Dieu en lui-même. Ainsi, commentant Jean 14 : 6ss, Calvin critique la spéculation : « [...] Toute théologie qui est hors de Jésus-Christ est non seulement brouillée, vaine et confuse, mais aussi pleine de rêveries, fausse et bâtarde [...] c'est une curiosité sotte et nuisible quand les hommes, ne se contentent point de lui, aspirent à Dieu par des voies obliques et tortueuses[11]... »

Point de salut hors du Christ seul, mais point de connaissance non plus de Dieu et de sa volonté sans le recours à l'Écriture seule. Dans cette seconde version, la mise au point sur la place de la Bible est relativement brève, mais déterminante. L'autorité de l'Écriture ne dérive pas du choix ou du consentement de l'Église, mais c'est l'Église, au contraire, qui est soutenue par les dires des prophètes et des apôtres. L'autorité de l'Écriture repose tout entière sur elle-même.

Face à ce Dieu révélé en Jésus-Christ par le témoignage de l'Écriture et le témoignage intérieur du Saint-Esprit, l'homme, pauvre humain, esclave de ses passions, et soumis à la misère et à la pauvreté. Inutile de préciser que la vison de Calvin est empreinte d'un pessimisme des plus sombres. L'homme est tour à tour décrit sous les oripeaux d'un « singe », d'une « bête indomptée et féroce », quand ce n'est pas un « fumier » ou une « ordure » dont l'intelligence s'est irrémédiablement obscurcie par sa faute et ses péchés dans lesquels il se vautre et se délecte. Rien à voir avec la vision optimiste qu'imposera petit à petit la Renaissance. Nous sommes aux antipodes d'un humanisme confiant en l'homme et en ses vertus. Une déchéance humaine et un pessimisme qui ne feront que s'accentuer chez Calvin au fil des rééditions de *L'Institution*. Comme si les échecs personnels, l'harassant combat mené contre les « puissances d'en bas » et l'entropie des choses le désespéraient tous les jours davantage. Reste que ce pessimisme s'accompagne chez Calvin d'une surévaluation du rôle de la conscience. Il insiste sur le tête-à-tête de l'homme avec Dieu, sans artifice, sans intermédiaire. L'homme n'est plus le jouet de forces obscures qui le dominent, ni soumis au bon vouloir d'institutions qui lui ouvrent le passage vers les biens divins, mais il est lui-même acteur de son salut et de sa vie. Au moins dans le sens où l'homme peut « déployer devant Dieu [ses] infirmités, lesquelles nous avons honte de déclarer devant les hommes[12] ». Que découvre l'homme en lui-même, sinon la trace de l'image de Dieu ? Calvin admet le contact direct avec la divinité au moins à travers la création :

> Nous sommes conviés à une connaissance de Dieu qui ne gît point seulement en vaine spéculation, mais laquelle est utile et fructueuse, si elle est une fois comprise de nous. Car Dieu nous est manifesté par ses œuvres, desquelles quand nous sentons la force en nous, et en recevons le profit, il est nécessaire que nous soyons touchés plus à vif d'une telle connaissance que si nous imaginions Dieu en l'air, sans en avoir en nous le sentiment par expérience[13].

Dieu parle certes par la nature, mais s'il a laissé aux hommes quelque saveur ou goût de Sa présence, une religion naturelle est radicalement impuissante — car condamnée à l'idolâtrie qui confond la créature avec le créateur — à découvrir le vrai dieu révélé en Jésus-Christ.

D'où peut-être ce que l'on peut considérer comme du fatalisme, cette idée que l'homme a perdu toute réelle liberté. L'homme peut découvrir la saveur d'un « Dieu inconnu », le chercher encore et toujours comme à tâtons, mais il n'a pas la possibilité, par la vertu de sa propre volonté ou conscience, de découvrir le créateur de toutes choses. Comme Luther qui, répondant à Érasme, avait exposé le principe du « serf arbitre », Calvin ne croit pas au libre arbitre. Trop abîmé, trop corrompu par le péché, l'homme est définitivement incapable de percevoir Dieu en toutes choses. Reste cependant un mystère. Calvin l'exprime ainsi :

« Or ce que l'Alliance de vie n'est pas également prêchée à tout le monde, et même, là où elle est prêchée, n'est pas également reçue de tous en cette diversité, apparaît un secret admirable du jugement de Dieu[14]. » <u>En résumé, comment comprendre qu'un message de salut universel soit aussi peu reçu et accepté dans le monde ?</u> Pourquoi tant d'ignorants et d'insensibles à l'Évangile ? Mais aussi pourquoi tant d'inégalités et de situations aussi contradictoires à la surface de la terre ?

Véritable noyau dur de sa doctrine, <u>la prédestination</u>, puisqu'il s'agit bien de cela, est déplacée de la partie consacrée à la Providence (tome I), pour être classée dans le tome III de *L'Institution de la religion chrétienne*, intitulé dans ses dernières versions « De la manière de participer à la grâce de Jésus-Christ, des fruits qui nous en reviennent et des effets qui s'en suivent[15] ».

PRÉDESTINATION

La doctrine calviniste de la prédestination, considérée aujourd'hui à juste titre comme une théorie problématique — ou terrifiante : quelle liberté pour l'homme, en effet, si tout est déjà décidé par avance par une instance suprême et immuable ? — s'explique par l'intérêt de Calvin pour la rédemption et pour la certitude de celle-ci. Ce n'est pas la confiance de l'homme qui est décisive pour le salut, parce qu'alors l'homme serait sans cesse préoccupé par la qualité de sa foi. C'est Dieu seul qui peut décider d'élire ou de rejeter. La doctrine de la prédestination préserve en réalité les humains de toute prétention. « Celui qui sait que son salut est dans les mains de Dieu, renonce à ses propres forces, ne choisit plus ses propres moyens, mais attend l'action de Dieu en lui[16] », expliquait déjà Luther à l'appui de cette thèse.

Dans la synthèse de Calvin, la prédestination est un aspect de la souveraineté de Dieu qui conduit son œuvre vers son but : la restauration définitive de l'homme à la Parousie*. On peut résumer en plusieurs phrases l'enseignement de Calvin sur ce point.

La prédestination ne se présente pas tout d'abord comme une explication, mais comme un mystère enveloppant Dieu et l'homme. La méditation de ce dogme est « odieuse et interdite », dit Calvin et, de toute façon, impossible : « Quand ils enquièrent de la prédestination [les hommes] entrent au sanctuaire de la sagesse divine, auquel si quelqu'un se fourre ou ingère en trop grande confiance et hardiesse, il n'atteindra jamais là de pouvoir rassasier sa curiosité, et entrera en un labyrinthe où il ne trouvera nulle issue[17]. » Qui peut spéculer sur le nombre des élus et des réprouvés, que Dieu seul connaît ? Dieu ne prédestine pas au mal. C'est l'homme qui tombe par sa faute. Pour Calvin, le sens vivant, le seul à méditer, réside

---

* Le mot grec *parousie*, qui signifie présence, arrivée, retour, a pris, dans la langue du Nouveau Testament, le sens précis de second avènement du Messie, le premier étant celui de la venue de Jésus, reconnu par les premiers disciples comme le Christ.

dans le dialogue où Dieu révèle à l'homme qu'il a été aimé le premier, alors que son indignité ne méritait que la mort. L'accent est mis, non sur les exclus et les réprouvés, mais sur l'assurance donnée au petit troupeau de rachetés. Par cette prédestination qui unit l'homme au « troupeau du Seigneur », l'angoisse de la mort et du devenir est sublimée, si ce n'est supprimée.

L'essentiel de cette doctrine pour Calvin se résume à cet objectif : apporter aux fidèles, excommuniés et persécutés par l'Église de Rome et ses papes d'alors, un sentiment indestructible de communion personnelle avec Dieu. Certitude que rien ne peut ébranler, ni l'obscurité des temps, ni les oppositions, ni même les menaces de mort. Au tournant des années 1540, alors que rien n'est assuré quant à la destinée des Églises de la Réforme en France, à Genève ou ailleurs, se savoir membre d'une minorité élue et choisie par Dieu n'est pas indifférent.

Dans ce contexte, il ne faut pas voir la prédestination, « conseil Éternel de Dieu » comme une perspective menaçante et effrayante, mais au contraire comme un encouragement à la rupture avec le doute ou les angoisses. Calvin lui-même ne doutait pas de son élection et du choix de Dieu à son égard, une certitude qui le préservait des découragements incessants. Et de l'angoisse. Le salut ne dépend d'aucune œuvre, d'aucune volonté, d'aucune repentance ou regret. Il est purement, définitivement un acte gratuit aussi injuste qu'injustifiable aux yeux des hommes qui, toujours à nouveau, veulent faire leur salut de toutes les manières possibles ou envisageables : bonnes actions, pouvoirs, savoirs, connaissances, puissances...

Mais comment savoir, si l'on est élu ? À cette question Calvin n'admet qu'une réponse, nous devons nous contenter de savoir que Dieu en a décidé ainsi et persévérer dans l'inébranlable confiance en Christ qui résulte de la vraie foi. Simple : si en m'adressant à Dieu, je l'appelle Père, en le considérant comme un Père favorable, je suis certainement élu. Pour celui qui ne veut pas croire à l'Évangile du Christ, la prédestination est un labyrinthe sans issue et une pierre de scandale. Pour celui qui se sait racheté, elle lui permet d'appuyer sa fragilité sur le roc, la volonté incompréhensible de Dieu. Le fidèle élu, qui vit paisiblement dans la Providence de Dieu, ne craint rien ni personne, sachant que rien n'empêchera le « Seigneur Tout-Puissant » de mener l'histoire à son terme, la restauration définitive de l'homme « dans la plénitude de Dieu ». Rien à voir avec le destin, ni même le fatalisme des Anciens et des « païens » grecs ou romains. Il n'existe pas de labyrinthes des causes fatales, explique Calvin, mais une seule dynamique, celle de l'action de Dieu, de ses voies et jugements insondables qui sont cependant porteurs de vie et de promesses de bonheur. Celui qui est disciple du Christ ne peut qu'attendre le jugement en toute sûreté.

La doctrine de Calvin s'articule en deux séquences distinctes : d'une part, durant sa vie l'homme qui vit par la foi s'exerce à combattre le mal et vise à la sanctification de son existence. Il est le lieu d'une liaison entre Dieu et le monde en ce qu'il croit et s'attend à la miséricorde divine. D'autre part, l'éternité, le monde d'en haut, est un domaine dont nul ne peut connaître le mystère, ni comprendre le mouvement et l'action. Entre ces deux temps, chaque croyant peut percevoir des indices avérés de son élection dans le cours de ses activités et dans sa vocation sociale.

Le sociologue Max Weber explique, dans *L'Éthique protestante et l'esprit du capitalisme*[18], que cette dimension positive de la prédestination a donné aux sociétés animées par des Églises confessant la doctrine réformée une activité inventive, créatrice, intelligente et commerciale remarquable. Le laïc catholique du Moyen Âge vivait, selon Max Weber, pour ainsi dire, au jour le jour du point de vue moral. Il était censé accomplir les devoirs et obligations exigées par l'Église, mais aussi produire quelques bonnes œuvres qu'il accomplissait au gré des circonstances dans une sorte de temps discontinu. Dans le calvinisme, au contraire, il s'agit de vivre les promesses de la foi, dans un continuum de bonnes œuvres érigées en système dont Dieu est seul l'auteur. La vie n'est pas statique, elle est, sous le regard de Dieu et des hommes, une avancée qui n'est jamais achevée.

Vivre, c'est se savoir dans l'impossibilité de réaliser pleinement des bonnes œuvres en raison du péché qui est en soi. Mais c'est toujours être en mouvement, marcher toujours plus avant dans la confiance. Retirer l'angoisse et sortir d'une quête aussi inquiète qu'improductive pour vivre dans l'espérance. De là une vision ouverte, libératoire de l'existence qui ne se limite pas à l'angoisse perpétuelle d'un devenir personnel et collectif dans ce temps et au-delà. Pour Weber, le calvinisme introduit ainsi l'idée que le travail est la plus haute tâche que peut accomplir l'homme pour la gloire de Dieu et, surtout, le fidèle peut trouver dans sa réussite professionnelle la confirmation de son statut d'élu de Dieu.

Dans la dernière édition de *L'Institution*, Calvin fonde sa théorie sur des faits qu'il juge incontestables : l'élection d'Israël au sein des nations, celle des douze tribus, mais aussi des patriarches et des prophètes de l'Ancien Testament. Élection d'Israël qu'il qualifie d'ailleurs de ségrégation d'avec les autres peuples sans cause réelle : « La cause n'en apparaît point, sinon que Moïse, afin d'abattre toute matière de gloire, montre aux successeurs que toute leur dignité gît en l'amour gratuit de Dieu. Car il assigne cette cause à leur rédemption, que Dieu a aimé leurs pères, et a élu leur lignée après eux (Deutéronome, 4V. 37)[19]. »

Ce rapprochement avec l'élection d'Israël confère à la doctrine de la prédestination une charge, une responsabilité accrue vis-à-vis du monde et des autres hommes, plus qu'une dignité supplémentaire. L'insistance de Calvin sur cette sorte d'élection négative des réprouvés reflète peut-être cette intention : maintenir à tout prix intacte la liberté de Dieu qui ne peut être liée par aucun système de pensée et rappeler à l'humilité ceux qui ont été choisis, non pour leurs mérites, mais pour la mission qu'ils doivent accomplir dans le monde.

Il s'oppose catégoriquement à l'idée selon laquelle l'homme serait appelé à s'auto-déterminer et qu'il aurait vocation à s'auto-réaliser. Dieu donne de l'espace à l'homme. Il le rend effectivement riche et responsable avant qu'il ne soit né. L'homme peut et doit se réaliser dans cet espace. Mais il demeure radicalement subordonné à Dieu. Il dépend de Dieu le Créateur et, en même temps, de la création dans laquelle il a été placé par Dieu. Il doit se contenter de ce que Dieu lui a imparti dans sa bonté.

En conséquence, l'homme réformé est conduit à l'humilité face à la toute-puissance d'un Dieu dont aucun système, ni aucune organisation humaine, ne peut rendre compte. Humilité face aux événements, à la nature ou à la création qui s'oppose à tous les systèmes englobants ou totalitaires que l'histoire ne manquera pas de produire. Ce Dieu, dont tout dépend et qui demeure inconnu dans ses desseins, n'est pas à la disposition des tentatives humaines de domination. C'est d'ailleurs au nom de cette altérité radicale de Dieu que l'Église confessante allemande, les théologiens Karl Barth ou Dietrich Bonhoeffer et nombre de réformés français à leur suite s'opposeront au régime hitlérien au XXᵉ siècle.

Calvin, quant à lui, ne transigera plus avec cette thèse. Ceux qui s'opposeront à lui à ce sujet seront traités comme d'irrémédiables ennemis de Dieu. Plus le temps passe, plus sa conviction s'ancre. Double prédestination ou pas — celle des réprouvés et celle des élus —, cette doctrine ne doit et ne peut être amendée ou corrigée sous peine de tout perdre, et la confiance et l'espérance et l'amour indéfectible de Dieu pour ses élus. Une insistance qu'il justifie ainsi :

> Jamais nous ne serons clairement persuadés comme il est requis que la source de notre salut soit la miséricorde gratuite de Dieu [...]. Chacun confesse combien l'ignorance de ce principe diminue la gloire de Dieu, et combien aussi elle retranche de la vraie humilité : c'est de ne point mettre toute la cause de notre salut en Dieu seul[20].

D'un mystère insondable et incompréhensible à tout entendement humain, Calvin fera au fil du temps une doctrine abrupte, incontestable et érigée en un système qui suscitera les oppositions les plus farouches. Fustigeant les « timides » qui ne veulent point goûter et entendre le message de la Bible, il ne cesse de répondre à ceux que cette doctrine « effraye ». À l'appui de sa thèse et de sa conviction, ce passage incontestable de l'épître de Paul aux Romains : « Nous savons, du reste, que toutes choses coopèrent au bien de ceux qui aiment Dieu, de ceux qui sont appelés selon son dessein. Car ceux qu'il a connus d'avance, il les a aussi prédestinés à être semblables à l'image de son fils, afin qu'il soit le premier-né d'un grand nombre de frères*. »

L'opposition à sa doctrine de la prédestination n'en deviendra pas moins radicale au fil du temps. Quelques années plus tard débarque un dénommé Jérôme Bolsec, médecin de son état et réfugié à

---

* Rom. 8, 28-29 (traduction Louis Segond).

Genève. C'est Théodore de Bèze qui raconte l'épisode, Bolsec aurait « blasphémé contre la Providence de Dieu[21] ». Ancien carme, Bolsec se met en tête de contester publiquement, en pleine congrégation des pasteurs de Genève, la doctrine de la « prédestination éternelle », comme si, raconte Bèze, nous faisions Dieu auteur du péché et coupable de la condamnation des méchants. « Ceux qui mettent une volonté éternelle en Dieu par laquelle il ait ordonné les uns à vie et les autres à mort en font un tyran, voire une idole comme les païens ont fait de Jupiter[22] », explique Bolsec. Calvin, absent au début de l'exposé, rejoint l'assemblée peu avant sa dispersion, reprend avec véhémence l'insensé avec forces arguments. Et obtient du magistrat l'incarcération immédiate de Bolsec. Le médecin se mue en poète et compose dans sa prison une complainte demeurée célèbre :

> Chrétiens sont-ils devenus tyranniques ?
> Chrétiens ont-ils zèles pharisaïques ?
> Chrétiens ont-ils perdu leurs mœurs si belles ?
> Brebis de Christ sont-elles si cruelles ?
> Ô durs assauts, ô mortelles alarmes
> Qui font mon cœur tout consumer en larmes[23].

Les Églises sœurs, celles de Berne, Bâle et Zurich sont consultées. On s'inquiète ici ou là de la hardiesse de Bolsec. Par prudence, sinon par conviction clairement établie — les « autorités » semblent parfois quelque peu dépassées par la complexité et la technicité des débats — une sentence de bannissement est prononcée. Le malheureux doit être expulsé sous vingt-quatre heures de Genève. La polémique ne fait par la suite que rebondir sur le même thème. La théorie de Calvin ferait au final de Dieu l'auteur du péché. Dans les cabarets de Genève on se moque gaiement de cette doctrine. Par un étrange retournement, Dieu serait à l'origine de la perdition des hommes ! Un certain Robert Lemoine, originaire de Normandie, évoque la « foutue prédestination » de Calvin qu'il qualifie d'« hérétique ». Quelques pasteurs s'y mettent aussi. L'opposition aux thèses de Calvin est si vive que sagement les autorités de Berne décident d'y mettre bon ordre... en interdisant carrément les débats et controverses sur le sujet.

Calvin, de son côté, s'impatiente sérieusement face à ces opposants multiples : « Pour ce que j'affirme et maintiens que le monde est conduit et gouverné par une secrète providence de Dieu, un tas de gens arrogants s'élèvent, gazouillent qu'à ce compte Dieu serait l'auteur du péché. C'est une calomnie frivole, et qui d'elle-même aisément s'évanouirait, sinon qu'elle rencontrât gens qui ont les oreilles chatouilleuses, et prennent plaisir à humer tel propos[24]. » Rien n'y fait cependant. Les condamnations et dénonciations réciproques ne feront qu'installer les oppositions.

La polémique autour de cette doctrine, que ses successeurs immédiats et d'autres encore, au cours des siècles suivants, n'auront de cesse de perpétuer, ne s'éteindra plus.

La mue du jeune et brillant humaniste en père de la Réforme protestante ne serait pas achevée en ces années strasbourgeoises sans la rédaction de sa fameuse lettre au cardinal Sadolet, rédigée en septembre 1539. Elle préfigure à la fois la fermeté et la plénitude intellectuelle de Calvin, mais en même temps l'installation du Réformateur dans son statut définitif : pasteur, théologien et inspirateur du protestantisme. Cet épisode, qui aurait pu le couper du devenir de Genève, devient, par la grâce de cette *disputatio* avec un digne et honorable cardinal, l'instrument de sa réhabilitation et de son retour dans la cité des bords du Léman.

Le cardinal Sadoleto est le type même de l'humaniste chrétien, ouvert, intelligent et modéré, prêt à quelques justes réformes de l'Église romaine. Le pape Paul III l'appelle à ses côtés pour siéger dans le Sacré Collège. En fait de réforme de l'Église, les recommandations de ce collège serviront de bases doctrinales pour les modifications disciplinaires décrétées par le concile de Trente. Mais le cardinal Jacopo Sadoleto se veut magnanime et extrêmement courtois. Il ne rêve d'aucune revanche de Rome face à ce qu'on appellera plus tard en France la « Religion prétendument réformée ». Il souhaite tout simplement le retour dans le giron de l'Église de tous les égarés, mais avec une componction et une mansuétude affichées. Il admet certes, les dérèglements de l'institution romaine, mais il maintient la doctrine catholique dans toute sa droiture. Il préfère cependant, explique-t-il, aux méthodes fortes de l'époque, les armes plus douces de l'esprit et de la persuasion. C'est la mansuétude qui fait avouer les hérétiques de leurs erreurs, affecte-t-il de croire. Fort de ces belles et peu communes convictions en plein XVIe siècle, il entreprend une démarche de dialogue avec les autorités de Genève. Il vient, en effet, d'être nommé évêque de Carpentras. Pourquoi ne pas tenter de ramener à la communion romaine la cité de Genève ? Une lettre est ainsi envoyée à Genève adressée à « ses bien-aimés frères les syndics, conseils et citoyens de Genève[25] ». Après quelques flatteries d'usage, dignes des plus roués et madrés des politiciens, il en vient à son sujet. L'Église, même soumise au péché et à quelques dérives, demeure l'Église du Christ assaillie aujourd'hui par le flot des opposants qui intriguent et complotent contre elle. Mais hors cette Église, seule et unique, point de salut pour conduire les âmes à bon port. Dieu est un juge souverain et les malheureux réformés ne trouveront aucune autre manière de se sauver des « ténèbres extérieures » où ne seront, selon la parole de l'Évangile, que « pleurs et grincements de dents ». Sadolet critique vigoureusement la justification par la foi et insiste sur l'importance des œuvres. Et plaide pour la reconnaissance pleine et entière de la doctrine catholique sur l'eucharistie, les sacrements, la prière pour les morts... tout en menaçant les réformés genevois de perdition et de rejet éternel. Il admet toutefois que Dieu (ou l'Église) accorde volontiers son pardon à ceux qui se repentent et se détournent de leurs mauvaises voies.

La lettre produit un certain effet sur des Genevois qui traversent alors une période difficile. Calvin et Farel partis, quelques pasteurs, tels Morand et Marcourt, tentent de faire face, mais, découragés à leur tour, ils quittent la cité. L'inquiétude des autorités civiles s'accroît au fil des mois. Les divisions dans la ville se sont encore accrues. « On manque de discipline », se plaignent les magistrats et les pasteurs chacun de leur côté. La Cène ou les prédications sont de plus en plus délaissées. Mais, surtout, on manque de pasteurs.

Les Genevois, très embarrassés, décident de s'en remettre à leurs autorités de tutelle, celles de Berne en l'occurrence. Sur l'avis des Bernois, il est décidé de faire appel… à Calvin. Pas question de retourner dans les affres du combat de Genève. Trop tôt pourtant. Mais le contact est rétabli malgré tout. Et Calvin accepte de rédiger une réponse à la fin de cet été 1539.

Il est ainsi informé de la lettre du cardinal. Et de son contenu, par Farel. Sans plus attendre, il décide de répondre à Sadolet sous la forme d'une lettre ouverte que tous pourront à loisir consulter et discuter. Les éditeurs genevois publient ainsi une « Épître de Jacques Sadolet, cardinal, envoyée au sénat et peuple de Genève, par laquelle il tâche de les réduire sous la puissance de l'évêque de Rome. Avec la réponse de Jean Calvin, translatée de latin en français. Imprimée à Genève par Michel Dubois, 1540 ».

Selon un procédé bien connu au Moyen Âge, la lettre adressée à un destinataire singulier est un discours apologétique de propagande. Calvin aussi « cauteleux » que son adversaire, feint tout d'abord d'estimer le cardinal. Sadolet n'est-il pas humaniste et fin lettré comme lui ? Entre gens savants, comment ne pas s'entendre, en effet ? Impudence rare d'un jeune homme de trente ans, face à un ancien légat du pape et cardinal de son état ! Calvin fait montre ici d'un culot et d'une assurance pas banale. Personne ne s'y est trompé d'ailleurs. Jusqu'au vieux Luther qui ne manque pas de faire connaître son contentement à la lecture de la réponse de Calvin à Sadolet.

Après quelques flatteries et regrets de devoir combattre un si noble adversaire, Calvin s'implique de manière très personnelle dans sa réponse. Et entreprend de tordre le cou à ces « vilaines calomnies » qui sont répandues sur son compte. Enrichissements personnels ? Ridicule. Quel profit a pu retirer de son passage à la Réforme celui que l'on savait promis à une magnifique carrière de lettré à la Sorbonne ?

Mais sur le fond, comment prétendre que nous ayons rompu avec l'Église, demande Calvin ? « Non seulement nous accordons mieux avec l'Antiquité que vous autres, mais aussi que nous demandons autre chose, sinon celle ancienne face de l'Église puisse être quelquefois instaurée et remise en son entier laquelle, déformée et pollue par des gens indoctes, après lâchement a été déchirée et quasi détruite par le Pape et sa faction […]. Nous vous accusons d'avoir subverti le ministère duquel simplement vous retenez le nom vide et sans effet de la chose[26]. »

Loin d'être des séditieux, les réformés sont partisans d'un nouvel ordre juste. Les auteurs de troubles ne sont pas ceux qui se révoltent contre un ordre injuste, mais ceux qui s'en réclament. L'argument principal de Calvin repose sur cette certitude, loin d'avoir subverti, blessé ou fait injure à l'Église, les réformés sont en train de rebâtir la véritable Église du Christ telle qu'instituée par les premiers apôtres, « en toutes choses l'ancienne Église s'accorde avec nous et elle ne vous est point moins contraire que nous-mêmes[27] ».

Certes, reconnaît Calvin, « nous ne nions point que les Églises où vous présidez ne soient Églises de Christ, mais nous disons que le pape, ensemble toute la troupe de ses faux évêques, qui vers vous ont occupé le lieu de pasteurs, sont loups très cruels et dangereux, lesquels jusqu'ici, n'ont eu autre désir, sinon que de consumer et détruire le royaume du Christ jusqu'à ce que, par ruines et désolations, il fût du tout déformé et anéanti[28] ».

Et de rappeler au cardinal sans aménité qu'il est « point moins insupportable l'Esprit sans la parole qu'il est maussade de mettre en avant la parole sans l'esprit[29] ». À l'objection de l'ancienneté, Calvin répond authenticité de l'annonce de la Parole, pureté et rectitude de sa conscience qui « ne craint aucun juge céleste duquel elle sait certainement icelle être descendue[30] ».

À Genève, entre-temps, les relations avec Berne se tendent. Le procès des chefs « artichaux », partisans de la soumission aux directives de Berne en ce qui concerne la Cène ont perdu du terrain. Ceux-là mêmes qui ont décidé le bannissement de Farel et Calvin se retrouvent en février 1540 mis en minorité aux élections. Les « guillermains », favorables à Calvin, obtiennent une majorité confortable. La situation ne s'améliore pas pour autant à Genève. Tant et si bien que le 21 septembre, Ami Perrin est chargé de contacter Calvin à Strasbourg pour envisager son retour. S'ouvre alors une étonnante période où l'attentisme le dispute à l'incertitude. Certes, Calvin n'a pas oublié Genève, ses « chers frères » demeurent dans son cœur, écrit-il à plusieurs correspondants, mais ce passé lui fait en même temps « horreur ». Il garde très vif le souvenir d'avoir été « crucifié », dévoré de « tourments » face à cette ville qui refusait obstinément de suivre ce qu'il estimait les voies de Dieu. Il est partagé entre l'« amour » qu'il porte à Genève et la sérénité qu'il est en train de découvrir à Strasbourg auprès de son épouse et des réformateurs de la ville, Bucer en tête. Il s'en ouvre très honnêtement à Farel. Ne pas tenter de s'échapper, ne pas trahir Genève et refuser de servir à nouveau, certes. Mais à quel prix ? Il tente un moment de se réfugier derrière l'avis des ministres strasbourgeois qui l'incitent à rester en leur ville. Il veut se donner du temps. Éprouver la vigueur de cet appel et surtout montrer aux Genevois qu'il ne dépend d'aucune autre volonté que celle de Dieu.

Il ne souhaite pas non plus jouer le rôle de simple instrument dans le conflit politique entre les guillermains et Berne. Bucer finit par intervenir. Il tenait à conserver Calvin auprès de lui et le fait savoir. Genevois et Strasbourgeois mobilisent leurs amis pour soutenir leurs causes respectives. Et contradictoires. Strasbourg se montre intraitable, jusqu'au moment où des lettres en provenance de Bâle et de Zurich pressent le magistrat alsacien de céder. Le retour de Calvin était le seul moyen de rendre la paix non seulement à l'Église, mais à la République tout entière. Calvin hésite pourtant encore quelque temps.

Ce ne sont pas les pressions des Conseillers de Genève qui auront raison de ses réticences, mais Dieu seul. S'il revient à Genève ce sera sur le seul conseil de Dieu et de Sa volonté. Calvin organise ainsi effectivement une sorte de mise en scène de son retour, il s'en remet à la Providence et tient à le faire savoir. S'il obéit, ce n'est pas à des arguments ou des raisonnements humains, mais à une claire volonté de Dieu.

Les Genevois sont de la sorte mis à rude épreuve. Entre l'appel d'Ami Perrin et le retour effectif de Calvin une année s'est écoulée. Si les autorités de la ville, cette fois-ci, n'ont pas compris le message, elles ne le comprendront jamais. Calvin est sur le chemin du retour, il accepte par « devoir » cette mission vers le « troupeau dont il avait été arraché ». Mais plus question de contester ou de discuter à l'infini les avis et convictions du maître. Le prédicant revient mettre de l'ordre dans l'Église qui se réunit à Genève. Il revient pour cette mission et sur ordre de Dieu. Il est et demeurera la sentinelle que Dieu s'est choisie pour la ville.

Foin de revanche ou de comptes à régler avec ceux qui l'ont chassé. Il n'en parlera même pas. Au moment du départ de Strasbourg, Bucer lui-même consacre la nouvelle mission de Calvin en écrivant directement aux maîtres de Genève. Il leur demande de recevoir en Calvin la parole même de Jésus-Christ, pour mettre ordre et discipline à son écoute dans l'Église et la cité.

Calvin arrive à Genève avec Idelette à la mi-septembre 1541. Il est accueilli par le Conseil et les Syndics au grand complet, raconte Théodore de Béze[31]. Le procès-verbal de la séance décrit sobrement la scène. Calvin remet les lettres des prédicants de Strasbourg et celles de Bâle qui sont lues sur place. Il prononce quelques mots pour s'excuser de sa longue hésitation et prie les Conseillers de croire à son désir d'être toujours serviteur de Genève. Ces derniers s'engagent alors à mettre bon ordre dans la vie de l'Église et s'entendent pour tenir rapidement conférence à ce sujet avec lui.

Invité à prononcer son premier sermon le dimanche suivant, Calvin monte en chaire devant une foule compacte et tendue. Comment va réagir le prédicateur chassé quelques années plus tôt de la ville ? Va-t-il accuser les anciens responsables de la ville ? S'en prendre à l'indocilité du peuple ?

Rien de tout cela. Calvin raconte lui-même qu'il s'est contenté de reprendre l'explication du texte biblique… là où il s'était interrompu au moment où il fut chassé ! Manière de signifier la continuité de son ministère, mais, plus sûrement encore, l'inanité de toutes les manigances des responsables de la ville qui avaient conduit à son départ. Admirable sobriété ou incontestable théâtralité et sens politique ? Les deux assurément.

C'est un homme plein de maîtrise de lui-même, de tact et de finesse qui s'installe avec son épouse dans la petite maison de la rue des Chanoines que le Conseil lui a réservée. Une attitude que la dureté des temps allait s'employer à retourner.

Cité de Dieu

> *Le Consistoire a été constitué pour régler les mœurs. Il n'a aucune juridiction civile, mais seulement le droit de reprendre d'après la parole de Dieu[1]...*

Première prédication et première impression à Genève. Calvin est demeuré fidèle à lui-même. Il n'a en rien modifié ses ambitions et son combat. Malgré les difficultés, l'humiliation de l'exil et du rejet des Genevois, il n'a jamais douté, jamais faibli, jamais renoncé... Pour preuve, cette première prédication sur le texte biblique à l'endroit même où il s'est arrêté juste avant son bannissement. Pas de revanche. Non, juste un message : mon combat reprend là où je l'ai laissé. Ce n'est pas vous, peuple de Genève qui avez décidé de mon renvoi, c'est Dieu qui a permis cette épreuve. C'est Dieu qui me ramène aujourd'hui vers vous. Le combat, un moment interrompu, reprend aujourd'hui même. Et il y a urgence. On ne sait quel effet cette prédication de retour produit sur la population, mais force est de constater que les événements s'accélèrent.

Dès la première séance du Conseil, lors de son

arrivée dans la ville, Calvin demande que soit immédiatement mis en chantier les lois et règlements de l'Église rénovée. Il reprend ses prédications plusieurs fois par semaine. En général, précisera plus tard Bèze, il prêche quotidiennement une semaine sur deux et prononce deux sermons le dimanche. Mais il fera beaucoup plus à certaines périodes. Pour Calvin, la prédication demeure essentiellement un commentaire de la Bible. Le sermon a une portée morale et exhortatoire, mais il est surtout destiné à faire comprendre le texte biblique. Il commentera ainsi pratiquement tous les textes de l'Ancien Testament qu'il entend expliquer en fonction de leur cohérence narrative et rhétorique particulière. En dehors de ce travail d'exégèse biblique, la tâche primordiale qu'il se fixe est de reconstruire l'Église locale. Il faut à cette Église des règles, une discipline, des rapports stables et clairement définis avec l'État, un code de conduite pour la population et des institutions efficaces. L'expérience strasbourgeoise et les difficultés passées ont renforcé sa conviction : le loup ne doit pas paître avec l'agneau, le bon avec le méchant, le juste avec l'injuste, la haine avec l'amour.

Calvin répugne précisément à tous les mélanges. Il prône une théologie de la dissociation : pour retrouver la pureté du christianisme des origines, il faut avant tout récuser le métissage culturel et les ajouts d'un catholicisme que Calvin accuse d'être devenu syncrétiste et idolâtre. Entre relents du paganisme, superstitions et l'Évangile, point de compromissions possibles, il faut choisir. L'Église de Genève doit prendre conscience que Dieu veut régner sur elle, non en raison de ses mérites, mais parce qu'elle a été choisie. Elle est devenue en quelques années la ville-refuge pour les protestants français. De dix mille âmes au début des années 1540, elle passera en 1550 à plus de vingt mille. Elle devient rapidement la plus importante ville — avec Bâle — de Suisse. Son essor économique n'a d'égal que la complexité des problèmes qu'elle rencontre au gré de ces afflux de réfugiés. L'afflux d'immigrés français et italiens, pour la plupart lettrés et artisans, transforme l'économie de la ville. La greffe entre ces foules de réfugiés et la population de souche semble cependant avoir bien fonctionné. La ville se développe harmonieusement et son rayonnement s'intensifie. Mais sa responsabilité personnelle n'en est que plus grande pour Calvin. « Dieu a fait pleuvoir » Sa parole sur Genève, la ville a reçu une vocation, elle doit l'entendre, en être digne et lui être fidèle jusqu'au bout. Quand Dieu donne la foi et le salut, il les parfait dans la durée et le temps qu'il nous est donné de vivre. Genève devait être, dans ce monde obscurci par les ténèbres et les dérèglements du temps, comme une lumière sur la montagne. Une lueur nouvelle, un avant-goût de la nouvelle Jérusalem à venir.

URGENCES

Le 13 septembre, soit quelques jours après son arrivée, un premier projet de règlement est soumis aux magistrats. Les discussions vont bon train, quelques amendements sont réclamés par le Conseil, mais les négociations aboutissent dès novembre à ce que l'on retiendra sous le nom des *Ordonnances* de 1541. Des *Ordonnances ecclésiastiques* qui ont pour but d'introduire et de fixer la vie de l'Église dans la cité. L'objectif avancé par Calvin est d'encadrer la vie des croyants dans l'Église et la cité selon les prescriptions de l'Écriture. L'Église du Christ ne l'est pas seulement en raison de sa foi et de sa piété, mais aussi dans son organisation et son ordonnancement. Elle doit être comme un décalque de l'ordre voulu par Dieu. Elle doit accompagner et mener les fidèles vers leur sanctification. Mais préserver aussi, autant que faire se peut, le monde et les hommes du chaos. Calvin reconnaît un double régime en l'homme : l'un spirituel, la conscience est instruite et enseignée des choses de Dieu et de ce qui appartient à la piété ; l'autre politique ou civil, l'homme est enseigné des offices d'humanité et civilité qu'il faut garder entre les hommes. Et les ordonnances traitent effectivement de tous les aspects de la vie courante. Assistance au culte, mœurs, distractions, sorties nocturnes, vêtements…

À titre d'exemple, voici quelques extraits des *Ordonnances ecclésiastiques* de Genève datées de 1541 :

> On vous fait assavoir à toutes manières de gens que un chacun soit tenu de venir les dimanches ouïr la parole de Dieu […].
> *Item*, que nul ne doive jurer ni blasphémer le nom de Dieu, et ce sur la peine la première fois de baiser terre la seconde

fois de baiser terre et 3 sous, et la tierce d'être mis en prison 3 jours.

Item, que personne n'ait à jouer à or ni argent.

Item, que personnes n'ait à aller par la ville passé neuf heures sans chandelle, sous peine d'être mis en prison 24 heures.

Item, que personne n'ait à danser, sinon aux noces, ni chanter chansons déshonnêtes, ni se déguiser [...], et ce sur la peine de 60 sous, et d'être mis en prison 3 jours au pain et à l'eau...

Item, que chacun soit tenu de révéler à messieurs ceux ou celles qu'il aura trouvé délinquants aux articles susdits [...][2].

Étonnant programme civil et religieux, pour le moins. D'autant que Calvin lui-même s'en veut l'auteur et le propagandiste intransigeant. Ce trait juridique et réglementaire appartient en propre au calvinisme. Aucune autre Église d'origine protestante ne poussera aussi loin une forme de juridisme aussi radicale.

Faut-il y voir l'empreinte particulière de sa formation ? Probablement. Calvin était un lettré humaniste, mais ses études réorientées, selon la volonté expresse de son père, vers le droit, à Orléans et Bourges, ne sont probablement pas étrangères à ce travers légaliste. Calvin avait le sentiment qu'une foi solide et utile pour le monde ne pouvait l'être qu'à partir d'un système juridique. Pour l'Église, il s'agit de mettre en place une « discipline » qui règle le ministère de l'Église dans le monde, mais pour l'ensemble des hommes et le monde, la loi remplit aussi une fonction divine, celle d'empêcher le mal de triompher. Ou, au moins, de mettre un frein à son action.

La loi et le droit au secours de la foi et de l'organisation. Le droit comme garde-fou et repère clairement défini pour maîtriser ce qui, par définition, ne risque de l'être jamais, la spiritualité et le mystère divin. Le plus étonnant en la matière est la permanence à travers le temps et l'histoire des siècles de cette orientation juridique, si ce n'est légaliste. Les églises réformées en France ou dans le monde ont, en effet, gardé ce mode de gouvernement. Une « discipline » régit encore aujourd'hui le fonctionnement, les droits et devoirs des pasteurs envers l'Église locale ou nationale, mais aussi la place et le rôle des laïcs, les responsabilités de chacun et la gouvernance de l'ensemble.

LE CIVIL ET LE RELIGIEUX

Les *Ordonnances ecclésiastiques* définissent un certain nombre de missions et de fonctions. Premiers dans l'ordre ecclésiastique, les pasteurs. Les tâches de ceux qui sont les « gouverneurs de l'Église » sont très précisément indiquées. Ils forment le premier « ordre », ils doivent annoncer la parole de Dieu pour admonester, exhorter, mais aussi corriger les croyants. Un office de « corrections solennelles » en présence des anciens de l'Église est même institué. Il revient au seul pouvoir de la Compagnie des pasteurs de désigner leurs collègues et non au Magistrat comme précédemment. Même si l'élection des pasteurs doit se faire après approbation du Magistrat. Le ministre élu doit participer aux réunions hebdomadaires des pasteurs, il doit se soumettre sur le plan de la doctrine à cette assemblée. Il dispose de l'autorité « du glaive spirituel et de la parole de Dieu », mais d'aucun pouvoir civil et séculier.

Il est d'ailleurs assez paradoxal de constater que ces *Ordonnances* voulues par Calvin ont moins pour but de définir les contours d'une cité dominée par le pouvoir ecclésiastique ou celui des pasteurs que de limiter les intrusions du pouvoir civil dans le domaine religieux. Les autorités de Genève, aussi aberrant que cela puisse paraître à l'observateur contemporain, ne cessent en effet d'intervenir dans le domaine religieux et la conscience intime des individus. Manquer à la Cène le dimanche relevait, par exemple, du pouvoir civil. Convocation devant le Conseil, discussion sur les motifs d'absences étaient alors courantes. De même, Calvin avait tenté d'imposer une fréquentation plus régulière de la Cène aux fidèles genevois en 1537 et de confier l'admission ou le refus à la Cène à la Compagnie des pasteurs. C'est l'opposition radicale du Magistrat à cette disposition qui avait entraîné son bannissement de la ville.

Fort de ces dures leçons, Calvin souhaite marquer les limites du pouvoir civil sur l'Église. Il n'est pas encore question de séparation de l'Église et de l'État, mais de complémentarité et d'une plus juste répartition des tâches. Les ministres du culte prêtent un serment civil d'obéissance et de service de la cité. « Je jure et promets de garder et maintenir l'honneur et profit de la Seigneurie et de la Cité, mettre peine en tant qu'à moi sera possi-

1 Portrait de Calvin à l'âge de vingt-sept ans. Peinture anonyme.
Genève, Bibliothèque universitaire.

«La personne pauvre et méprisée nous renvoie
notre propre visage comme dans un miroir...
même si c'était un étranger ou une étrangère
venu(e) des confins du monde.»
Sermon de Calvin sur Galates 6 : 9-11

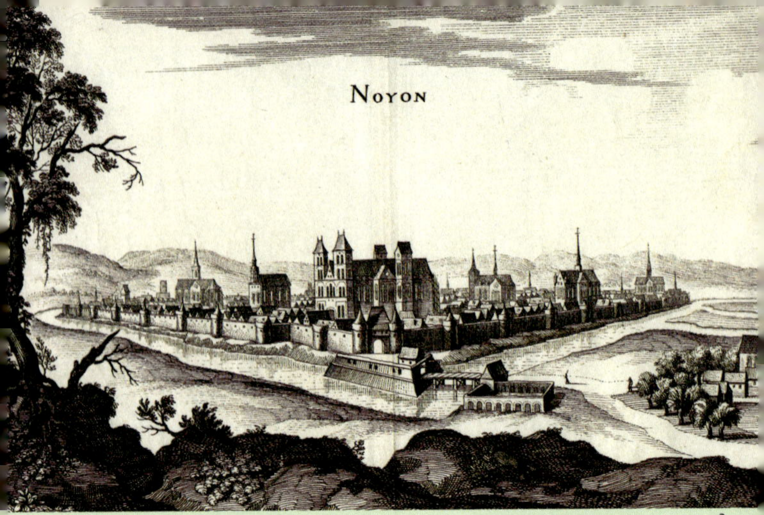

Noyon

MARTIN BVCER, ALEMAN DE SELESTAD PASTEVR DE L'E-GLISE DE STRASBOVRG, ET FINA-LEMENT PROFESSEVR DE THEO-LOGIE EN L'VNIVERSITE DE CAMBRIGE.

G. ij.

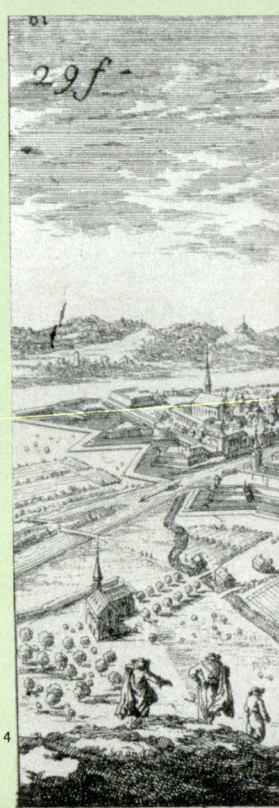

2 **Vue de Noyon en 1610.** Gravure par Claude Chastillon.
Noyon, musée du Noyonnais.

3 **Martin Bucer** in *Les vrays pourtraits des hommes illustres* de Théodore de Bèze, Genève, 1581.
Noyon, musée Jean-Calvin / Société de l'histoire du protestantisme français, Paris.

4 **Vue de Strasbourg vers 1659.** Gravure par Adam Pérelle.
Barcelone, biblioteca de Catalunya.

« C'est chose notoire que l'homme ne parvient
jamais à la pure connaissance de soi-même
jusqu'à ce qu'il ait contemplé la face de Dieu,
et que, du regard de celle-ci,
il descende à regarder soi. »
Institution de la religion chrétienne.

5 Portrait de Calvin. Gravure du 16ᵉ siècle. Vue de Genève.
Gravure de Manuel Deutsch, 1548.
Genève, musée international de la Réforme.

6 Chaise de Calvin dans la cathédrale Saint-Pierre de Genève.

7 Chaire de Calvin dans la cathédrale de Genève.

8 Vue de Genève. Gravure aquarellée de Manuel Deutsch, 1548.
Genève, musée international de la Réforme.

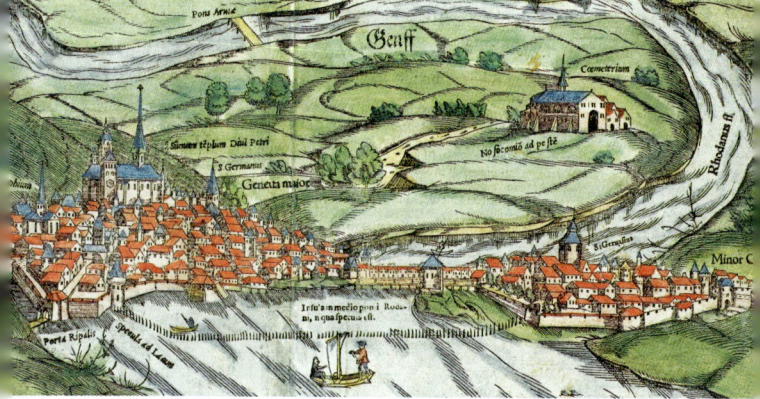

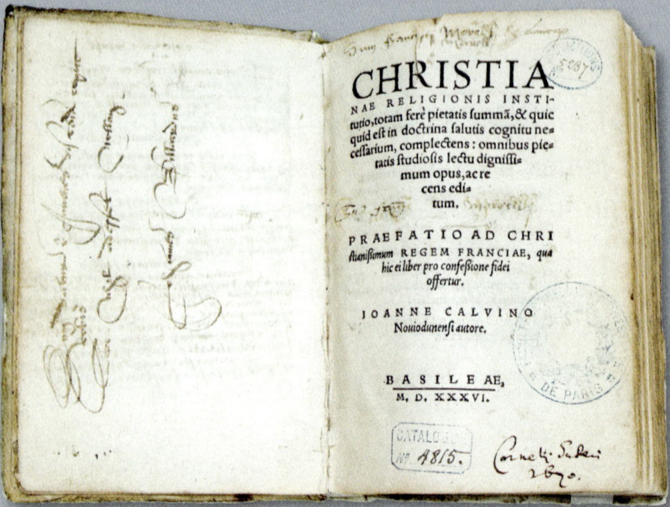

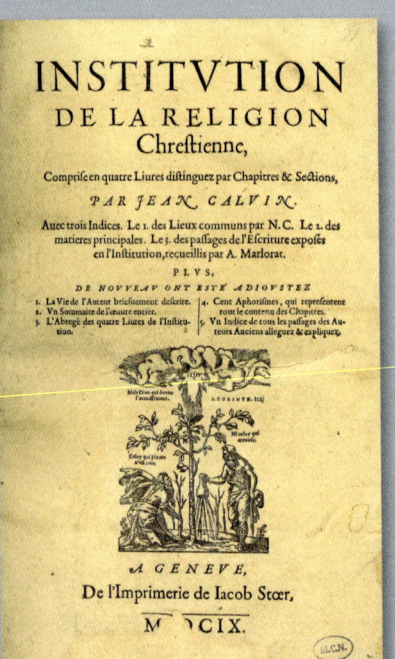

« Si on nous apporte sous le titre de l'esprit quelque chose qui ne soit contenue en l'Évangile, ne le croyons pas. »
Institution de la religion chrétienne.

9 Jean Calvin, *Christianae religionis institutio*, Bâle, 1536.
Noyon, musée Jean-Calvin (dépôt de la Faculté de théologie protestante, Paris).

10 Jean Calvin, *Institution de la religion chrétienne*, Genève, 1609.
Noyon, musée Jean-Calvin.

11 *Calvin et les syndics visitent le collège nouvellement fondé.* Gravure de H. Van Muyden pour Jean Calvin. Jubilé de 1909.
Noyon, musée Jean-Calvin / S.H.P.F., Paris.

12 Michel Servet. Gravure de V. Sichem.
Genève, Bibliothèque universitaire.

13 *Les adieux de Calvin aux syndics et aux seigneurs de Genève*, peinture d'Eugène Devéria, vers 1850.
Noyon, musée Jean-Calvin / S.H.P.F., Paris.

ble que le peuple s'entretienne en bonne paix et union sous le gouvernement de la Seigneurie et ne consentir nullement à ce qui contreviendrait à cela[3] », promettent les pasteurs. En cas de conflit grave entre les pasteurs, c'est le Magistrat qui doit cependant trancher et rétablir l'ordre. Le rôle des pasteurs, d'après Calvin, devait se limiter à avertir les autorités civiles. Jamais à décider à leur place.

Loin de constituer une sorte de théocratie, la soumission totale du pouvoir civil à l'Église, Genève était plutôt tenté par la réciproque : le contrôle de l'Église et de ses ministres par l'État. C'est cette dérive que Calvin infléchit largement à son retour. Il ne souhaite ni limiter le pouvoir civil, ni soumettre l'Église à l'État, mais instaurer un dialogue et un équilibre — y compris en acceptant les tensions et les conflits qui en découlent — entre la cité de Dieu et celles des hommes. L'interaction entre pouvoir civil et spirituel est bien présente. Point d'autonomie du civil et du religieux, il s'agit — au mieux — d'organiser les charges et les responsabilités de chacun, sans mélange, ni confusion. Même si en dernière instance la police civile l'emporte.

Ni adepte de la théocratie ni autocrate, Calvin n'a en réalité jamais été le « maître de Genève » que l'on décrit parfois. Pas plus qu'il n'a été une sorte d'ayatollah ou un dictateur omniscient, il a toujours lutté pied à pied avec le Magistrat pour défendre ses vues. Dans les situations les plus difficiles — l'affaire Michel Servet, par exemple, que nous verrons plus loin —, il s'en est remis souvent à la consultation des autres Églises suisses de

Berne, Zurich ou Bâle, et toujours à la décision finale du Magistrat. Calvin a d'ailleurs toujours été considéré à Genève comme un étranger. Il obtiendra le titre de bourgeois de la ville seulement quelques années avant sa mort. Suspect d'ingérence trop visible dans les affaires de la cité, il a toujours été tenu en lisière du pouvoir politique sur la cité par le Magistrat, au gré des alliances favorables ou non à ses vues. Malgré le juridisme tatillon des constitutions qu'il tente de faire adopter par le Magistrat, il ne s'agit, ni plus ni moins, que des prémisses d'un État de droit où les limites des pouvoirs de chacun sont clairement affirmées. Et délimitées.

SERVICE PUBLIC

L'Église, forte de son rôle spirituel d'exhortation et d'édification ne peut cependant se cantonner dans ces seules fonctions intemporelles, elle doit aussi être engagée dans le service de la cité et de ses habitants.

Cette Église immergée dans la cité ne reconnaît pas seulement ses pasteurs, mais trois autres ordres. Celui des docteurs, des anciens et des diacres. Partageant avec les ministres la fonction pédagogique et doctrinale, l'ordre des docteurs. Ils sont désignés par le Magistrat et dispensent dans une sorte de collège un enseignement destiné aux futurs magistrats et ministres de l'Église. Les anciens dépendent étroitement de l'autorité politique, choisis par le Petit Conseil, ils sont députés auprès de la population pour « surveiller » tout un chacun. Ils ont en charge la sanctification de la communauté, et doivent empêcher que dans la cité la « sainteté de Dieu soit bafouée ». Gare aux propos de table et autres dérapages verbaux dans les cabarets et les officines nocturnes où, le bon vin aidant, on conspue et moque avec enthousiasme les ministres ou le Magistrat ! Une sorte de police morale qui n'a pas peu contribué à la triste et austère réputation de Genève et de Calvin lui-même !

Ces anciens obéissent pourtant à une conviction nette de Calvin. Si la foi et le salut offert gratuitement structurent la vie et le comportement des croyants, nul doute que la loi doit canaliser et orienter autant que faire se peut la conduite et les mœurs de l'ensemble des autres membres de la communauté humaine. Que serait cependant une loi sans une forme de police pour la faire respecter ? Si Genève veut et doit être une cité renouvelée par la parole, elle le sera par la foi et la fidélité de Dieu à l'égard de ceux qui le suivent de tout leur cœur, mais non moins certainement par le comportement « surveillé » de tous ses habitants. Le message divin s'adresse à tous les hommes, à ceux qui sont appelés, mais aussi aux « humbles et aux ignorants ». À ces derniers, il faut au moins apprendre à haïr tout ce qui peut croupir au fond de l'âme humaine. La surveillance exercée par les anciens doit ainsi entraver l'action de la corruption et de la méchanceté foncière qui règnent sur le monde. Ou au moins brider les tentations de la chair et limiter le désordre et les « diableries ». La logique de la théologie de Calvin trouve là une de ses conséquences les plus sévères.

Mais ces anciens sont aussi heureusement accompagnés de diacres qui sont, eux, chargés de l'assistance publique et du secours aux plus nécessiteux. Il leur revient de s'occuper de l'Hôpital général créé à Genève en novembre 1535 où sont accueillis non seulement les malades, mais aussi les invalides ou les mendiants et souvent les pestiférés. Ils visitent aussi les malades dispersés dans la cité et doivent distribuer aux plus nécessiteux l'argent récolté lors des cultes célébrés dans chaque paroisse.

Calvin se méfie de la charité privée qui encourage la mendicité et fait courir aux riches charitables le danger de se croire méritants. Il demande au Conseil de Genève d'interdire la mendicité, l'oisiveté et le vagabondage. Et propose de confier l'assistance publique à un corps de diacres. Cette entraide était conçue comme une fonction de l'Église et de la cité. Pour financer cette aide, on fait appel à la générosité des fidèles, aux biens sécularisés du clergé, legs, fondations et dons. Mais quand la nécessité s'impose, appel est adressé aux subventions du pouvoir civil (par exemple en 1543-1544 lors de la disette). L'hôpital dispose d'un maître pour instruire les enfants y logeant. Calvin estime, en effet, que l'instruction peut aider les pauvres à sortir de la misère. Les diacres étaient aussi responsables de la rééducation professionnelle des assistés. Chaque dimanche, ceux qui dépendaient du diaconat étaient orientés vers l'apprentissage, le service ou les études.

Ainsi, et le trait demeurera comme une spécificité des cités de la Réforme, la mendicité n'avait plus de raison d'être à Genève. Loin d'être valorisée comme dans la tradition franciscaine, la pauvreté affichée est bannie de la cité protestante. Nul ne doit demeurer oisif et improductif dans la ville. Pire, (ou mieux ?) dans les sociétés suisses et hollandaises bâties sur le modèle réformé, les autorités s'emploient à séparer les enfants de leurs familles pauvres pour les confier à des sociétés d'assistance qui sont chargées de leur fournir une éducation et un métier. Résultat, alors que l'on peut suivre, en France et dans quelques sociétés latines, la dramatique transmission à travers les générations de conditions d'exclusion et de misère, les sociétés protestantes échappent à cette fatalité. On ne trouve plus chez elles ni à Genève au cours des siècles suivants ces tristes lignées d'exclus et de pauvres.

Au sommet, enfin, de cette stricte organisation genevoise, le Consistoire. Formé de l'ensemble des pasteurs et de douze Conseillers de la ville, il se réunit une fois par semaine, il veille à la rectitude doctrinale et disciplinaire de l'Église. Il vérifie que les dispositions adoptées sont bien respectées et suivies dans tous les compartiments de la vie sociale. C'est le Consistoire qui prononce en principe les « peines d'excommunication » qui reviennent en réalité à priver tel ou tel de la participation à la Sainte Cène. La Cène, contrairement aux vœux de

Calvin, n'est finalement fixée qu'à Noël, Pâques, Pentecôte et au premier dimanche de septembre. Empreints de solennité, ces moments comptent dans la vie de la communauté. En être privé publiquement est une cause d'humiliation pour ceux qui en sont victimes, et une prérogative de contrôle social que Calvin et les pasteurs disputeront longtemps au Conseil de Genève. Calvin définit ainsi son rôle : « Le Consistoire a été constitué pour régler les mœurs. Il n'a aucune juridiction civile, mais seulement le droit de reprendre d'après la parole de Dieu, et la décision la plus rigoureuse qu'il puisse prendre est l'excommunication[4]. »

En pratique, le Conseil contestera régulièrement cette compétence au Consistoire. Au final, le Consistoire n'exercera qu'une responsabilité doctrinale et plutôt limitée. Il gardera un rôle d'admonestation, le Magistrat demeure, quant à lui, seul responsable et exécuteur des poursuites pénales. Police ecclésiastique et civile sont ainsi clairement distinctes. Mais la cité et son Église doivent devenir, selon le vœu de Calvin, un lieu d'enseignement de la gloire de Dieu. Dans les mois qui suivent, il s'y emploie avec énergie, et un travail acharné.

ORDRE DIVIN

Les dispositions disciplinaires installées par Calvin ne seraient ni complètes ni efficaces dans la durée, si n'était mise en place une véritable politique d'éducation et de formation des plus jeunes. Et d'encadrement de la vie sociale. Calvin ajoute, fort de son expérience strasbourgeoise, un enseignement destiné aux enfants. Ils auront une *Institution puérile de la doctrine chrétienne à leur disposition*. Dans la foulée de son arrivée et dans l'urgence, Calvin rédige un nouveau catéchisme. Il parle alors d'un « formulaire d'instruire les enfants en la chrétienté, fait en matière de dialogue ». Présenté sous forme de questions et de réponses, il est publié en 1542. Calvin raconte d'ailleurs à la veille de sa mort qu'il fit « à la hâte… Et en l'écrivant, on venait quérir les morceaux de papier larges comme la main et les portait-on à l'imprimerie[5] ». Ce catéchisme, au même titre que *La Discipline,* était la condition de son retour à Genève, explique-t-il encore. Cet enseignement sera complété par un nouveau parcours scolaire. Calvin intervient en personne, chaque fois que cela lui semble essentiel, sur la question scolaire. Il demande ainsi au Conseil que des maîtres compétents soient désignés pour l'enseignement des plus jeunes enfants. Il en récuse sans états d'âme nombre d'autres, coupables de graves faiblesses ou insuffisances à ses yeux. L'enseignement demeure au cœur de ses préoccupations et de ses activités pendant de longues années. Il lui semble, en effet, que la scolarité doit permettre l'émergence de nouveaux citoyens qui ont été, dès la plus jeune enfance, mis au bénéfice de la parole de Dieu. Son modèle est visiblement celui du collège fondé par Jean Sturm à Strasbourg. L'enseignement doit être dispensé selon deux cycles différents, leçons obligatoires et continues pour l'enfance et leçons publiques et libres pour les plus âgés. La mise en place d'un cursus de type universitaire sera réalisée à partir des années 1550. Il supervisera lui-même la construction de cette Académie genevoise, choisira le recteur — Théodore de Bèze — et les professeurs.

Le premier niveau scolaire, celui du collège, est composé de sept classes, sur le modèle d'un enseignement inspiré des critères de la pédagogie humaniste. Les rythmes scolaires sont fixés strictement par le Réformateur, pas moins de soixante-dix heures de cours par semaine, exigence du silence, d'une concorde chrétienne entre élèves, obligation de se rendre aux deux sermons du dimanche... Le chant des psaumes devient aussi obligatoire après que Calvin eut rédigé lui-même un fascicule de piété nommé *La Forme des prières et chants ecclésiastiques*. L'objectif est ici de permettre à tous les fidèles de participer de cœur et d'esprit au culte. Le canon de la messe a été aboli, à l'assistance passive des mystères de la messe doit succéder la participation active de l'assemblée des fidèles. La liturgie du culte que Calvin écrit entièrement doit être « en langue commune et connue du peuple », le français. De même que les oraisons, afin que tous puissent suivre et soient édifiés. Les prédications, du moins celles de Calvin, sont de véritables cours universitaires sur le fond, mais agrémentés d'images et d'exemples le plus souvent assez pittoresques dont l'humour et la moquerie parfois ne sont pas absentes.

SACREMENTS

Calvin souhaite dans le même temps formaliser de manière précise ses convictions sur le sens des sacrements. Sainte Cène tout d'abord et baptême ensuite. Pour Calvin, le sacrement demeure un signe « extérieur » par lequel Dieu exprime sa « bonne volonté » à l'égard des hommes. Un signe visible accordé comme une béquille pour la foi de tous ceux qui vacillent devant l'invisible et le mystère d'une présence qui ne peut se toucher ni se voir à travers les sens communs. Mais le sacrement est aussi une manière d'accentuer ou de confirmer une parole de Dieu qui est adressée à l'homme. À travers ces signes charnels et bien réels, Dieu confirme aux hommes sa parole. Ni plus, ni moins. Le sacrement n'est qu'une parole visible. En aucun cas, un acte magique qui agirait de lui-même et transformerait quelque situation qui soit. Le sacrement n'est qu'un signe, il n'est pas efficace par lui-même, son efficacité vient de ce que cette parole visible est attestée dans nos cœurs par le Saint-Esprit.

Calvin ne conserve donc que deux sacrements, — parce qu'ils sont, seuls, présents dans l'Écriture — le baptême et la Cène. Le premier témoigne de ce que l'homme est lavé du péché, le second assure qu'il est racheté et participant d'une communion avec Dieu. Pas plus la confirmation épiscopale que le sacrement de pénitence ou l'extrême-onction ne trouvent grâce à ses yeux : « Inventions humaines, impiétés, folles singeries, fantaisie ou illusions... » Aucun qualificatif critique ne manque à l'appel. Même le mariage, qu'il vient pourtant d'expérimenter, n'échappe pas à sa verve iconoclaste. Le mariage n'est pas un sacrement et ne doit pas l'être. S'il est bien d'instruction biblique, le mariage, à travers l'acte charnel qu'il inclut, mais aussi en raison des fluctuations des passions humaines, ne peut pas être conditionné par un sacrement. Calvin traite définitivement du sujet un peu plus tard. Le nouvel édit consacré aux mariages paraît en 1545.

Il règle jusqu'au déroulement des épousailles, dates, modes, forme liturgique. Il est expressément interdit aux parents d'obliger les enfants à une union dont ils ne veulent pas. Le mariage est cependant entaché de divers empêchements : un homme ne peut épouser la veuve de son frère, un cousinage éloigné... Les mariages sont célébrés au début des cultes. Les époux doivent se rendre à l'Église « modestement, sans tabourins ni ménestriers, tenant ordre et gravité convenable à des chrétiens, et ce devant la fin du son de la cloche, afin que la bénédiction du mariage se fasse devant le sermon ». Ultime précision pour une cérémonie sans apparat et plutôt rapide, « s'ils sont négligents et qu'ils viennent trop tard, qu'on les renvoie[6] ». Le tout, sans autre forme de procès !

Mais les ordonnances sur le mariage comprennent un chapitre plus intéressant sur les causes de séparation. Le mariage qui n'est plus dans l'esprit du Réformateur un sacrement est donc révocable.

Les motifs sont toutefois limités. L'impuissance est toujours un motif d'annulation, l'adultère justifie, lui, une demande de séparation. La disparition ou l'abandon constituent aussi la condition d'une rupture légale. À noter, enfin, que les droits de la femme, dès ce moment, sont identiques à ceux de l'homme.

À propos du baptême, le Réformateur montre l'inanité de cette croyance rédemptrice de l'eau bénite du baptême. Il n'existe plus d'urgence rituelle. L'eau du baptême n'a aucune efficacité en elle-même. Elle ne peut mystérieusement laver le péché de l'homme qui demeure en lui sa vie durant en réalité. Le baptême est seulement signe d'une purification à venir et rappel du sacrifice du Christ par lequel nous sommes sauvés. Mais il n'y a rien de divin ni de magique dans l'eau, elle n'est que le signe de l'appartenance à Christ. Le baptême est signe que nos péchés sont en Christ remis, effacés et abolis. Il est pour le petit enfant une représentation des promesses de Dieu envers lui

Dans le même esprit le *Petit Traité de la Sainte Cène* pose les fondements de sa doctrine en la matière. Calvin note sa satisfaction de voir abandonné par tous les protestants le point de vue catholique sur l'eucharistie. La communion n'a aucun caractère sacrificiel. Il présente ensuite comme un « fantasme » l'idée selon laquelle le pain et le vin seraient transformés en corps et sang du Christ. Pour lui, l'affaire est close avec les catholiques, la messe ne serait qu'un rituel magique.

« Leur consécration n'est qu'une espèce de sorcellerie, vu qu'à la manière des sorciers, en murmurant et en faisant beaucoup de signes, ils pensent contraindre Jésus-Christ de descendre entre leurs mains[7] ». Nous ne sommes alors pas très loin des affiches de Marcourt placardées quelques années auparavant sur la porte même du roi François Ier. Calvin, qui avait alors dénigré et regretté la provocation de Marcourt, utilise un ton volontiers iconoclaste et transgressif.

Mais le Réformateur s'intéresse plus dans ce dernier traité aux différentes oppositions entre protestants. Calvin, d'accord avec Luther, estime que la communion est une commémoration du dernier repas du Christ, en aucun cas un sacrifice que le prêtre peut réitérer pour les fidèles assemblés. Cependant, il prend en même temps ses distances avec la conception de Zwingli qui est purement symbolique. Mais tandis que le théologien allemand admet une « présence réelle » du Christ « sous » les espèces, le pain et le vin, Calvin postule une participation spirituelle et non matérielle ou réelle du Christ dans la Cène. « Nous confessons donc tous d'une bouche qu'en recevant en foi le sacrement, selon l'ordonnance du Seigneur, nous sommes vraiment faits participants de la propre substance du corps et du sang de Jésus-Christ [...] ne pensant pas que le Seigneur Jésus soit abaissé jusqu'à d'être enclos sous quelque éléments corruptibles. [...] il nous faut penser que cela se fait par la vertu secrète et miraculeuse de Dieu et que l'esprit de Dieu est le lien de cette participation, pour laquelle cause elle est appelée spirituelle[8]. »

Culte, liturgie, doctrine, école, vie privée, vie publique… L'activité éditoriale, mais aussi sociale et politique de Calvin à son retour d'exil est absolument époustouflante. Les registres du Conseil de la ville recèlent même de nombreuses allusions au travail qu'aurait effectué Calvin pour le compte du Magistrat. On évoque ici ou là sa plume pour « l'office des portiers, le marché bestial, les dots, testaments et codicilles… ». Tant et si bien qu'à la date du 17 novembre 1542, le registre du Conseil porte cette note « Monsieur Jean Calvin. Lequel journellement prend plusieurs peines pour la ville, sur quoi résolu que lui soit donné un bossot de vin vieux de celui de l'Hôpital[9] ». Quelques bonnes bouteilles pour le prix de ses sacrifices !

Son premier biographe Nicolas Colladon, pasteur de Genève, un temps secrétaire de la Compagnie des pasteurs et successeur de Calvin comme professeur de théologie à l'Académie, relate bien l'ambiance de cette époque

> Calvin ne s'épargnait nullement, travaillant beaucoup plus que son pouvoir et l'égard de sa santé ne portait. Car il prêchait d'ordinaire de deux semaines l'une tous les jours. Il lisait chaque semaine trois fois en théologie. Il était au Consistoire le jour ordonné et faisait les remontrances. Tous les vendredis en la conférence de l'Écriture, que nous appelons la congrégation, ce qu'il ajoutait après le proposant pour la déclaration était comme une leçon. Il ne défaillait point en la visite des malades, aux remontrances particulières et autres infinies affaires concernant l'exercice de son ministère[10].

Sans oublier, pour faire bonne mesure, l'innombrable correspondance qu'il entretient déjà avec la

Suisse, la France et l'Europe entière. Il écrit des milliers de lettres tantôt en latin ou en français pour exhorter, discuter, se renseigner ou consoler... sans cesse interrompu et dérangé dans cette tâche par les multiples visites quotidiennes.

Pour Calvin, le doute n'est plus permis. Quoi qu'il en coûte, Genève doit être le laboratoire et le grand théâtre, dressé face au monde, de la gloire de Dieu. Construire Genève sera un labeur continu, le sens même de toute une existence. Construire, c'est-à-dire faire sortir les gens de Genève d'un univers de pensée enfermé et soumis aux dominations et angoisses du monde pour accéder à la connaissance vraie du message divin. Construire, c'est-à-dire dresser sur cette place un grand théâtre de la souveraineté de Dieu, une mise en scène de l'avancement du Royaume de Dieu sur terre. Grandeur de Dieu qui ne s'exprime pas dans l'ordre de la soumission ou de l'écrasement face à la puissance infinie de Dieu, mais qui doit se comprendre comme une véritable libération de l'homme. Libération des peurs, des fantasmes, des superstitions qui envahissent l'imaginaire de l'époque. Certes l'homme par lui-même n'est que « pourriture », « ordure », mais il peut — parce que Dieu lui en fait la grâce — être réconcilié et réhabilité dans sa vraie condition humaine, celle d'enfant de Dieu. Justifié, l'homme renoue avec la liberté et l'état originel de la création, perdu en Adam. Les difficultés, les craintes, le tragique de l'existence ou la tristesse n'ont plus le même sens. Ils ne sont plus malédictions, mais signes de l'attention et de la présence de Dieu avec les siens.

Calvin n'a pas d'autres ambitions en revenant à Genève : expérimenter avec la communauté humaine qui se rassemble dans cette ville la grandeur, la hauteur et la profondeur d'une existence renouvelée par l'amour de Dieu. Une expérience au cours de laquelle se côtoieront dangereusement la charité et la contrainte, l'exhortation et le châtiment. Dans l'esprit de Calvin, cette « cité de Dieu » doit servir de modèle, non seulement pour Genève et l'Église qui s'y rassemble, mais pour l'humanité. Reste à tenir ferme dans cette espérance. Ce qui, nécessairement, prendra la forme d'un combat. Rude le plus souvent.

Économie divine

> *Dieu veut qu'il y ait proportionnalité et égalité entre nous, de telle manière que chacun fasse un effort pour les nécessiteux dans la mesure de ses moyens, afin que personne n'ait trop ou trop peu[1].*

Genève doit pour Calvin devenir un laboratoire économique et politique. La Réforme qu'il entrevoit pour la cité touche tous les aspects de la vie sociale. Et c'est bien l'une des originalités de sa pensée. Le message de l'Écriture concerne indubitablement la vie politique et économique dans son intégralité. La Bible, sans fournir un modèle d'organisation sociale, livre des repères éthiques utiles à l'organisation de la société des hommes.

Son premier lieu d'engagement, nous l'avons vu, est le souci des plus faibles et des plus pauvres. Il faut prendre soin de la vie matérielle et particulièrement des plus exposés. De fait, la Compagnie des pasteurs se préoccupe de la prospérité économique du pays, de la justice de répartition des richesses et de la vie des pauvres et des chômeurs. En 1544, pour mieux utiliser les capacités des réfugiés, elle recommande de développer l'industrie du tissage. Le Conseil accepte. De nombreux chômeurs peuvent ainsi se remettre au travail. En 1543 — hiver de disette —, le Conseil, à la demande de la Compagnie des pasteurs, ordonne aux dizeniers de faire toutes les semaines une collecte pour aider les pauvres. Cette récolte étant insuffisante, le Conseil, à la requête de la Compagnie, vote des fonds pour entretenir les pauvres.

Au même moment, Calvin fait remarquer que la charité chrétienne ne peut tolérer que certains dissipent leurs biens pendant que d'autres manquent du nécessaire. Il obtient satisfaction sur ce point. Le Conseil vote des « lois somptuaires » pour limiter les dépenses superflues. Les économies ainsi réalisées sont directement affectées au secours des affamés. De là, une nouvelle origine de la peu flatteuse réputation du rigorisme calviniste ? Si cela était, nul doute que ce rigorisme-là serait plutôt le bienvenu.

La Compagnie des pasteurs s'occupe aussi de politique salariale et des corporations de métiers. Elle s'oppose, en 1559, à la décision du Conseil qui enlève aux imprimeurs le droit de coalition. Elle obtient gain de cause. Et la même année, le Conseil décide de la première corporation des imprimeurs.

La Compagnie intervient aussi dans des conflits entre ouvriers et patrons. Mais le mouvement n'est pas à sens unique. Le Conseil consulte la Compagnie sur les questions des impôts, de l'emprunt et du taux d'intérêt. La Compagnie recommande au Conseil d'instituer une banque d'État permettant d'engranger le profit du change et d'assurer un crédit à bon compte aux industries qui créent de nouveaux emplois.

L'USURE

Contrairement à la réputation qui est faite à la Réforme, Calvin n'est pas favorable à l'usure, autrement dit, ce qu'il appelle le prêt à intérêt. Il s'en prend tout particulièrement à cet usage qu'il estime injuste, mais surtout sournois et caché. Comme l'usure ne cesse de refaire surface, dissimulée derrière les étiquettes les plus diverses, il combat les abus de langage pour faire prévaloir la justice et la transparence. Il ne se bat pas au nom d'un radicalisme aveugle, pour ou contre le prêt à intérêt prohibé par l'Église romaine. En théologien, responsable et pragmatique, il propose de reconnaître la différence entre l'octroi de prêts et l'usure.

C'est dans une lettre écrite à un de ses amis, Claude de Sachin, en date du 7 novembre 1545[2], que Calvin va s'expliquer sur le prêt à intérêt et réfuter les arguments qui l'interdisaient complètement. Il dénonce tout d'abord l'opinion selon laquelle l'argent ne pourrait produire aucun fruit par lui-même. Calvin démontre que ce qui était condamné dans l'Ancien Testament, ce n'était pas le prêt à intérêt en soi, mais le bénéfice abusant des pauvres gens. Il est bien curieux, remarque Calvin, que l'Église de Rome interdise le prêt à intérêt alors qu'elle accepte le prêt hypothécaire, qui est plus lourd encore pour le débiteur. Et il dénonce cette différence : « C'est jouer sur les mots que de blâmer un de ces contrats et d'approuver l'autre. » Dès lors, Calvin argumente en faveur d'un prêt à intérêt qui « ne prenne pas usure du pauvre » et qui ne se contente pas d'un arrangement privé, mais qui tienne compte de « ce qui est expédient pour le public », qui « n'excède pas la mesure que les lois publiques de la région ou du lieu concèdent », bref un prêt à intérêt dans les limites du sens de la charité et de l'intérêt public.

L'usure est donc consentie parce que la vie économique l'implique, mais ce que le réformateur cherche avant tout à promouvoir, c'est l'exercice de la solidarité sociale. « Dieu veut qu'il y ait proportionnalité et égalité entre nous, de telle manière que chacun fasse un effort pour les nécessiteux dans la mesure de ses moyens, afin que personne n'ait trop ou trop peu[3]. »

« Dieu veut », déclare Calvin. Il prononce ces mots en tant que prédicateur. Et tient ces propos dans une Église chrétienne envisagée comme une assemblée d'êtres humains réunis en communauté de personnes responsables sous le regard du Christ. De ce point de vue, Calvin voit l'État comme une institution qui a pour but de permettre la vie en commun dans la solidarité sociale et la liberté. Mais la solidarité sociale ne doit pas se réaliser aux dépens de la liberté, ni la liberté au détriment de la solidarité.

Tous les hommes sont créés égaux et sont faits les uns pour les autres, et la violation de cette règle est un signe de péché ; elle attire la colère de Dieu. Calvin s'intéresse à la responsabilité individuelle, mais il l'associe à la solidarité sociale. Ce souci de justice sociale conduit Calvin à dénoncer l'exploitation des faibles, des pauvres et des étrangers, et à s'élever contre l'abus de pouvoir des riches : « Dieu nous déclare qu'il nous faut traiter en telle humanité ceux qui labourent pour nous, qu'ils ne soient point grevés outre mesure ; mais qu'ils puissent continuer et qu'ils aient occasion de rendre grâces à Dieu en leur travail[4]. » S'il condamne les chômeurs, c'est surtout pour dénoncer la situation de non-travail comme situation inhumaine dont la responsabilité peut incomber à ceux qui, pouvant donner du travail, n'en donnent pas.

Puisque les hommes ne sont pas possesseurs de leurs biens, mais qu'ils en sont seulement leurs « dispensateurs », les hommes doivent se conduire comme de bons intendants des choses de ce monde. Le mal n'est pas dans l'argent en soi, mais dans l'usage que l'on en fait. Dans cette optique, le riche a une mission économique providentielle. Il est pour Calvin « le ministre des pauvres » et le pauvre est le prochain du riche. Mais à son tour, le pauvre donne la possibilité au riche de se libérer de « la servitude de l'argent », il est envoyé auprès du riche pour éprouver sa foi et sa charité. Calvin recommande le versement régulier d'un salaire aux employés, de même que des contrats de travail qui précisent les droits et les devoirs de chacun, en particulier le respect du dimanche par l'employeur. Le salarié est maître de ses gains, comme de ses biens propres. Toute propriété privée est intangible, sous réserve de ce que le détenteur terrestre doit au propriétaire divin universel.

« TRAVAILLEZ PLUS »

Dès les débuts de sa réflexion théologique, Calvin insiste sur la nécessité de la sanctification, de l'obligation, pour le chrétien, de manifester sa régénération par des œuvres, de témoigner de l'amour divin en menant une vie exemplaire consacrée à manifester la gloire de Dieu sur terre. Aucun doute pour lui, parmi les choses de ce monde, le travailleur est celui qui est le plus semblable à Dieu.

Cette importance accordée au travail est liée à une vision d'un Dieu travailleur s'occupant toujours activement du monde qu'il a créé. Dans son commentaire sur le livre de la Genèse, Calvin précise : « Ainsi donc la création du monde fut parachevée en six jours, mais son administration et son gouvernement durent à toujours ; et Dieu besogne sans cesse à maintenir et conserver son ordre[5]. » Si le Sabbat fut institué, ce n'est pas parce que Dieu prendrait plaisir à l'oisiveté, mais pour permettre à l'homme de donner son adhésion à l'action divine : « Le Seigneur n'a pas simplement commandé aux hommes de se reposer chaque septième jour, comme s'il prenait plaisir à notre oisiveté. [...] les fidèles doivent se reposer de leurs propres œuvres, afin de laisser besogner Dieu en eux[6]. » Le Sabbat, dans cette optique, n'est pas centré sur le repos de l'homme, il est conçu pour rendre gloire à Dieu. De ce repos, les hommes doivent en venir à la reconnaissance de ce qu'ils doivent tout à Dieu. Dieu seul, en effet, nourrit l'homme. Mais le travail humain reçoit, dans le même temps, une dignité particulière : « Les hommes ont été créés pour s'employer à faire quelque chose et non pour être paresseux et oisifs[7] », « non seulement pour y vivre comme bêtes brutes, mais pour y dominer comme ses enfants, et ayant seigneurie par-dessus toutes les créatures[8] ». La malédiction pesant sur le travail n'abolit donc pas, selon Calvin, la bénédiction fondamentale qui lui était primitivement attachée. Si le travail est devenu pénible par le péché d'Adam, le Christ est le libérateur de la peine du travail ; dès lors, le travail comporte toujours une joie, signe de la grâce. Jusqu'au dernier jour de la résurrection du Christ, il ne faut pas que les hommes « soient nonchalants ou qu'ils demeurent oisifs et sans rien faire [...]. Car un chacun a sa charge qui lui est donnée pour s'y exercer ; et que pourtant ils doivent être attentifs à trafiquer, pour bien faire le profit du maître[9] ».

Certain que « la paresse et oisiveté est maudite de Dieu[10] », Calvin condamne les « parasites », les « oisifs » et les « chômeurs ». Les « parasites », ce sont ceux qui vivent de la peine et du travail d'autrui et n'apportent rien au genre humain. Pour Calvin, ne pas travailler, c'est ne pas rendre hommage à Dieu. Seules des raisons impératives comme la maladie peuvent empêcher quelqu'un de travailler, mais faire le choix de ne pas travailler ou ne pas tout faire pour trouver un travail quelconque est moralement condamnable. L'oisiveté, comme la paresse, est « maudite de Dieu. [...] C'est contraire à notre nature, affirme Calvin, d'être comme des troncs de bois inutiles[11] », c'est surtout un vice qui en entraîne d'autres : le commérage et l'impiété.

Calvin reconnaît la dignité des diverses tâches professionnelles. Dès lors, tout artisan du plus vil métier que ce soit est excellent en son état, d'autant que l'Esprit de Dieu travaille également en tous les hommes. Car bien que les dons soient divers, il n'y a qu'un Esprit duquel découle tous les dons, « selon qu'il aura plu à Dieu d'en distribuer à chacun par mesure* ». La mobilité sociale, le changement d'activité professionnelle et donc d'état est non seulement autorisé, mais recommandé quand il y va du bien public ou quand il permet d'aller plus loin dans l'accomplissement de sa vocation. Calvin, dans son interprétation du texte de l'apôtre Paul indiquant qu'il fallait « que chacun demeure dans la condition où il était lorsqu'il a reçu l'appel de Dieu[12] », insiste sur le fait que l'intention de l'apôtre n'est pas de fixer chacun dans sa condition : « ce serait une chose trop rigoureuse, qu'à un cordonnier il ne fut point loisible d'apprendre un autre métier et au marchand de s'adonner au labourage ». L'apôtre Paul, dit Calvin, « veut seulement corriger l'affection in-

---

* D'après l'épître de Paul aux Corinthiens (12, 4).

considérée sollicitant chacun à changer d'état sans quelque juste cause. [...] Il n'impose donc point de nécessité à personne de s'arrêter à la manière de vivre, laquelle il aura une fois entreprise[13] ». De fait, Calvin met l'industrie sur le même pied de dignité que le travail agricole. Non content de professer pour le grand commerce et pour le petit négoce une égale estime, Calvin, le premier, reconnaît la légitimité spirituelle du trafic commercial. Loin de toute dénonciation de la marchandisation du monde, il s'agit là, pour lui, de solidarité humaine et de communion des hommes entre eux.

Calvin apprécie donc fortement le travail, l'initiative et la responsabilité individuelle ; il justifie même la richesse produite par le travail diligent et assidu. Son idéal est une société qui s'engage à produire la richesse mais avec la sobriété et la mesure d'hommes qui savent en même temps imposer à leur caractère discipline et patience. Et se dédier à un service agréable à Dieu. Une posture qui peut à la fois déboucher sur un « individualisme intense » et sur un « socialisme austère ». Calvin ne serait ainsi pas plus le père du capitalisme moderne que du socialisme étatique. Relevons toutefois que cette vision économique de Calvin a reçu dans des contextes différents des fortunes diverses. À Genève même, c'est plutôt la pratique d'un contrôle social qui s'est imposé, alors que dans le contexte anglais, c'est l'individualisme qui a pris le dessus. Mais ces contextes différents conduisent à une même conséquence : un comportement discipliné valorisant le travail.

En soulignant fortement la participation du travail de l'homme à l'œuvre de Dieu, Calvin « a ainsi conféré au labeur humain une dignité et une valeur spirituelles qu'il n'avait ni dans la scolastique ni, à plus forte raison, dans l'Antiquité. Ce fait aura de grandes répercussions dans le développement économique des sociétés calvinistes[14] ». Notamment parce qu'il ouvrait la voie à la spécialisation et à la naissance d'emplois nouveaux, une des grandes lois du monde industriel.

Une nouvelle image de Dieu, en l'occurrence celle d'un Dieu actif et suscitant par son appel la même activité chez les humains, qui « entraîne une modification de l'échelle des valeurs, aboutissant à une valorisation extrême du travail[15] ». Une attitude économique calviniste qui trouvera un de ses aboutissements les plus marquants dans le puritanisme anglo-saxon — version étasunienne. De là à considérer les modernes *WASP*, pour *White Anglo-Saxon Protestant*, comme les dignes héritiers de la Réforme genevoise, il n'y a qu'un pas...

Les recalés

Rustre, tavernier, marmiton de cloître, vilain, maraud, badaud [...] Idolâtres, gueux, bêtes et autres libertins[1]...

Calvin, en lutte quotidienne contre la « tyrannie infernale du pape, avec ses superstitions », se voit obligé d'ouvrir un autre front contre tous ceux qui perçoivent dans le mouvement de la Réforme une opportunité pour satisfaire leurs « penchants ». L'ardeur qu'il met à combattre tous ceux qui s'opposent, selon lui, à l'avancement de la gloire de Dieu n'a d'égale que la vigueur et la constance de ses adversaires. Ferme, tranchant, truculent le plus souvent, le personnage est plutôt entier et systématiquement polémiste. Entièrement consacré à une besogne immense, il n'a visiblement ni le temps ni la patience de reprendre avec « douceur et tempérance » ceux qu'il trouve en travers de sa route. L'homme demeure complexe, capable d'élans sentimentaux, d'émotions profondes et d'une sensibilité à fleur de peau, il peut aussi devenir intransigeant et d'une sévérité de jugement à toute épreuve. Gare à ceux qui s'y frottent. Il n'en faut d'ailleurs pas beaucoup pour susciter l'ire du maître. Ou la sévérité de ses jugements. Pas de pitié pour les médiocres et les importuns. Les recalés, idiots, nuisibles et êtres malfaisants sont légions dans le vocabulaire de Calvin. Et dans les combats qu'il mène au quotidien. Les « chiens » et les « pourceaux » qu'il poursuit de sa vindicte ne manquent pas... Immense bestiaire, dont voici quelque aperçu.

LES « CHIENS MORTS »

Alors qu'il débarque à Genève, il se trouve immédiatement confronté aux deux pasteurs qui administrent l'Église, Jacques Bernard et Henri de la Mare. Autant dire que ces deux-là ne feront pas long feu dans les parages. Calvin en brosse un portrait pour le moins expéditif, « l'un de nature emportée ou plutôt sauvage, n'est pas accessible aux bons conseils ; l'autre, fourbe et rusé, tout gonflé de mensonges et d'astuce, tous les deux ignorants autant que vaniteux. Au défaut de savoir s'ajoute le défaut de soin et de sollicitude, car ils n'ont pas songé, même en rêve, à ce que c'est que de diriger une Église[2] ». Les deux pasteurs ainsi « habillés » ne tarderont pas à quitter la ville.

Plutôt lucide sur lui-même, Calvin admet qu'il éprouve quelque peine à transiger et à trouver des compromis avec ceux pour qui il ne ressent pas d'affection particulière. Ainsi, lorsqu'il rencontre le Conseil de Genève, il reconnaît qu'il lui en coûtera beaucoup d'accepter les compromis réclamés. Il y consent parce qu'il lui faut bien « acheter la paix ». Des compromis qui ne sont pas, avoue-t-il, dans son tempérament. Il joue cependant la modération pour retenir, dit-il, la méchanceté de ses adversaires. Et conclut, sans illusions, par des paroles d'une violence réelle : « À quoi aurait servi d'insulter des chiens morts[3] ? »

Quelques mois après son retour à Genève, deux nouveaux pasteurs viennent combler les vides, Philippe Ozias et Pierre Blanchet. Calvin les soumet à un examen de prédication qui le satisfait. Mais voilà que dans une lettre à Viret, alors à Lausanne, il se plaint déjà des soucis que lui causent ses nouveaux pasteurs qui donnent des « signes de vaine gloire ». Autre souci — aux conséquences incalculables celui-lui — le nouveau recteur du collège nommé en juin 1541 se querelle avec un de ses maîtres. Son nom ? Sébastien Castellion. Celui qui deviendra — avec raison lors de l'épisode Michel Servet — le juge le plus sévère et déterminé du réformateur de Genève.

Castellion, pour l'heure, se dispute avec Pierre Musard qui n'est autre que le beau-frère de Calvin. Ennuyé par cette polémique publique et familiale, il tente d'arbitrer le conflit et de ne pas trop l'ébruiter. En vain, toute la ville en parle. Calvin entretient toutefois depuis leur rencontre à Strasbourg une relation confiante et amicale avec Sébastien Castellion. Ce dernier vint à lui à Strasbourg attiré par « la clarté et la nouveauté » de *L'Institution de la religion chrétienne*. Il rejoint Calvin alors qu'il est encore étudiant. Comme de nombreux jeunes intellectuels humanistes, il souhaite s'attacher aux pas d'un maître. Ce sera Calvin. Il décide de s'installer à Genève où, sur les conseils de Farel, il est nommé recteur du collège de Genève. Rien n'altère la confiance réciproque jusqu'à cette « fâcherie » avec Pierre Musard. Mais un épisode plus grave a lieu quelque temps plus tard. Castellion, versé dans l'étude du grec ancien, désire publier une nouvelle traduction du Nouveau Testament. Il soumet son manuscrit au maître qui ne se gêne pas pour critiquer le style et le mauvais français du texte. Calvin raconte lui-même l'épisode dans une lettre à Farel : « Apprends maintenant les fantaisies de notre Sébastien qui obligent à la fois à rire et à se mettre en colère. Alors qu'il me demandait si j'acceptais de laisser paraître sa traduction du Nouveau testament, je répondis que l'œuvre avait besoin de nombreuses corrections[4]. »

Castellion insiste, argue des modifications déjà apportées. Calvin accepte finalement, proposant, en accord avec l'imprimeur, d'apporter lui-même les dernières corrections. Castellion se raidit et propose non de se soumettre à cette solution qu'il juge humiliante, mais à une lecture devant Calvin de son manuscrit. Refus de ce dernier. « Je l'avertis que jamais, quand il me donnerai cent couronnes, je ne consentirais à me lier à des rendez-vous à heures fixes, et ensuite à disputer parfois pendant des heures sur un seul petit mot. C'est là-dessus qu'il s'est éloigné, attristé à ce qu'il m'a semblé[5]. »

Calvin a bien perçu la tristesse de son interlocuteur, il semble regretter l'issue. Mais pas question de transiger. « Je ne te citerais qu'un exemple, écrit-il à Farel. Où il y a : "l'esprit de Dieu qui habite en nous", il a mis "hante en nous". Or "hanter" en français ne signifie pas "habiter", mais "fréquenter". Cette erreur d'écolier suffirait à discréditer le livre. Et moi, je devrais dévorer en silence de telles inepties[6] ? »

Pas franchement pédagogue, ni extrêmement patient, l'auteur de *L'Institution*.

Dès sa trentième année, et plus encore depuis son retour à Genève, Calvin fait montre d'une assurance et d'une intelligence dont l'agilité et la précision sont exceptionnelles. Un esprit déjà aiguisé et acerbe qui va éprouver au fil du temps les pires difficultés à supporter ses interlocuteurs ou contradicteurs. Dureté, intolérance, intransigeance et manque de la plus élémentaire charité chrétienne ? Probablement. Mais son irritabilité et sa verve acerbe donneront cependant à la littérature française quelques pièces plutôt réjouissantes. Du moins tant que la vindicte de Calvin ne passera pas les bornes des appels à la répression. S'agissant là d'une autre histoire, grave, celle-là, que nous verrons plus loin.

UN CERTAIN BÉLÎTRE, ANTOINE CATHELAN

Le genre littéraire le plus couramment utilisé de Calvin est celui du pamphlet. Vigoureux et enlevés, ses textes ne manquent souvent pas de sel. Voire de formules grivoises. Les mal-pensants ou agissants visés n'ont qu'à bien se tenir, maître Calvin ne mégote pas ses avertissements.

Tel ce fameux texte qui se trouve dans le *Recueil des opuscules* de Calvin publié en 1566 par Théodore de Bèze adressé au « Preux Catelan Fripelipes, Grand docteur, grand mâcheur de tripes ». L'objet ne laisse en tout cas pas vraiment de place au doute : *Réformation pour imposer silence à un certain bélître nommé Antoine Cathelan, jadis cordelier* d'Albigeois.* Les intentions rédactionnelles sont limpides, réduire au silence l'importun. Le titre est déjà ironique, « réformation » est un terme ecclésiastique. Il s'agit, dans le cas d'une « réformation » d'un monastère, de corriger les conduites déviantes des moines en les ramenant à la règle initiale. Ce cordelier est en réalité une des figures courantes des débuts de la Réforme, celle de ces nouveaux adhérents qui proviennent des monastères et des couvents des ordres mendiants. Ils peuvent être encore de ces prêtres séculiers qui choisissent de mener quelque fonction ecclésiastique dans le cadre des nouvelles institutions réformées. Des recrues dont les responsables protestants d'ailleurs se méfient. Ces clercs de l'ordre ancien n'étaient pas toujours, en effet, motivés par les seules intentions spirituelles. Il s'agissait le plus souvent d'échapper aux rigueurs des règles du monachisme, de se marier quand ils vivaient en

---

* Les cordeliers albigeois sont une branche de l'ordre des Franciscains originaire d'Albi, ainsi appelés à cause de la corde qui serrait l'habit de ces religieux.

concubinage ou de poursuivre professionnellement une prédication désormais « évangélique » dont les ordres mendiants étaient, en quelque sorte, des spécialistes. Ces motifs personnels et quasi professionnels, couplés à la mauvaise réputation de ces anciens moines ou clercs, rendent leur réorientation complexe... Pas toujours faciles à recycler, les « bougres » ! Calvin emploie ce terme dans l'acception qui était celle du XVIe siècle, du nom de ces hérétiques que l'on assimilait aux albigeois et qui étaient suspectés par la populace de se livrer à la débauche et à des désordres infâmes. Cathelan accumule, selon les dires de Calvin, les plus lourdes tares, concubinage, mensonge, ignorance et crasse ! Un pauvre sire que le Réformateur traite dans son adresse de « paillard, ivrogne et instable », sobriquets usuels de la littérature polémique contre les cordeliers ou les moines mendiants de l'époque. Le texte de Calvin débute ainsi :

« Combien qu'aujourd'hui beaucoup de sottes bêtes se mêlent de brouiller le papier [...] toutefois, à grand-peine trouvera-t-on qui surmonte un certain bélître [mendiant : par extension, homme de rien, sot] nommé Antoine Cathelan, jadis cordelier en Albigeois, à présent se disant prêtre séculier. Lequel toutefois se cuidre faire valoir, dégorgeant à la volée contre nous toutes les injures qu'il peut forger et faisant gagner quelque imprimeur affamé, à en infecter le monde moyennant quelque écot qu'il en a pour son butin. » Rappelant les circonstances de l'arrivée de ce Cathelan à Genève, Calvin écrit : « C'est qu'étant arrivé à Genève en la compagnie d'une putain qu'il traînait partout, il commença par demander l'aumône, s'offrant toutefois à enseigner les enfants en arithmétique et chiffre [...]. Les gestes et les propos de la damoiselle montraient bien qu'elle avait trop hanté le monde ; car il n'y avait celui par tant assuré auquel elle ne fît honte par son impudence... » Le pauvre Cathelan est affublé au cours de la diatribe calvinienne de tous les sobriquets possibles et imaginables, « bête, rustre, tavernier, marmiton de cloître, vilain, gueux, maraud, badaud [...]. Mais quoi sa rogne lui cuit toujours qu'on ne l'a voulu ici recevoir avec sa bonne compagnie ? » Les critiques de Cathelan qui portent sur l'eucharistie, le baptême, la sanctification du croyant, la messe... sont toutes vertement renversées. « Pour le moins, on trouvera trois cents passages en mes livres où je réfute ces erreurs [...] et ce vilain gueux de l'hôtière, en rotant le vin qu'il a bu, cuide persuader que vessies sont nuées. Combien possible qu'il a dit ce qu'il pensait, ne sachant rien de ce que je dis, sinon comme un bon pilier de taverne[7]. »

L'impudent controversiste n'avait pas compris grand-chose aux idées de Calvin. Mal lui en a pris de le faire savoir par écrit. Ce que Calvin a le plus de mal à pardonner : qu'on ternisse ou déforme ses propos. Mais c'est peut-être dans ces pamphlets qu'apparaît le plus naturellement le quotidien du réformateur à Genève. Bataillant, vibrant d'intelligence et de ce style mordant, à la fois féroce et plein d'humour. Certes, la placidité ou l'irénisme évangélique ne peuvent être comptés aux vertus du réformateur genevois. Restent la fougue spontanée et brillante, l'argumentation biblique sans failles apparentes. Bref, un brillant esprit plein de sève et de vie, très loin de cette caricature de l'homme froid, terne et épuisé par ses longues veilles d'étude.

Les « marmitons de cloître et vilains gueux », en ont pour leur compte. Restent encore quelques fieffés coquins auxquels le Réformateur ne va pas manquer de s'attaquer. Particulièrement odieux à ses yeux — et ennemis irréductibles à Genève — seront les « libertins ». Qui sont-ils ? Que cherchent-ils ? Et pourquoi tant de haine contre cette « secte la plus pernicieuse et exécrable qui fut oncques au monde[8] » ?

LES « FRIPERIES » DES LIBERTINS

Les libertins, selon Calvin, ne sont pas tant des débauchés que des esprits libres qui tirent plus loin que les réformateurs les conséquences de la nouvelle foi. Si Dieu sauve par grâce et selon sa miséricorde infinie, quel besoin ont les hommes de se soumettre à toutes sortes de lois bibliques ou civiles ? Si Dieu accomplit gratuitement le salut des hommes, les délivre de l'emprise de l'Église et de ses admonitions, quel besoin d'une autre loi que celle de l'amour et de la liberté ? Mieux, si l'on suit Calvin dans sa doctrine de la prédestination, tout est à Dieu, le mal, le bien, en faisant le bien ou le mal nous coopérons en quelque sorte à l'œuvre de Dieu : « Ils prétendent à ce seul but, d'ôter discrétion du bien et du mal [...]. Bref sa mortification est de ne plus connoître ni bien, ni mal, mais se laisser mener, et puis dire que tout va bien, car Dieu l'a fait⁹. »

C'est du moins ce que le Réformateur reproche à ce franciscain qui semble jouir d'une bonne réputation auprès de l'Église réformée qui se tient à Rouen. La lettre de Calvin adressée aux frères de cette ville les met en garde très sévèrement contre un « certain cordelier », qui est détenu prisonnier à Rouen. Cordelier, qualifié joliment de « faux hérétique », entendu que l'hérésie est une vraie qualité pour un fidèle du véritable Évangile :

> Il ne sait qu'une chanson sur laquelle il retombe toujours, c'est : puisque Dieu est auteur de toutes choses, il ne faut plus distinguer entre le bien et le mal ; mais que tout est bien fait moyennant que nous ne fassions scrupule de rien. J'entends qu'en blasphémant ainsi il est favorisé beaucoup de gens, et même d'aucunes femmes d'état, lesquelles le tiennent pour leur grand mignon. Dont il est facile de juger qu'il y a de bonnes Galloises coiffées de chaperons de velours, pour être putains honorables. Car si elles avaient une seule goutte d'honnêteté et qu'elles ne fussent du tout effrontées, elles auraient horreur d'avoir accointances avec lui, mais pour ce que j'ai entendu qu'il y en a aussi aucuns simples qui sont abusés en lui de prime face, je vous ai bien voulu envoyer cet avertissement pour découvrir son venin, afin que chacun s'en donne garde¹⁰.

C'est en partie le combat de l'apôtre Paul que reprend ici Calvin. Une discussion traverse les différentes lettres de saint Paul, celle de l'obéissance à la Loi. Ceux qui sont délivrés de la condamnation qui pesait sur eux à travers la Loi ne peuvent faire de cette délivrance une sorte d'oreiller de paresse spirituelle. Deux écueils doivent être évités pour les croyants de la nouvelle voie, ceux qui suivent le Christ Jésus : retourner à la stricte soumission aux préceptes de la Loi et rendre caduque la Croix du Christ et la délivrance accordée par ce sacrifice ou, à l'inverse, au prétexte de cette libération, se conduire comme si la Loi était abolie et la liberté de conduite totale. Dans les premières communautés chrétiennes fondées par l'apôtre Paul, la polémique avec la synagogue tourne autour de ces questions.

La situation, pour n'être pas identique, semble en partie recouper les préoccupations de Calvin. La Réforme est, en effet, soumise de toutes parts à une critique radicale sur le thème de ses mœurs dissolues. Calvin lui-même est accusé par la polémique catholique de toutes sortes d'abus et de prévarications d'ordre pécuniaire ou sexuel. L'Église de Genève ne serait, selon quelques auteurs contemporains, qu'un lieu de débauche et de luxure. Calvin connaît ces attaques et n'a de cesse de les contrer par la rectitude de ses actions, de sa vie ou de son enseignement. Si la Réforme cède à cette tentation libertaire, c'en est fini, pour Calvin, de sa mission et de son avenir dans la chrétienté. Elle se doit d'être exemplaire et déterminée, autant que faire se peut, à combattre le mal. Ainsi de cette fameuse querelle à propos du jeu de quilles.

En mars 1551, le Réformateur se plaint que l'on s'adonne au jeu de quilles, particulièrement nocif quand cela se passe pendant le sermon des pasteurs et, pis encore, les dimanches où la Cène est célébrée. Dans le même ordre d'idée, les exercices de tirs à l'arbalète ou à l'arc doivent cesser au moment du prêche... Les jeux de rue des enfants sont, eux aussi, proscrits les dimanches matin à l'heure du culte. Mais pourquoi une telle sévérité ? Il faut prendre des mesures déclare le Conseil de Genève « vu le scandale que les papistes pourraient prendre de ce que pareil jour il y a si communément jeu de quilles par toutes les rues et autant des autres lieux[11] ».

Donner une image pure de la Réforme et ne pas prêter le flanc aux critiques communément répandues devient l'obsession des réformés genevois, Calvin en tête. Mais cette ligne est une crête difficile à tenir quand le même Calvin enseigne « la connaissance de cette liberté qui nous est très nécessaire. Car si elle nous fait défaut, explique-t-il, nos consciences jamais n'auront repos et sans fin seront en superstition. Il paraît aujourd'hui à beaucoup de gens que nous ne sommes mal avisés d'émouvoir une discussion qu'il soit libre de manger de la viande, que l'observation des jours et l'usage des vêtements soit libre, et de tels fatras, comme il leur semble ». Et d'ajouter : « [...] car, dès qu'une fois les consciences se sont bridées et mises aux liens, elles entrent dans un labyrinthe infini et en un profond abîme, dont il ne leur est pas facile de sortir[12]. »

Cette liberté ne doit pas devenir prétexte aux abus, elle doit être, selon l'expression de Calvin « tenue » par l'amour du prochain, la prise en compte des faibles et les choses de soi « bonnes ou mauvaises ». Le Réformateur est d'autant plus rigoureux et sévère que l'attitude libertaire pourrait bien être une des conséquences de l'enseignement de la Réforme. À Genève, tout autant qu'en Allemagne au temps de Luther, la Réforme a libéré d'énormes espoirs. Mais ce vent de liberté qu'elle porte peut devenir aussi un vent de désordre. Dans son *Traité des scandales*, Calvin aborde directement cette question. Il craint, comme Luther, l'insubordination sociale des peuples gagnés à la Réforme. Mais aussi l'arrogance théologique de tous ceux qui usent, avec une trop grande indépendance, de ce droit à la parole et à la réflexion ainsi conquis. Pour Calvin, il faut jouir de cette liberté, mais sans devenir « insolents et hautains ». Et d'expliquer : « Non sans cause, les apôtres admonestent souvent si souvent qu'on use sobrement et en toute modestie de la liberté chrétienne, de peur qu'elle ne soit tournée en licence de la chair[13]. » La liberté chrétienne ne doit en rien cautionner l'anarchie. Les « libertins » apparaissent donc clairement comme une menace pour l'Église réformée.

En réalité, il faut distinguer deux catégories de « libertins » dans le vocabulaire de Calvin. Il utilise le terme pour désigner ces sectes d'inspirés qui ne revendiquent pour eux-mêmes que le qualificatif de « spirituels ». Considérés comme des anabaptistes soi-disant inspirés, Calvin les voit comme une menace pour la Réforme. Et se comporte à l'imitation d'un chef religieux inquiet face aux débordements. Il s'agit pour lui d'une machination du diable pour faire échouer et anéantir la nouveauté de l'Évangile. « Ils sont comme des empoisonneurs, meurtrissant les pauvres âmes sous ombre de les paître et leur présenter bonne viande. Davantage puisque Satan ne cesse de machiner par tous moyens la dissipation de cette sainte unité que nous avons en notre Seigneur Jésus par sa parole[14]. » Calvin leur reproche sur le fond de confondre ni plus, ni moins l'homme et la bête. Leur but explique-t-il est de tout confondre, et le ciel et la terre, et le bien et le mal, la connaissance et l'erreur... de là à les insulter, il n'y a qu'un pas que Calvin franchit allégrement en les traitant de « pourceaux ».

Si le prétexte en va un peu différemment pour le « parti des libertins » de la ville de Genève, la punition est identique. Il ne s'agit pas là non plus, comme le terme pourrait le laisser supposer, de libertinage sexuel. Le problème est plutôt d'ordre politique ou sociétal. Plusieurs familles genevoises et non des moindres, les Perrin, les Favre, les Berthelier, tous éminents membres de la bourgeoisie et influents Conseillers, ne supportent plus la tutelle du Français. Ces étrangers, ces messieurs les ministres, venus imposer une nouvelle loi d'airain à Genève, sont l'objet de critiques de plus en plus acerbes. La population, celle des rues, des cabarets, via les chansons à boire et les rumeurs les plus folles de tavernes, se gausse de plus ouvertement du grand homme. Ici, on s'en prend directement à la trop grande rigueur des pasteurs et de Calvin. On ne réclame non point de liberté spirituelle, mais la liberté de vivre, de se vêtir, de manger, de boire, de s'amuser, bref, une permissivité plus grande. Le peuple s'impatiente devant les interdictions multiples et ces convocations devant le Conseil... Qui, pour un goût trop prononcé des vêtements d'apparat, qui, pour délit de bonne chère, affection pour les danses populaires et autres réjouissances...

On ne prive pas impunément, fût-ce sous le prétexte d'une mission divine, un peuple de ses plus rudimentaires libertés. Les revendications incessantes de certains partis genevois vont dans le même sens. La ville se rebiffe contre un ordre moral qu'elle n'a pas forcément choisi avec l'adoption de la Réforme. Le conflit est inévitable. D'un côté, on s'inquiète de la réputation de la Réforme, de l'autre on aspire à une vraie liberté, promise ou pas par l'Évangile. Au cœur du conflit, les familles patriciennes menées par Ami Perrin. Calvin n'a pas de mots assez durs contre celui qu'il appelle « notre César comique ». Un homme imbu de sa personne, de son pouvoir et de ses prérogatives qui n'affectionne rien tant que parader en grand apparat dans les rues de la ville et sur les bords du Léman. Pour le Réformateur, il est quasiment impossible de laisser faire, l'Évangile est une doctrine de vie qui doit posséder entièrement l'âme et avoir son siège et réceptacle au fond du cœur. L'homme réformé recherche, non pas des choses qui l'agrée, mais celles de Dieu. Certes, l'homme ne parviendra jamais à la perfection, mais il peut, par l'observation de la loi, s'efforcer d'ordonner sa vie conformément à la volonté de Dieu. Calvin lutte de toutes ses forces pour faire de Genève un lieu de progression individuelle de la vie morale, mais aussi de l'avancement progressif du royaume de Dieu dans l'humanité. Impossible dialogue. Pour lui, ces « libertins » ont choisi le Christ, mais veulent régner sans Christ.

De leur côté, les libertins complotent ouvertement. Ils étouffent dans cette ville soumise. En fait de la vision spirituelle et universelle, ils ne perçoivent qu'un ordre autoritaire, restrictions des libertés, polémiques, dénonciations au Magistrat... Rien de très exaltant pour ces femmes et ces hommes, visiblement dépassés par l'enjeu, mais déçus aussi par cette République réformée strictement encadrée et contrôlée. La révolte prend un tour xénophobe, ce sont ces « maudits Français » et leurs doctrines sévères qui sont à l'origine de toutes les difficultés et tumultes qui secouent la ville, clament-ils. Lassés d'être accusés de « paillardise » et menés par ces ministres « qui sont venus de France », ils tentent de renverser l'influence trop imposante de Calvin. Instigateur d'un complot ourdi en lien avec le nouveau roi de France Henri II — réel ou pas ? —, Ami Perrin perd, en tout cas dans l'affaire, son crédit et ses charges de Conseiller et de capitaine général de la ville. Le conflit s'achève par la confusion des principaux chefs libertins. La plupart fuient la ville, d'autres sont condamnés. Et l'un d'entre eux, Jacques Gruet, un homme « teinté d'athéisme » qui tournait la Bible en ridicule et s'emportait contre « ces foutus prêtres renégats » de Genève aura la tête tranchée. L'opposition des libertins est provisoirement brisée. Elle reprendra cependant quelques années plus tard, dès 1553.

Ces libertins et autres épicuriens causeront grands soucis, peines et désespoirs au Réformateur. Plus importantes encore, confesse-t-il à un correspondant, que celles venues des « papistes ». Faut-il vraiment le croire ? Calvin n'apaisera pas ses flèches contre ces sournois ennemis de l'intérieur. Mais ses plus violentes et dures attaques seront invariablement destinées à l'Église de Rome, ses pompes, ses errements et ses superstitions. La verve polémique de Calvin n'est jamais aussi vive et réjouissante que dans ses critiques contre l'immuable ordre catholique et romain. Une verve qui fait ainsi merveille dans un de ses plus fameux *Traité*, celui réservé aux cultes des reliques. Un plaidoyer radical, iconoclaste et quasi libertaire pour le coup !

LE « LAIT DE LA VIERGE » ET LES RELIQUES CATHOLIQUES

À la différence de ses autres exposés doctrinaux rédigés en latin, Calvin s'attelle à la rédaction de ce *Traité des Reliques* en français. Le latin vise un public cultivé et instruit de la casuistique des savants, la langue vulgaire, elle, désigne le grand public. *La Défense de la doctrine du serf arbitre* dirigée contre le catholique Albert Pigge, publiée la même année 1543, se situe sur le terrain de la polémique érudite. Pas le *Traité des Reliques* destiné, lui, au grand public.

Le texte français de ce petit opuscule donne l'impression d'avoir été rédigé d'une seule traite dans une sorte de bonne humeur, de légèreté et de férocité communicatives. Considéré parfois comme un des tout premiers grands écrivains français, Calvin consigne ce court texte dans une magnifique langue imagée, légère et truculente. Une langue qui mérite de figurer entre Rabelais — qu'il n'aime pourtant pas et traite de « rustre » — et Montaigne. Une langue française, dont il ne cache pas l'attrait et la beauté, qu'il souhaite toujours plus précise et transparente. Une qualité qui nous permet d'ailleurs de pouvoir la lire et l'apprécier cinq siècles plus tard.

L'argumentaire, sur le fond, ne souffre pas d'ambiguïtés « au lieu de chercher Christ en sa Parole, en ses sacrements et en sa grâce, on s'amuse à ses robes, ses cheveux et ses drapeaux[15] ». Le culte des reliques est mauvais en soi car il détourne les fidèles de la véritable adoration de Dieu. Même argument et même punition en ce qui concerne les saints, les apôtres ou Marie, mère du Seigneur. Le croyant peut méditer sur leur piété, prendre exemple sur leur fidélité ou leur foi, mais le culte ou la piété à l'égard des reliques est une idolâtrie. Confondre les créatures, ou leurs restes, avec le Créateur est la définition même de l'idolâtrie. L'argument selon lequel les reliques des saints doivent être honorées, non pas à cause d'elles, mais à cause de Dieu, est pour lui sans fondement. Mais l'argument principal de Calvin n'est pas d'ordre théologique ni métaphysique. Il s'agit de simple bon sens. Et d'observation. En fait de reliques, il ne s'agit que de faux. Un simple catalogue et recensement, même partiel, des reliques vénérées dans la chrétienté occidentale suffit à réduire à néant ces pratiques.

Commençant par les reliques de Jésus-Christ, lui-même, Calvin aborde en un « ordre descendant » celles de la Vierge Marie — qu'il traite avec respect et déférence —, de saint Michel, de saint Jean-Baptiste et tous les saints de France et d'Europe… Sur ces reliques, trois questions de bon sens sont posées : comment une seule et même relique peut-elle être conservée en plusieurs endroits ? Que penser de ces différentes églises qui prétendent toutes posséder la véritable relique ? Est-il sérieux, ou historiquement fondé, de croire que tel ou tel objet — un morceau de la robe du Christ par exemple — ait pu être conservé et utilisé dés l'origine comme relique ? Impossible de découvrir aujourd'hui des « morceaux de la robe du Christ », explique Calvin d'autant que le récit évangélique précise que les soldats n'ont pas osé la diviser.

L'objet du Réformateur est dans le titre complet de l'ouvrage *Avertissement très utile du grand profit qui reviendrait à la chrétienté, s'il se faisait inventaire de tous les corps saints, et reliques, qui sont tant en Italie, qu'en France, Allemagne, Espagne et autres royaumes et pays*. Mais l'argument principal tient au style. Humour, verve impitoyable, sarcasmes. Il y a du Voltaire et de la férocité du Diderot de *La Religieuse* dans cet inventaire burlesque des reliques. Et surtout, de l'absurde.

Du saint prépuce aux vrais morceaux de la croix, du vrai linceul aux hosties qui saignent, en passant par « la forme des fesses du Christ[*] » qui sont à Reims, que d'imposture ! Et que de réjouissances ! Et tout à l'avenant : la colonne contre laquelle s'appuya Jésus enfant dans le Temple de Jérusalem, les nombreuses cruches de Cana, les souliers ou les sandales — on ne sait — de Jésus, le couteau qui a servi à couper l'agneau pascal, le linceul avec lequel « Jésus torcha les pieds de ses apôtres »... Toutes ces reliques se trouvent en plusieurs exemplaires dans des lieux aussi incongrus qu'Aix-la-Chapelle en même temps que Saint-Jean-de-Latran à Rome. Calvin recense plus d'une dizaine de clous de la Croix et un grand nombre d'épines de la couronne... sans oublier, le « merveilleux saupiquet » de poisson du lac de Tibériade. « Les dernières reliques qui appartiennent à Jésus-Christ sont celles qu'on a eues depuis sa résurrection, comme un morceau du poisson rôti que lui présenta saint Pierre, quand il s'apparut à lui sur le bord de la mer. Il faut dire qu'il était bien épicé, ou qu'on y ait fait un merveilleux saupiquet, qu'il ait pu garder si longtemps[16]. »

Jusqu'à cette irrévérencieuse notule à propos du lait de la vierge. Évoquant les lieux innombrables

---

[*] « Mais la relique la plus fériale de cette espèce est la forme de ses fesses qui est à Reims, en Champagne, sur une pierre derrière le grand autel. Et disent que cela fut fait du temps que notre Seigneur était devenu maçon pour bâtir le portail de leur Église », Jean Calvin, « Traité des Reliques », *Œuvres choisies* d'Olivier Millet, *op. cit.*

à posséder comme relique une fiole du véritable lait de la Vierge, Calvin note « tant y a que la Sainte Vierge eût été une vache et qu'elle eût été nourrice toute sa vie à grand-peine en eût-elle pu rendre une aussi grande quantité[17] ». Pauvre Vierge, s'écrie même Calvin. « C'est merveille, puisqu'ils ne pouvaient avoir autre chose du corps, qu'ils se sont avisés de rogner de ses ongles et de choses semblables. Mais il faut dire que tout ne leur est pas venu en mémoire[18] ».

Triste, Calvin ? Pas franchement. Il se reprend d'ailleurs au cours de son exposé et avoue quitter de temps en temps ce mode comique. Il note parfois : « Mais sans risée, est-il... ? » La moquerie relève aussi chez lui de la pédagogie. Persifler vaut mieux parfois qu'argumenter. Ce bric-à-brac surréaliste de reliques, ce bricolage hétéroclite de dévotions et de prières parle tout seul. Aucune nostalgie d'enfance, ni de pitié respectueuse pour la pauvre foi de ces milliers de fidèles. Moins encore pour lui-même qui participa avec sa mère à ces dévotions. Ce n'est d'ailleurs que dans ce court texte qu'il évoque un certain épisode de son enfance. Il se revoit accompagnant sa mère à la fête de Saint-Étienne. Et à propos de Sainte-Anne dont les bouts de corps seraient dispersés d'une extrémité à l'autre de la chrétienté : « Il me souvient que j'en ai baisé une partie en l'abbaye d'Ourscamp près de Noyon, dont on fait grand festin[19]. »

L'ironie acerbe qu'il utilise cacherait-elle une subite émotion ? Peut-être. Mais il a appris à se déprendre de toutes ces affections rituelles, de cette piété moyenâgeuse et infantile. Il faut régler son compte à ce passé et à toutes ses errances. Cette religion-là n'en est pas une. Il ne s'agit que de superstitions et de manipulations des âmes. Car, aussi incroyable que cela puisse paraître, l'inventaire de Calvin semble bel et bien attesté. Sans qu'il soit possible de connaître ses sources pour compiler cette incroyable liste, les historiens s'accordent à constater que les renseignements données par Calvin sont exacts[20]. Dans ce combat de la raison et de l'intelligence contre la crédulité et les superstitions, comment ne pas trouver chez Calvin des accents anticléricaux d'une réelle modernité ? Et ne pas souscrire à sa dénonciation vigoureuse de l'imposture et des manipulations pour dominer les consciences et asservir le cœur des fidèles ?

Dans le même esprit, et la même veine satirique, Calvin publie en 1549, un *Avertissement contre l'astrologie qu'on appelle judiciaire et autres curiosités qui règnent aujourd'hui au monde*[21]. Imperturbablement rationnel et logique, Calvin y défend une conception de la vie religieuse réfléchie et fondée sur l'étude et l'exégèse des textes à l'opposé de cette religiosité diffuse vaguement menaçante des astrologues. Ce déterminisme du ciel s'oppose radicalement à la mystérieuse providence de Dieu qui régit le monde. Une pratique astrologique qui, pour Calvin, confond les créatures avec le créateur. Les étoiles sont des traces, des reflets de la grandeur de Dieu, mais ne portent pas en elles-mêmes de message pour la vie quotidienne des hommes. Elles ne doivent leur qualité qu'à Dieu. Leur étincelante beauté n'a d'autre but que de magnifier la création du Dieu vivant. L'avenir ne se lit pas dans les étoiles, l'avenir n'appartient qu'à Dieu. Calvin récuse totalement le caractère « judiciaire » de l'astrologie, comme si la disposition des étoiles et des planètes devait justifier tous les événements, bons ou malheureux, qui s'abattent sur les humains.

Logique, cohérent, esprit positif, humaniste et grammairien distingué, qui ne cherche que dans l'étude des textes réponse aux interrogations du monde, ce Calvin-là est assurément un moderne.

Mais ce Calvin à l'esprit libre et transgressif est pourtant capable lui aussi d'attitudes étonnamment obscurantistes. Calvin, esprit libre et rationnel, participe pourtant d'un monde barricadé et enfermé dans ses peurs. Parmi ces angoisses du temps, les épidémies de peste. Horrible carnage qui n'épargnait personne, frappait sans raison ni logique pour les esprits du temps et suscitait les pires réactions d'hystéries collectives et vengeresses. Les recalées seront ici, forme patente et tragique d'obscurantisme, ces femmes que l'on considère comme « sorcières ».

SORCIÈRES

La peste est endémique au XVIe siècle et dans les siècles suivants. Elle constitue un des facteurs de la vie quotidienne. Dans une ville où les réfugiés affluent, l'exigüité du territoire se fait d'autant plus sentir. Et rend inéluctable la contagion rapide de la maladie. La peste survient en moyenne tous les dix ans. Parfois, elle s'étend sur plusieurs années, semble s'apaiser l'hiver venu, pour renaître encore plus violemment au printemps et à l'été suivant. Autant préciser aussi qu'aucune médecine n'est alors efficace. On ignore l'origine du mal, sa diffusion exacte et surtout son remède. Mais tous savent qu'il s'agit d'une épidémie, d'où les accusations, les angoisses, l'hystérie collective qui s'empare de la population. Il suffit de se souvenir de ce que les épisodes de la « vache folle » ou de la « grippe aviaire » ont produit à l'époque moderne pour imaginer ce qui pouvait se passer dans les esprits tourmentés de la Renaissance. Les croyances populaires attribuaient systématiquement à Dieu ou au Diable l'irruption de la peste. Pestes, guerres, famines, épidémies de toutes sortes se prêtent à un déferlement d'explications surnaturelles auxquelles peu d'esprits échappent alors. Pas plus Calvin que d'autres.

Calvin se trouve une première fois confronté à la peste, à Strasbourg, qui emporte plusieurs de ses proches. En 1542, elle s'abat sur Genève. Les ministres, Calvin en tête, hésitent à se rendre au chevet des malades. Faut-il pour secourir quelques malades abandonner l'Église tout entière, si lui-même ou les pasteurs venaient à être touchés par le mal ? Le Conseil s'inquiète même un moment du manque d'enthousiasme des ministres pour secourir les malades. On les prie de désigner l'un d'entre eux. Ce qui est fait.

Mais le mal continue de faucher des vies, la vie économique est totalement paralysée. Les échoppes le plus souvent fermées par crainte de la contagion. La famine s'installe bientôt. Dans ce contexte, on ne sait réellement plus à quel saint se vouer. Les autorités impuissantes semblent dépassées, la prédication des pasteurs, pour réconfortante qu'elle soit, n'entrave en rien la progression du mal. Dans cet état d'angoisse et de malédiction, le moindre incident, la moindre incartade de l'un ou l'autre, et c'est un déferlement de haine et d'angoisse. Une véritable hystérie collective s'empare de Genève alors que le bruit court que certains « engraissent de peste » les serrures des maisons. Des malheureux, coupables ou non, sont traînés par les rues, dépecés et brûlés en place publique. On arrête ainsi deux femmes, un barbier et un hospitalier qui, dit-on, ont conclu un « pacte avec le Diable ». Les exécutions s'enchaînent, sans jugement. Les détenus refusent d'avouer malgré les tortures ? Qu'importe. Ils doivent apaiser la vindicte et l'angoisse du peuple. Sept hommes et vingt-quatre femmes ont ainsi péri dans ce funeste épisode. En juillet 1545, à Peney, une petite localité au bord du Rhône, des dénonciateurs affirment que plusieurs hérétiques sont à l'œuvre qui « gâtent bêtes et gens ». Après enquête, on procède à six arrestations. Tous les suspects sont soumis à la question. Sous la torture, deux époux avouent, ils sont condamnés au feu. Un autre captif est lui aussi questionné avec tant de zèle qu'il en a un bras arraché. Passé aux aveux dans un premier temps, il revient pourtant sur ses premières déclarations. Pour étonnant que cela puisse paraître, le Conseil, cette fois-là, consent à l'entendre et décide « seulement » de son bannissement. Les registres du Conseil reproduisent fidèlement les attendus et les diverses péripéties du procès. Rien ne trouble alors la bonne conscience de toutes les autorités politiques ou religieuses. Dans ce contexte, ce sont d'ailleurs les femmes qui sont particulièrement visées, car le siècle de la Renaissance a gardé l'héritage du Moyen Âge qui voit en elles les victimes privilégiées de Satan. Êtres « fragiles, impressionnables et nerveux », elles offrent un terrain de choix aux emprises du Diable.

Et Calvin dans tout ça ? Il partage visiblement l'angoisse de ses contemporains. On le voit intervenir pour adoucir le supplice de l'une ou l'autre femme accusée de sorcellerie. Mais sa voix forte ne s'étonne nullement de l'hallucination collective qui s'est emparée de la ville. Il participe lui-même à la curée et exhorte tout un chacun à propos des sorcières de Peney « à extirper telle race[22] ». Le sorcier, explique-t-il dans un sermon sur le Deutéronome, est un homme qui a délaissé Dieu et s'abandonne à Satan. « Il y a beaucoup de choses incroyables qu'on orra des sorciers. Et de fait, quand nous en oyons parler, nous devons non seulement frémir, mais être comme saisis d'angoisse [...]. Mais cependant connaissons que ce sont les vengeances de Dieu sur ceux qui l'ont délaissé[23]. »

Il croit comme les autres à une « conspiration » d'hommes et de femmes qui, pendant des années, se seraient employés à propager la peste dans la ville au moyen de « sortilèges ». Le Réformateur, par ailleurs si rationnel et lucide sur le monde et les hommes, celui qui ne craint pas de dénoncer l'idolâtrie, les superstitions ou la crédulité de ses contemporains, ne peut sortir de cet enfermement propre au XVIe siècle, celui de la complicité de la vie et de la mort.

Face au déferlement du mal et aux entreprises du Diable, la question ne se pose pas, il faut brûler les sorcières. L'interrogation, pour incongru que cela puisse paraître, ne s'est réellement posée que très tardivement au XVIe siècle. À la fin de la période médiévale se produit un phénomène collectif puissant où la croyance en Satan atteint des proportions inouïes. On admet alors comme un fait d'évidence que les pouvoirs du Diable sont réels et prégnants dans la vie quotidienne : envoûtements, capacités physiques supranaturelles. Les croyances sont marquées par cette sorte de contre-Église des sorciers fondée sur un pacte avec Satan. Un culte aux rites abominables, célébrés durant les sabbats. On évoque pêle-mêle des meurtres d'enfants, des sacrilèges, des rapports sexuels avec Satan... Autant dire que ces manifestations tout droit sorties du Moyen Âge révèlent une époque prise dans les rets d'un surnaturel quotidien.

Du XIVe au XVIe siècle se développe sous l'inspiration de l'Inquisition une « chasse aux sorcières » de la plus sinistre des mémoires. La sorcellerie servait, disait-on, de paravent aux deux tendances perverses qui, de tout temps, ont abêti les hommes : le désir de nuire et la lubricité. La sorcellerie était alors une sorte de mélange sulfureux alliant détraqués pervers et débauche. Le summum de l'horreur consistait assurément dans ces fameuses coucheries avec le Diable. La peine de mort était justifiée, selon les auteurs et les théologiens du XVIe siècle, par la condamnation biblique de la bestialité : coucher avec le Diable, c'est s'accoupler avec la bête. De la réalité de ces « coucheries et adultères » avec ou sans le Diable, on relève de nombreux témoignages dont le moins que l'on puisse dire est qu'ils brouillent toutes les pistes de la raison et de la déraison. Ces débats ne mettent pas vraiment aux prises alors les esprits éclairés et les défenseurs arriérés de thèses archaïques, mais reposent plutôt sur des querelles d'arguments. Les théologiens de la Réforme, dont Calvin, insistent dans leur condamnation de la sorcellerie sur la nécessité de « rendre un culte à Dieu seul », en évitant comme la peste toute idolâtrie. Le service du Diable s'apparente pour eux au paganisme. Pour tous, réformés ou catholiques, la sorcellerie existe bel et bien et déploie ses séductions car elle permet, selon l'avis de tous aussi, de guérir des maladies ou changer des destins. Mais il faut résister à cette tentation mortelle : « Dieu nous défend de nous adresser au Diable ni à ses suppôts, quelque conseil ou secours qu'ils nous présentent », écrira le pasteur Lambert Daneau en

1579 dans l'un de ses *Deux traités nouveaux, très utiles pour ce temps*[*]. Les esprits les plus éclairés, comme ce médecin du duc de Clèves, Jean Wier (1515-1588) qui juge inutile les bûchers et s'oppose « aux évêques brûleurs », n'en continuent pas moins à distinguer les vrais serviteurs de Satan des malades qui sont au plus les victimes et non les complices du démon. Pour Jean Wier, nombre de possédés ne sont que des malades mentaux « tourmentés par les vapeurs fumeuses de la mélancolie qui infecte le siège de l'Esprit[24] ».

Calvin n'a pas osé ou simplement imaginé entrer dans ce type de distinctions. Son combat pour assurer la place et la survie du message évangélique contesté et combattu de toutes parts ne valait pas le salut ou la sauvegarde de quelques sorcières. Esprit unique par sa finesse et la haute inspiration de sa pensée, pourfendeur des « superstitions » qui emprisonnent la liberté des hommes, il n'est pas allé sur ce point à la hauteur de sa vision théologique. Calvin apparaît ici comme un homme issu du Moyen Âge, sans vraie liberté à l'égard des angoisses de son temps. Calvin est l'héritier inquiet de ce singulier automne médiéval qui le poursuit et qu'il réfute pourtant. Il appartient tout entier à un passé trop proche pour être révolu en même temps qu'il déploie toute son énergie pour en sortir le monde d'alors. Un combat si absolu,

---

[*] Lambert Daneau, *Deux traités nouveaux, très utiles pour ce temps*. Le premier touchant les sorciers, auquel ce qui se dispute aujourd'hui sur cette matière est bien amplement résolu, augmenté de deux procès des greffes pour l'éclaircissement et confirmation de cet argument (Jacques Baumet, 1 vol. in-12, Paris, 1579).

intense, qu'il laisse sur son tracé même d'immenses zones encore dans l'ombre. Comme si dans cette lutte prométhéenne contre les forces d'ombre, des angles morts s'étaient mystérieusement maintenus.

Notons cependant avec le recul des siècles que les progrès de la rationalité n'ont certes pas été toujours ceux de l'humanité. Pas plus que la rationalité occidentale ne semble dénuée aujourd'hui encore de toute croyance parmi les plus extravagantes et irrationnelles à plusieurs siècles de distance.

Dépressions

> *Tout ce que nous disons leur est suspect. Même si j'affirmais qu'il fait jour en plein midi, ils se mettraient aussitôt à en douter[1].*

Années difficiles, dépressives, sinon régressives, que la fin de cette décennie qui a vu le retour de Calvin à Genève. C'est tout d'abord la situation internationale qui se retourne avec la défaite des princes protestants face à Charles Quint à Mühlberg. La victoire des forces catholiques de l'empereur germanique sur les forces luthériennes, commandées par Jean-Frédéric de Saxe, le 24 avril 1547, aura de lourdes conséquences sur l'avenir de la Réforme. C'est en tout cas l'inquiétude de Calvin à cette nouvelle. Les deux principaux membres protestants de la ligue de Smalkalde, l'Électeur Jean-Frédéric de Saxe et le Landgrave Philippe de Hesse, sont faits prisonniers. La victoire de l'empereur aboutit à un compromis, l'Intérim d'Augsbourg, le 30 juin 1548, que doit accepter en position de faiblesse Philippe Melanchthon le successeur de Luther, mort en 1546.

La situation est pourtant pire encore, à ce moment-là, en France. Le Parlement vient de créer une chambre exclusivement consacrée à la lutte contre l'hérésie luthérienne et réformée, dite la Chambre ardente. En avril 1545, un massacre épouvantable des dissidents vaudois a ensanglanté le Lubéron.

À Genève même, les menaces venues de France, ou de la Savoie proche, ne s'apaisent pas, loin de là. Mais ce sont les tensions avec le Magistrat qui se font par épisodes très vives. Le conflit interne prend des proportions jusque-là inconnues. Aux élections de 1548, deux partis s'affrontent : les partisans de Calvin dont la majorité sont français et suscitent de plus en plus de réactions xénophobes, et les Genevois de souche, sous la conduite du « libertin » Ami Perrin. C'est finalement ce dernier qui l'emporte. Le combat dure pendant six longues années. Au cœur du conflit : la distinction entre le glaive du Magistrat et le ministère de l'Église. Quels rôles, quels pouvoirs, quelle autorité confier à l'Église dans la cité ? Calvin et les siens s'emploieront à regagner auprès du Magistrat l'autorité de l'Église et l'indépendance du Consistoire. Non sans mal. Les chicanes et les querelles entre les uns et les autres ne cesseront jamais. La situation empire encore lors des élections de 1553 qui sont un triomphe pour l'opposition anticalviniste. Ami Perrin devient premier Syndic de la ville. Et les vexations ne tardent pas. Les pasteurs sont exclus du Conseil général. Au comble de l'exaspération Calvin écrit à l'ami Bullinger : « Tout ce que nous disons leur est suspect. Même si j'affirmais qu'il fait jour en plein midi, ils se mettraient aussitôt à en douter[2]. »

Au près et au loin, les oppositions théologiques et les attaques contre le réformateur de Genève, devenu célèbre très au-delà des frontières de la Suisse, ne vont que croître et embellir. Tandis que les responsabilités du Réformateur se développent dans toutes les directions, il est éprouvé de plus en plus lourdement dans sa santé. Et dans sa vie familiale. Tout d'abord par la perte d'un enfant en bas âge, puis par le décès de son épouse, Idelette de Bure.

Mais c'est l'ampleur de la tâche du Réformateur qui frappe en ces années. Un labeur multiforme, proliférant, sans limite de temps ni d'espace. Les registres du Conseil en portent la trace évidente, Calvin est de toutes les affaires, de toutes les discussions, de toutes les initiatives. De l'Église et de la Cité. Bâtir cette Genève réformée s'apparente peu à peu à une entreprise prométhéenne. Il s'agit ni plus ni moins pour lui que de reconstruire l'état de la première Église, celle des apôtres à Genève. Calvin intervient sans cesse auprès du Magistrat contre les dérives du « papisme » qui renaissent imperturbablement ici ou là. Telle femme ne prend pas la Cène et assiste à la messe en dehors de Genève, dit son *Pater* en langue « romaine ». Malgré les admonestations de Calvin, elle s'entête, refuse de reconnaître ses erreurs et dit que sa foi est bonne. Tel autre récite encore son *Ave Maria*. Un boucher se livre, lui, à des plaisanteries d'un goût douteux et parle « fort déshonnêtement en paroles paillardes ». D'autres encore font chanter pour eux des messes papistes à Annecy... C'est que l'acculturation calviniste n'est pas immédiate pour le bon peuple. Pas facile de séparer le bon grain de l'ivraie. La transformation mentale des fidèles suit un cours plus tortueux et moins transparent qu'espéré. L'idolâtrie des pratiques anciennes n'est visiblement pas facile à extirper. Ce temps qui s'étire en longueur décourage parfois le Réformateur qui s'en prend régulièrement dans ses courriers à la dureté de cœur de ses coreligionnaires de Genève. Il n'hésite pas parfois à se comparer à un « chien » aboyant pour faire entendre la voix de son maître que les femmes et les hommes de ce temps ont bien du mal à entendre. Son découragement va jusqu'à la remise en question de sa mission genevoise « Si je ne pensais qu'à ma vie et à mes intérêts privés, je m'en irais aussi tôt autre part[3] », écrit-il à son ami Bullinger à Zurich.

Mais comment ne pas être anéanti par l'ampleur de la tâche ? Va pour la lutte contre l'incrédulité, les superstitions, le « papisme », les hérésies et les déviants de tous acabits, mais Calvin veille aussi sur les unions maritales, les mœurs de tout un chacun, les affaires juridiques, politiques ou économiques de Genève... ! Il intervient en moyenne trois ou quatre fois par semaine devant le Conseil. Et sur tous les sujets. Réclame une ordonnance contre les paillards, les joueurs de quilles ou les danseurs, mais propose aussi avis et recommandations dans les relations étrangères de la ville, en même temps qu'il tempête contre toutes sortes de problèmes matériels que le Magistrat ferait bien de satisfaire, salaires, avantages en nature, conditions des plus pauvres... Il sait pourtant aussi remercier pour une attention, une action bénéfique à la ville ou à sa propre existence. Mais Calvin insiste régulièrement sur un point, il n'agit ni n'intervient pour lui-même ; il se veut le porte-parole, l'intermédiaire, celui qui rappelle la loi de Dieu et le message de l'Évangile, jamais celui qui ordonne et décide.

Pis encore, il est celui qu'on arrête dans la rue, interpelle et consulte à tout propos et à chaque instant de la journée. Certains le guettent à la porte de l'église où il prêche, d'autres n'hésitent pas à s'introduire dans sa maison pour l'interroger, lui demander « conseil » ou le prendre à partie... Nicolas de Gallard, qui met en forme ses notes sur le prophète Isaïe, raconte dans la préface du livre qu'il a éprouvé les plus grandes difficultés pour mettre à part dans la journée quelques brefs instants de calme. Impossible de soumettre à Calvin corrections, modifications ou commentaires. Il n'a pas un seul instant de répit. Il s'en plaint d'ailleurs amèrement dans ses lettres. Le temps lui manque, en effet, pour écrire, étudier et prier. Car son activité principale demeure la prédication et le commentaire de l'Écriture par ses sermons, études bibliques, son immense correspondance avec l'Europe entière et ses écrits théologiques.

C'est une sorte de forçat de l'Évangile qui apparaît à la lecture de son emploi du temps. Incapable de répondre à toutes les sollicitations, mais ne négligeant aucune d'elles. Ses journées, commencées tôt à six heures le matin, s'achèvent tard le soir où vient le temps de la prière à Dieu. Sa vie est alors un effort difficile, un effort qu'il veut au service de Dieu. Il ne s'appartient quasiment plus tant ses journées sont pleines. Il confesse au même Bullinger être « tout à fait épuisé par les écritures continuelles » auxquelles il se livre. À tel point qu'il avoue « un dégoût et une haine des lettres[4] ».

Avec le temps sa correspondance s'est évidemment étoffée. On lui écrit de France, d'Allemagne ou d'Angleterre, jusque de Lituanie ou de Russie. Les voyageurs en quête de conseils, avis et appuis débarquent de France, d'Angleterre, d'Écosse. Tous veulent se rendre compte de la réalité de cette réformation de la foi chrétienne, l'évaluer, la discuter ou la critiquer au besoin. Et s'adressent donc à Calvin qui tente de tous les recevoir. Mais il se doit aussi à ses amis, proches ou lointains, qu'il veille, avec un zèle fidèle, à ne jamais négliger. Sans oublier les visites aux malades ou aux pauvres de la ville…

Il ne peut plus suffire à la tâche qu'il s'est fixée. Et se résout à charger l'un ou l'autre collaborateur, Nicolas de Gallard en l'occurrence, pour mettre au point, en 1550, le commentaire du prophète Isaïe à partir des notes prises au cours de ses exposés… Calvin laisse là l'image d'une autorité et d'un engagement démesurés. Une puissance de feu inimaginable dans un corps affublé de maux endémiques et pléthoriques. Il est, en effet, éprouvé sans cesse par la goutte, les rhumatismes, les calculs rénaux, les coliques, les migraines, le mal de poitrine ou d'estomac… De quoi rendre vraiment la vie impossible à la personne la mieux disposée et constituée. Mais c'est ainsi qu'il estime être sa mission, ainsi qu'il s'imagine devoir être : un homme entièrement voué au service de Dieu, définitivement absent à lui-même pour la seule gloire de Dieu. Sa vie doit être accablée d'une infinité d'affaires. Il demeure réellement dans son comportement une part théâtrale, une part sans doute inhérente à ce XVIᵉ siècle plutôt démonstratif. Calvin a sciemment choisi cette attitude d'extrême consécration à sa mission. L'exemple de son dévouement total doit être visible, et admis de tous. Il y va de la crédibilité de son message et de ses conseils adressés à tous ceux qui s'attendent au Dieu de grâce et sont parfois confrontés aux plus dures persécutions. Il n'y a pas de véritable calcul dans son attitude, le sentiment seul que le service de Dieu, qu'il a reçu dans ces temps troublés, est bien à ce prix. Il prêche à partir de 1549 tous les jours de la semaine et, tant que ses forces le lui permettront, deux fois par dimanche. Au total, il prononce jusqu'en 1564, plus de quatre mille sermons. Une parole inlassable qu'il ne supporte pas d'abréger même en cas d'affliction profonde ou de maladie visiblement grave. Il doit ainsi quitter la chaire, l'une ou l'autre fois, incapable de se tenir debout, pris par un accès de fièvre irrépressible. Quoi qu'il lui en coûte, il faut faire avancer l'œuvre du Seigneur. Jusqu'au bout. Jusqu'à l'ultime moment. Ce n'est pas à proprement parler une sorte de rage, ni de furie passionnelle et émotionnelle qui s'empare de lui. Sa personnalité ne colle pas à la figure fanatique et absolutiste qui lui demeure attachée. Non, plutôt une résolution incoercible. Cet homme de parole et de fidélité absolue, qui a consacré sa vie à confirmer les fidèles du Christ dans leur voie, mènera ce combat sans relâche. Il ne peut s'abstraire de nombreuses exaspérations, colères ou irruptions affectives, mais c'est plutôt la détermination, la consécration définitive, radicale, absolue qui semblent le constituer.

À sa manière, malgré ses infirmités récurrentes, il apparaît bien comme une force de la nature. Une force qu'il voulait tendue vers un seul objectif : comprendre et faire entendre le message de l'Écriture. À partir de 1549, il n'est plus qu'un infatigable commentateur des textes bibliques. Il publie au cours de ces années de nombreux commentaires sur l'ensemble des épîtres de Paul, sur les quatre Évangiles, le prophète Isaïe, et la Genèse... Demeure chez Calvin ce sentiment permanent d'une extrême urgence. D'urgence, il fallait établir la Réforme à Genève et en Suisse, l'assurer, la faire aimer et entrer dans les cœurs. Il se savait appelé, choisi pour cette tâche. Sa conscience de lui-même était vive, il tentait ainsi par tous les moyens de se protéger, de préserver autant que faire se peut son intelligence et ses capacités pour accomplir cette mission. Pour Calvin, il n'était pas possible de donner du temps au temps. Il ne devait, de toute urgence et sous aucun prétexte, s'y dérober. Et pourtant les prétextes ne manquent pas...

À DIEU, JACQUES ET IDELETTE

À dire vrai, la vie intime de Calvin et de son épouse est entourée d'un voile de pudeur que peu d'épisodes ou de lettres à des amis percent. Idelette semble mener aux côtés de son mari une vie de dévouement et d'assistance au ministère du Réformateur. Des témoignages de son action auprès de Calvin, ne subsiste guère qu'un épisode raconté par Calvin lui-même. Il s'agit de l'agonie et de la mort d'un de ses proches, Ami Portal :

« Lorsque ma femme fut arrivée, raconte-t-il, elle l'exhorta à avoir bon courage, quoi qu'il pût arriver, et à penser qu'elle n'était pas venue par hasard, mais qu'elle avait été conduite par le conseil admirable de Dieu, pour servir elle aussi l'Évangile[5]. »

Le 28 juillet 1542, Idelette donne naissance à un petit garçon nommé Jacques. L'enfant est prématuré. Le bonheur du couple ne sera que de courte durée, l'enfant ne survit qu'une dizaine de jours. Le jour même de l'accouchement, le mari inquiet ouvre son cœur à l'ami Viret, pasteur à Lausanne : « Dans quelle grande inquiétude je t'ai écrit, ce frère te le dira. Ma femme vient d'accoucher, non sans courir un immense danger, car sa grossesse n'était pas encore parvenue à terme. Que Dieu nous protège[6] ! » Pour quelques jours plus tard dans une seconde missive assurer Pierre Viret de sa reconnaissance : « Salue tous les frères [...] et ta femme, que la mienne remercie pour ses douces et saintes consolations. Elle ne peut écrire que par un secrétaire. Et même en dictant, elle n'est pas peu gênée. Certainement Dieu nous a infligé une blessure grave et amère par la mort de notre fils. Mais il est notre père ; il sait ce qui est bon pour ses enfants. Adieu. Le Seigneur soit avec toi [...]. Plût à Dieu que je pusse accourir jusque près de toi. Avec quel plaisir je m'entretiendrais avec toi la moitié du jour[7]. »

Dans un opuscule, paru à la fin de sa vie, Calvin répond à un contradicteur — François Bodin — qui prétend que l'absence de descendance du Réformateur est une preuve de la malédiction qui pèse sur lui et sa doctrine : « Le Seigneur m'avait donné un petit fils ; il l'ôta. » Et d'ajouter : « Je réplique qu'en toute la chrétienté j'ai des enfants à dix milliers*. »

Mais le décès de leur enfant et les complications de l'accouchement ont durablement affecté la santé d'Idelette. Certains commentateurs anciens évoquent même la possibilité d'un second enfant du couple décédé peu après sa naissance, mais sans qu'il soit possible de le vérifier. Dès la mort de ce petit Jacques, la santé fragile d'Idelette se dégrade. Son médecin prévient son mari : « Il m'est bien pénible que ta femme soit si souvent malade [...]. Si le Seigneur voulait que, par notre art, elle fût rendue à sa santé primitive, je ne reculerais devant rien[8]. »

---

* « Réponse de M. Jean Calvin aux injures de Baudoin » (1562) dans *Recueil des opuscules, c'est à dire, petits traictez de M. Jean Calvin : les uns reveus et corrigez sur le latin, les autres translatez nouvellement de latin en françois*, Genève, Baptiste Pinereul, 1566.

Au cours des années qui suivent, sa santé chancelante subit des hauts et des bas jusqu'en 1549. Calvin s'en ouvre régulièrement à ses amis Farel et Viret. L'inquiétude est permanente, l'espoir fragile et de plus en plus ténu. En décembre 1547, Calvin désespère visiblement. À Viret, il confie : « Ma femme est la compagne de la tienne dans sa lente maladie. Je crains quelque chose de fâcheux. Mais les maux présents nous inquiètent assez. Que le seigneur se montre propice[9]. »

Idelette meurt le 10 mai 1549. Calvin a partagé sa vie moins de neuf années. Sa disparition l'affecte en tout cas profondément : « Je fais des efforts pour n'être pas complètement accablé par le chagrin. Mes amis m'entourent et ne négligent rien de ce qui est possible pour apporter quelque soulagement à la souffrance de mon âme. » Calvin, le dur et ferme maître en théologie, virulent et sarcastique à ses heures apparaît bien plus vulnérable qu'attendu. Il est visiblement bouleversé dans le récit qu'il fait à Farel du départ de son épouse : « Lorsque mardi tous les frères furent présents, ils jugèrent bon de prier en commun. Cela fut fait. Abel au nom de tous, l'exhorta à la foi et à la patience. Elle brièvement (car elle était déjà toute brisée) attesta ce qu'elle avait dans le cœur. Ensuite j'ajoutai une exhortation qui me parut appropriée au moment […]. Sa grandeur d'âme était telle qu'elle paraissait sortie du monde. […] À six heures, j'ai été forcé de sortir. À sept heures, comme elle avait été transportée ailleurs, elle commença à tomber en défaillance. Elle ne put parler mais par des signes elle montrait son émotion. Je dis quelques mots de la grâce du Christ, de l'espoir de la vie éternelle [...] et je me cachais pour prier [...]. Avant huit heures, elle expira paisiblement [...]. Et maintenant je dévore ma douleur[10]... »

À Viret, il confie enfin : « Quoique la mort de ma femme m'ait été extrêmement cruelle, je cherche autant que possible à contenir mon chagrin. [...] tu connais en effet la tendresse, il faut dire la mollesse de mon âme. Aussi sans de puissants efforts, je ne serais pas tenu ainsi jusqu'ici [...]. Certes la matière de ma douleur n'est pas vulgaire. J'ai perdu l'excellente compagne de ma vie, qui si le malheur était venu, aurait été ma compagne volontaire, non seulement dans l'exil et dans la misère, mais même dans la mort[11]... »

Seul remède à sa souffrance, la reprise intensive de ses incessants labeurs. La seule façon de laisser la douleur de côté : le retour au combat. S'il s'était senti dans l'obligation de tenir un rôle de chef de famille, responsable de la maisonnée, désormais Calvin n'a plus aucune attache intime. Son frère Antoine, sa femme et leurs enfants lui causeront quelques soucis, mais il est aujourd'hui seul face à l'ampleur des défis qui l'assaillent. Il n'a plus d'autre lien affectif avec le monde qu'à travers ce combat pour établir et affirmer l'Église de Dieu à Genève et il le sait, dès lors, dans l'Europe entière. Calvin, comme le dira plus tard son premier biographe Nicolas Colladon, est à présent un « arc toujours tendu ».

TROUBLES EXTÉRIEURS, LE CONCILE DE TRENTE ET L'INTÉRIM D'AUGSBOURG

Au fur et à mesure que ses aînés réformateurs s'éteignent ou sont privés de parole[*], Calvin apparaît sur le devant de la scène européenne et inscrit son action et sa réflexion au cœur des débats qui font vibrer la chrétienté. Au fur et à mesure que ses aînés s'effacent, son prestige s'accroît. D'Angleterre, le roi Édouard VI et l'archevêque Cranmer sollicitent ses avis et conseils. Il écrit lui-même à nombre de têtes couronnées, au duc Christophe de Wurtemberg, au roi Sigismond-Auguste de Pologne, à Christian III du Danemark. Il lui revient donc le privilège de s'attaquer aux pères conciliaires qui viennent de se rassembler à Trente dans les alpes italiennes. Le fameux Concile s'est, en effet, ouvert en décembre 1545, deux mois avant la mort de Luther qui le réclamait depuis longtemps. Si les protestants en sont absents, le sujet est bien la réforme de l'Église et les questions posées à celle-ci par les critiques protestantes.

Ce concile, le dix-neuvième de l'Église catholique romaine, avait été convoqué par le pape Paul III en 1542. Sa tenue remonte aux revendications de Martin Luther qui avait demandé l'arbitrage d'un concile dans son conflit avec la papauté. Il s'étalera à partir de 1545 sur dix-huit années, vingt-cinq sessions, quatre pontificats et trois vil-

[*] Bucer est exilé en Angleterre, Melanchthon ne dispose plus de la liberté qui était la sienne avant la défaite des princes protestants.

les d'accueil, Trente, Bologne et à nouveau Trente. Loin d'entériner une réforme de l'Église telle que l'envisagent les protestants, les Pères conciliaires tentent, malgré les péripéties de son déroulement et l'opposition politique des princes européens, de redéfinir la doctrine catholique. Charles Quint, sans qui le Concile ne pourrait se tenir, entend limiter le travail des Pères conciliaires aux abus ecclésiastiques et trouver un compromis acceptable avec les protestants. Les premiers résultats du Concile sont, hélas, loin de répondre à ses vœux. Les Pères se saisissent des questions dogmatiques. Et, contre sa volonté, condamnent les doctrines protestantes : ils font de la Tradition, et à côté de l'Écriture, un élément de la Révélation ; ils en réitèrent la conception catholique du péché originel et s'opposent à la vision de l'homme déchu et toujours pécheur de Luther. En janvier 1547, ils agissent de même avec la Justification. Si dans la Justification Dieu a l'initiative, l'homme ne reste pas inactif ; il répond librement en acceptant et en recevant l'inspiration de Dieu, la grâce toujours offerte. Il vit ainsi selon l'Esprit et se libère en se tournant vers Dieu. Les sept sacrements sont confirmés, le culte des saints et des reliques ainsi que le dogme de la transsubstantiation réaffirmés et précisés.

Le retour des protestants au sein de l'Église était manqué. Bien au contraire, l'opposition entre les deux traditions chrétiennes allait en s'affirmant. Le Concile a cependant le mérite de fixer la doctrine du catholicisme et d'abolir un bon nombre d'abus. Ses décrets sont acceptés presque sans réserve dans tous les pays d'Europe.

Calvin se met à l'œuvre et à l'étude des décisions conciliaires en août 1547, malgré la fatigue et les tracas, explique-t-il à Farel, et un certain manque d'enthousiasme. « Je me suis attaqué aux Pères de Trente, mais les débuts sont lents parce que je n'ai pas une heure qui ne soit remplie d'incessantes interpellations », ajoutant : « J'avais commencé de travailler contre le Concile de Trente. Mais j'ai le sentiment que je ne serais pas à la hauteur d'un tel ouvrage, si je ne puis donner quelque repos à mon esprit brisé[12]. »

Quelques mois après, cependant, les *Acta synodi tridentinae cum antidoto* sont déjà largement diffusés. La méthode est identique à celle employée avec le cardinal Sadolet. Calvin donne à connaître à ses lecteurs les décisions principales du Concile et en propose un commentaire serré. Il publie donc *Les Actes du Concile, avec le remède contre le poison*. Manque de temps, lassitude personnelle ? Toujours est-il qu'en lieu et place d'une discussion théologique très argumentée, Calvin livre un texte de la même eau que le *Traité des Reliques*. Il abandonne cependant parfois le ton de la moquerie et du sarcasme pour développer la pensée grave et riche de *L'Institution* et se livre à une critique savante des décisions conciliaires. Il tourne en ridicule cette prétention des Pères à définir la vérité et se gausse de la vénération des peuples pour ces Conciles : « Non seulement les idiots et ignorants, mais aussi gens de bonne considération en sont émus[13]. » Et de citer Augustin qui refuse de mettre sur un même pied les conciles et l'Écriture sainte. Fin politique, Calvin ne manque pas de noter que la foule est bien maigre pour la séance d'ouverture : trois légats, quatre archevêques, vingt évêques, le procureur de l'archevêque de Mayence et cinq généraux d'ordres. Lors de la septième session, en mars 1547, seuls soixante-huit prélats sont présents. Pire, les Français sont bien peu et mal représentés. La France ne daigne, effectivement, y envoyer que trois évêques. Elle estime, en effet, que le Concile se déroule trop visiblement sous la seule coupe de l'Empereur. Calvin plaisante à ce sujet : « Si c'estoit seulement un synode provincial, ils devroyent avoir honte de se trouver si peu[14]. » Pour faire bonne mesure il s'en prend justement aux représentants français : « Il y en est venu deux évêques à Trente, à savoir celui de Rennes et celui de Clermont, tous deux bonnes bêtes et ignorants l'un comme l'autre. Même le second était estimé, n'y a pas longtemps, comme un marmot, flairant comme un chien de chasse les nids des putains jusqu'à ce qu'il est devenu l'écolier de Madame de la Sauchay, laquelle l'a fait sage en une minute de temps[15]. » D'où cette sobre conclusion en forme de couperet : « Le concile ne mérite donc pas d'avoir une seule goutte d'autorité. » Le Saint-Esprit n'a pas présidé aux travaux du Concile.

De même Calvin intervient-il au nom du protestantisme tout entier dans les affaires d'Allemagne. L'empereur Charles Quint vient de connaître une victoire décisive à Mühlberg le 24 avril 1547 : le Sud et l'Ouest de l'Allemagne se soumettent. Le

1ᵉʳ septembre s'ouvre une diète d'Augsbourg qui consacre la victoire de l'empereur. Durant les mois suivants, il convoque le Reichstag* à Augsbourg, confisque la cathédrale et proclame le 15 mai 1548 l'Intérim, règlement qui proclame le retour des protestants à des croyances et des pratiques proches du catholicisme moyennant quelques compensations, tels que le mariage des prêtres ou la communion sous les deux espèces... En attendant les conclusions du concile de Trente que Charles Quint voulait réformateur et gage d'unité. Certains théologiens de Wittenberg, dont Philippe Melanchthon, se rallient à l'Intérim, arguant qu'il valait mieux faire quelques concessions avec le catholicisme que de voir détruire le luthéranisme. Ce que ne peut admettre Calvin. La paix ainsi obtenue est une fausse paix, estime le réformateur de Genève dans un libellé intitulé *L'Interim adulterogermanum.* Une fausse paix qui repose sur des concessions inacceptables comme le rétablissement de la confession auriculaire. Pour Calvin qui ne s'oppose en rien à la confession des péchés, la confession faite dans le secret au prêtre est tout simplement un instrument de soumission et de domination des consciences. Et doit donc être combattu à ce titre. L'Église ne peut prétendre en rien s'accaparer le pouvoir de remettre ou non les fautes, comme si les prêtres « avaient le pied sur la

---

* Le Reichstag (ou diète d'Empire) était une institution du Saint Empire romain germanique chargée de veiller sur les affaires générales et de trouver une solution aux différends qui pourraient s'élever entre les États confédérés. Plutôt qu'un véritable parlement, il s'agissait d'une assemblée des divers chefs que comptait l'Empire.

gorge de ceux qu'ils contraignaient à se confesser. Voilà un grand profit pour la chrétienté, quand la honte des hommes a plus de crédit envers nous que la révérence de Dieu et de ses anges [...] ». D'autant que ce pouvoir peut être aussi une incitation à s'abstraire de toute exigence morale personnelle : « Les mal-vivants se lâchent la bride à pécher d'autant plus qu'il leur semble qu'ils seront échappés sitôt qu'ils auront déchargé en l'oreille d'un prêtre ce qui leur charge l'estomac[16]. »

La critique de Calvin ne s'arrête pas en si bon chemin et touche en même temps à l'ensemble des compromis acceptés par les luthériens d'Allemagne, à commencer par la primauté du pape de Rome. Quelle valeur accorder à la succession apostolique alors que rien ne prouve dans les Écritures la venue à Rome de l'apôtre Pierre ? L'ordination épiscopale, de la même manière, ne confère aucune dignité particulière aux prêtres qui ne deviennent ni savants ni capables de prononcer un sermon digne de ce nom. Enfin, demande Calvin pour quoi la réservation des espèces ? Nul ne demandait dans la première Église que les morceaux de pain restants « fussent serrés en un ciboire[17] ».

Mais cette crise allemande n'est pas le seul sujet de préoccupation du Réformateur. Les nouvelles les plus alarmantes viennent tous les jours de France où les bûchers se multiplient contre les réformés. Ces années troubles, régulièrement déchirées par des épisodes de persécutions et de cruautés effarantes, connaissent de rares accalmies et de courtes embellies, parfois sur le front même de la liberté du culte.

ENDURCISSEMENTS

Épreuves, maladies, angoisses politiques, submergé par l'immensité des tâches qui l'assaillent, Calvin affronte les pires années de son ministère à Genève... De quoi oublier la charité, la patience et la modération ! De fait Calvin va devenir le Calvin intransigeant, ferme jusqu'à l'endurcissement et les pires extrémités. Il parle sans cesse de haine et d'amour. Haine contre le mal, les déviances, les erreurs, les falsifications ou ce qu'il prend comme tel. Pas de pitié pour les ignorants et ceux qui pervertissent la parole de Dieu ! Le maintien de la vraie foi est à ce prix. Le Réformateur ressent fortement la haine autour de lui, contre la Réforme, contre Genève, le message de l'Évangile ou sa personne, toutes haines confondues. Mais cette haine, assure-t-il, vise en premier la gloire de Dieu. Il en est absolument convaincu. Il importe peu que tel ou tel individu en subisse les conséquences, seule compte la préservation de la vraie annonce du salut et du message de l'Évangile. La meilleure preuve en est cette querelle incessante avec le Magistrat à propos de la participation à la Cène ou aux sacrements du baptême. Pour Calvin, la décision d'excommunication ou de participation à la Cène ne doit absolument pas être partagée avec le Magistrat. Il y va non seulement de l'autonomie de l'Église et de son indépendance, mais du maintien de la foi évangélique. La polémique renaît sans cesse. En pleine affaire Servet, alors que se joue — consciemment ou non — la réputation de Genève et de la Réforme, Calvin ferraille toujours avec le Conseil sur cette question. Il est alors cet homme à bout qui éprouvera toujours les pires difficultés à accepter d'autres voies que la sienne propre et refuse tous les compromis... Plutôt mourir. « Quant à moi, j'accepterais plutôt d'être tué que de tendre avec cette main les choses saintes de Dieu à des contempteurs déclarés coupables[18]. »

Calvin n'est décidément pas l'être froid et rationnel que l'histoire a retenu, il est à ce moment-là agité de craintes et de fébrilités en raison de la situation genevoise. Il annonce la haine de Dieu non pour terroriser ni accabler ses auditeurs, mais pour les exhorter à la repentance et les appeler à se retourner vers Dieu. Il n'éprouve pas de haine directe envers cette population, plutôt de la désolation et du désespoir devant le peu d'empressement pour la parole de Dieu. La rhétorique de la main tendue de Dieu et de la malédiction ou du châtiment s'accélère, tout comme les mises en accusation des mœurs irrésolues et des comportements qui se vautrent dans la stupidité et les choses basses. Tout y passe, l'aptitude des paillards à s'adonner continûment à leurs vices, la propension des riches et des puissants à exploiter les plus pauvres, en ignorant la pitié, la miséricorde, la folie des ambitieux, des joueurs de cartes, des adorateurs d'idoles tous voués aux mêmes gémonies.... Il prêche sans relâche contre les résistances, les atermoiements, les renoncements, les bassesses et les compromis coupables. Toutes choses qui découlent des vues du Diable.

La parole du maître n'est plus emplie d'aucune douceur, il fustige, dénonce, corrige et admoneste, mais toujours dans l'espoir de faire revenir les impétrants à la juste vision de l'Écriture. Ses adversaires pullulent, raillent, se moquent et le brocardent jusque dans les rues quand ils le croisent. Calvin ne cède rien. Il n'a de cesse que de démasquer les mauvais penchants de ses adversaires. La liste est immense de tous ceux qui subissent ses foudres.

Sa parole polémique semble inlassable, courant et se développant au fur et à mesure des jours qui passent. Une polémique quasi universelle maintenant qui touche toutes les directions, les anciens amis, des luthériens, des réformés et une cohorte sans fin de prêtres, évêques ou cardinaux de l'Église romaine. Des milliers de textes, de courriers, de traités ou de livres où alternent ironies, sarcasmes, injures et développements bibliques ou théologiques des plus savants. Une pluie d'avertissements, de contradictions, de réfutations qui semble irréelle par son ampleur et sa puissance d'exécration. Quelle incroyable santé, oserait-on avancer, n'était-ce la fragilité extrême de son corps et de sa santé ! Une prodigieuse machine à broyer, détruire ou anéantir les arguments des contradicteurs. Comment s'étonner dans ces conditions de la désastreuse réputation du Réformateur, désastreuse réputation qui a perduré au cours des siècles...

Calvin est pourtant animé par une seule conviction, ce fil qui tient debout l'Église, celle de Genève en particulier, un fil ténu et extrêmement fragile. Céder un pouce de terrain revient à donner immanquablement arguments et forces aux adversaires pour détruire l'œuvre de Dieu. Pour lui l'hérésie est à placer au même plan que le vol ou le crime. L'hérétique qui est laissé au milieu du peuple sans être inquiété est potentiellement capable de tuer des innocents. Il perd leur âme et les détourne de Dieu, il est donc comme un meurtrier.

En réalité, et Calvin en est parfaitement conscient, la Réforme a suscité une immense fermentation des esprits. L'impression perdure à la lecture des divers traités, libelles et autres écrits qui circulent en ce mitan du XVIe siècle d'une étrange et intense ébullition religieuse, que rien ne semble pouvoir contenir. Si elle n'est pas strictement définie et bornée, la Réforme évangélique risque tout simplement d'être emportée dans ce tumulte. C'est d'ailleurs l'accusation principale qui vient de France et de Rome. L'ouverture de la Réforme ne pourrait bien être qu'une tentative de déstabilisation et de destruction de la chrétienté tout entière. C'est à cette aune que s'ouvre le procès intenté à Servet. La lutte finale contre les libertins genevois, Ami Perrin en tête, se confond ici au combat contre l'hérésie antitrinitaire de Servet. Dans les deux cas, il s'agit de sauver Genève et son Église rebâtie sur le modèle de celle des apôtres.

Le brûlement de Michel Servet

> *Tuer un homme, ce n'est pas défendre une doctrine,*
> *c'est tuer un homme**

Attention danger ! Nous voici arrivés dans la plus périlleuse partie de la vie de Calvin. Voici Michel Servet, intrépide et brillant humaniste espagnol, comme un reproche éternel qui pèse sur Calvin et la Réforme. Et illustre sombrement les limites de l'homme Calvin. En même temps que les réserves que suscite jusqu'à nos jours le calvinisme. Calvin ? Ah, celui qui a fait exécuter Servet ! Les nombreuses rues, places et même quelques lycées qui portent en France, encore de nos jours, le nom du savant espagnol témoignent — avec quelle force ! — de l'impact de l'événement. Ainsi le réformateur français aurait ordonné, ou au moins laissé assassiner, cet homme libre et éru-

---

* Sébastien Castellion (1515-1563), *Contre le libelle de Calvin* écrit en 1554 ; immédiatement censuré, le livre ne paraîtra qu'en 1612 après sa mort. On en possède aujourd'hui une traduction par le romancier suisse Étienne Barilier (Zoe, 1998). On peut se référer aussi à Ferdinand Buisson, *Sébastien Castellion, sa vie, son œuvre, avec exposé de la philosophie*, Paris, Hachette, 1892.

dit, pourchassé par l'Inquisition alors qu'il s'était réfugié à Genève. Et pour quelle raison ? Une obscure querelle autour de la doctrine de la Trinité, à laquelle d'ailleurs personne ne comprend rien aujourd'hui, jusques et y compris parmi les plus fidèles chrétiens... Si l'on y croit encore !

C'est dire le fossé culturel et spirituel qui nous sépare de l'événement. Et de toute tentative de compréhension. Incompréhension encore augmentée par les polémiques plus tardives autour des libertés et la montée de l'anticléricalisme au XIXe siècle français. Il est à noter que toutes les inaugurations des monuments dédiés à Michel Servet ont eu lieu au même moment : quand l'État républicain achevait, par la loi de séparation des Églises et de l'État de 1905, une œuvre jugée aujourd'hui très anticléricale. Mieux, ce train de mesures de laïcisation était le fait d'un milieu politique, laïc et parfois libre penseur, animé par d'authentiques protestants de sensibilité libérale, tels Ferdinand Buisson, Jules Steeg, Félix Pécaut ou Louis Méjean... Le conflit des « deux France », la républicaine et la laïque, y trouva d'excellents arguments. Les cléricaux découvrent alors dans la tragique fin de Michel Servet toutes les raisons de se méfier du protestantisme réformé et de ses intellectuels, d'autant que nombre d'entre eux servaient la République. Tandis que, de l'autre bord, la condamnation en bloc de toutes les religions comme « fanatismes nuisibles » trouve dans la condamnation de Servet des justifications incontestables.

Michel Servet est ainsi devenu au fil du temps « la » victime expiatoire des abus de pouvoir en tout lieux et tout temps. Icône et martyr de la liberté de pensée et de la tolérance. Figure de proue de la polémique catholique et protestante contre le réformateur de Genève, mais aussi et surtout symbole de la folie religieuse pour tous les libres penseurs qui ont élevé nombre de monuments à sa mémoire. Il a servi au fond de prétexte commode aux deux confessions rivales, aux combats idéologiques de la France des débuts du XXe siècle. Instrumentalisé dans l'histoire récente par différents partis en présence, l'unanimité de l'hommage qu'on lui rend au XXe siècle obscurcit encore, s'il était possible, la réalité des faits du XVIe. Jusqu'aux Genevois qui, dans un acte de contrition admirable, ont élevé un monument de repentance dédié à son souvenir dans leur bonne ville. À Champel, aux portes de Genève, se dresse un lourd bloc de granit gris. C'est l'emplacement supposé du bucher où fut brulé Servet. Sur le bloc, ces quelques mots, gravés en souvenir de Servet : « Fils respectueux et reconnaissants de Calvin, notre grand réformateur, mais condamnant une erreur qui fut celle de son siècle et fermement attachés à la liberté de conscience selon les vrais principes de la réformation et de l'Évangile, nous avons élevé ce monument expiatoire. » Et une date, 1903. Un souvenir vieux de trois cent cinquante ans.

Michel Servet. Que n'a-t-on en réalité écrit et publié en sa mémoire ? Jusqu'à ce terrible opuscule de Stefan Zweig, écrivain juif, rédigé en plein triomphe nazi au cœur d'une Allemagne dominée par Hitler, *Conscience contre violence ou Calvin contre Castellion*[1]. Le livre dédié à l'intelligence et à la gloire de Castellion, un humaniste réformé savoyard, est en même temps, une charge d'une extrême violence contre Calvin. Castellion, ce proche et ami de Calvin, dirigeait le collège fondé par le Réformateur à Genève. À la suite de quelques vexations ou querelles théologiques, il avait fini par quitter la ville. Les désaccords semblent mineurs, les impétrants le reconnaissent, mais ils s'opposent. Sur l'interprétation du Cantique des cantiques, par exemple, que Calvin tient pour une allégorie. Les deux amants du poème seraient Dieu et l'âme croyante, ou le Christ et l'Église. Castellion juge indéfendable et contraire à la méthode humaniste cette lecture. Le Cantique des cantiques est pour lui un poème charnel qu'on a introduit par erreur dans la Bible. Il faut, pense-t-il, l'en enlever, le rendre à la littérature profane. Castellion tenait ainsi le texte biblique du Cantiques des cantiques pour non canonique. Mais, d'un autre côté, il interprétait la descente du Christ aux enfers, que Calvin tenait pour une fable, de manière littérale. Disputes théologiques fermes, mais pas encore séparatrices.

La rupture a lieu plus tard, en mai 1554. Castellion se livre alors à une attaque en règle contre les pasteurs de Genève. Il se plaint de son salaire, trop bas et dénonce le manque de confiance de ses collègues. Calvin porte plainte contre lui devant le Magistrat. Débouté, il doit quitter Genève et se réfugie à Bâle. De là, il mènera un combat sévère et érudit contre son ancien maître. Mais c'est à l'occasion de la mort de Servet qu'il prend cette dimension que la postérité lui reconnaîtra, celle d'un véritable chrétien humaniste, libéral, apôtre de la tolérance religieuse. Un intellectuel humble et courageux. À la suite de l'exécution de Servet — qu'il ne défend d'ailleurs nullement —, il se lève, seul ou presque, contre la condamnation prononcée par le Magistrat de Genève. Plus que les conseillers de Genève, c'est le Réformateur qu'il vise. Calvin n'a pu que jouer un rôle majeur dans la condamnation de Servet. L'opposition de Castellion à Calvin sur ce sujet, ferme et solidement construite, recevra une virulente réponse du Réformateur. Mais l'argument de Castellion — « tuer un homme, ce n'est pas défendre une doctrine, mais tuer un homme » — résonne de manière tellement évidente pour une conscience moderne que la justification calviniste ne peut être que nulle et non avenue. Le contexte, les mentalités du temps et le défi posé de la sorte à la Réforme naissante peuvent contribuer à éclairer l'événement, mais ne peuvent le justifier aux yeux du lecteur moderne.

Le procès fait à Calvin était dès lors ouvert. Nul ne pourrait le refermer...

Jusqu'à toucher l'absurde chez Stephan Zweig. Pour lui, le rapprochement ne fait pas de doute, la ville de Genève sous Calvin s'apparente à l'Allemagne nazie. Les sbires de Guillaume Farel et des amis de Calvin ressemblent à s'y méprendre aux hordes hitlériennes. Fanatisme religieux et résurgence de l'extrême droite fasciste mènent aux mêmes dangers pour l'humanité. Zweig évoque la figure de Castellion avec une admiration non feinte.

Il devient pour lui l'image même de l'intellectuel engagé au cœur des ténèbres, il semble même regretter de ne pouvoir devenir le Castellion du XXe siècle face au délire nazi. Car, à travers l'affrontement entre Calvin et Castellion, c'est bien le conflit mondial ouvert par le totalitarisme qui est visé. En cause, la liberté et la tolérance face à l'intégrisme et au fanatisme. Zweig, désespéré peut-être par sa propre pusillanimité face à Hitler et à la persécution des juifs, en viendra à se donner tragiquement la mort au cours de l'année 1942, en plein triomphe national-socialiste. Le Calvin triste et cruel, avide de pouvoir, sanguinaire et puritain jusqu'à l'obsession, chef d'une sorte de « Gestapo des mœurs » n'a que de lointains rapports avec le véritable Calvin, pasteur de Genève. Il n'en demeure pas moins que le retentissement de la condamnation à mort que prononce Genève, et Calvin à la tête de la Confrérie des pasteurs, contre Servet se retournera au cours de l'Histoire pour devenir indubitablement le procès de Calvin.

LA MORT DE SERVET

Nous sommes le 27 octobre 1553 à Champel, à quelques lieux du centre de Genève. Un énorme bucher vient d'être dressé. Le bourreau a disposé une pile de bois autour des pieds et mollets du condamné complété par des fagots de paille. Attaché au pieu qui se dresse au cœur du bûcher, Michel Servet est revêtu d'une simple chemise enduite de soufre, ce qui augmente l'intensité des brûlures. Il a été condamné à être brûlé vif* avec ses œuvres, notamment un de ses plus importants ouvrages, *La Restitution chrétienne*. Malgré les douleurs atroces, les témoins relèvent qu'il succombe courageusement au milieu des flammes.

Guillaume Farel, l'un des grands réformateurs, celui qui a appelé Calvin à Genève est là. Il cherche jusqu'au bout à obtenir de Servet une adhésion à la pensée orthodoxe. Il lui propose de prier ensemble. L'Espagnol accepte. Farel prie et lui demande de reconnaître ses péchés. Servet s'exécute. Il le fait en disant qu'il est un homme imparfait, qu'il est pécheur et qu'il demande pardon à « Jésus-Christ, Fils du Dieu éternel ». Funeste différence. Il ne dit pas : « Jésus-Christ, Fils éternel de Dieu », formule qui comprend et sous-tend l'orthodoxie des conciles œcuméniques de Nicée et de Constantinople, mais « Jésus-Christ, Fils du Dieu éternel ». Manière de confirmer sa contestation du dogme trinitaire. L'orthodoxie affirme, en effet, la « consubstantialité » du Fils et du Père. « Nous croyons en un Dieu, Père tout-puissant, créateur de toutes choses visibles et invisibles ; et en un seul Seigneur Jésus-Christ, le Fils de Dieu, unique engendré du Père, c'est-à-dire de la substance du

---

* Fidèle en cela à la tradition de l'Église romaine, les réformés de Genève suivent les règles en vigueur depuis le synode de Vérone de 1184 qui institutionnalisa l'usage du bûcher pour punir l'hérésie. Cette pratique fut réaffirmée par le synode de Toulouse en 1224 et par nombre d'autorités ecclésiastiques jusqu'au XVIIe siècle. L'Église romaine et les réformés d'alors considéraient l'inhumation du corps entier comme condition à la résurrection, la crémation infligeait donc une double peine, temporelle et spirituelle.

Père, Dieu de Dieu, lumière de lumière, vrai Dieu de vrai Dieu, engendré, non créé, consubstantiel [de même nature] au Père, par qui tout a été fait...[2] », explique le concile de Constantinople. Les propos de Servet n'introduisent qu'une « légère et insignifiante modification », dirions-nous aujourd'hui. Sauf que cette « légèreté » lui coûtera la vie. Voilà une variation sémantique lourde de conséquence... Si Servet avait repris la formule traditionnelle, pas de procès, pas d'accusation d'hérésie, pas de condamnation à mort. Il aurait eu la vie sauve. En raison de ses autres convictions, il aurait peut-être été banni, mais il aurait pu survivre.

Étonnant personnage, en tout état de cause, que ce Michel Servet ! Sa trajectoire intellectuelle est en réalité tout à fait exceptionnelle dans le bouillonnement de la Renaissance. C'est tout d'abord un autodidacte, curieux de tout, et extrêmement savant au final. Tour à tour philologue, géographe, médecin et théologien, engagé, libre et passionné par tous les rapprochements interdisciplinaires. Solitaire et traqué, il semble toujours disposé à polémiquer et à défendre contre vents et marées ses propres thèses. Il entretiendra avec Calvin une correspondance soutenue, ce ne sont pas moins de trente lettres que Servet envoie à Calvin, auquel il joint à l'une ou l'autre occasion ses propres manuscrits. Calvin, décidé tout d'abord à ramener à la raison celui qu'il juge comme un importun, finira par se lasser et ne répondra plus aux courriers de son contradicteur jusqu'à leurs dernières et tragiques rencontres à Genève.

SERVET, GÉNIE ET EXTRAVAGANCE

Qui est-il ? Un Espagnol, même s'il semble qu'il était considéré en France comme un citoyen français. Sa mère était peut-être française. Un Espagnol au caractère fougueux. Un homme impétueux, sorte de compagnon de route de Don Quichotte, même si Cervantès a vécu un demi-siècle après Servet. En lui, subsiste toute sa vie et dans tous ses engagements un fort contraste entre la lumière et les ténèbres. Un contraste tel que nombre de ses contemporains se sont demandé s'il n'était pas fou. Ou au moins, un homme d'une telle originalité qu'il dépasse parfois les limites permises...

Où est né Michel Servet ? Probablement à Villeneuve, en Aragon, ou à Tudela. À Villeneuve, il semble bien qu'une des chapelles latérales de l'église locale garde le souvenir de quelques Servet. Ses parents ? Peut-être. On sait que son père était notaire. Rien d'autre. Serait-il né en 1509 ? En ce cas, la même année que Calvin. Ou en 1511 ? Personne n'a pu trancher.

Michel Servet semble cependant un garçon surdoué. À l'âge de quatorze ans, son père l'envoie à l'université de Toulouse, où il va étudier le droit. Ses études vont être brillantes. Entre quatorze et seize ans, il trouve le moyen de se perfectionner en latin, d'apprendre le grec, l'hébreu aussi, semble-t-il. Il devait encore connaître l'arabe, et plus tard se familiariser avec l'Islam, ce qui n'était pas rien au XVIe siècle.

On le retrouve étudiant le droit à Toulouse en 1528. C'est dans cette ville que Servet apprend à lire et à connaître la Bible. Avec qui ? Comment ? Qui l'a initié au grec et à l'hébreu ? Nul ne le sait. Mais beaucoup d'humanistes se sont parfois mis à apprendre seuls le grec d'une manière surprenante*. Michel Servet est l'un deux. Un lettré, un véritable savant à la fois géographe, philologue, médecin, philosophe et théologien. Un intellectuel qui sort vraiment de l'ordinaire. On lui reproche parfois d'écrire de manière compliquée et brouillonne, et de posséder un style confus et pour le moins imprécis. Rien à voir avec l'exactitude métronomique d'un Calvin, épris de rigueur et de clarté. Mais il demeure un lettré d'une rare ouverture d'esprit et pratiquant avec alacrité ce que la modernité louera par la suite sous l'appellation d'interdisciplinarité.

Il va ensuite voyager à travers toute l'Europe. En apparence sans véritable souci pécuniaire. Il était manifestement d'une bonne famille pour se permettre de telles facilités. Il suit le chapelain de Charles Quint et assiste, semble-t-il, au couronnement de celui-ci. On le verra un peu partout, à Paris, à Bâle, à Strasbourg et en Italie. À cette époque, les humanistes se connaissaient assez bien

---

* Lorsque Érasme, en 1516, publie son Nouveau Testament en grec, Zwingli l'apprend par cœur. Il était en mesure de le réciter en entier, de Matthieu à l'Apocalypse. Lorsqu'il eut des controverses avec Luther, il faisait continuellement des citations en grec et en hébreu, et Luther de l'interpeller : « Tu ne pourrais pas parler en latin, comme tout le monde ! »

entre eux. On va d'une université à une autre, sans la barrière de la langue, tout le monde parle, écrit et discute en latin.

Surgit un Servet, aussi bouillant que querelleur, et qui se rend auprès de tous les grands maîtres de la Réforme. Il voit Martin Bucer et Wolfgang Capito à Strasbourg, Œcolampade à Bâle ou Zwingli à Zurich et leur demande de rayer au plus vite de la doctrine évangélique le dogme « erroné » de la Trinité. On imagine l'incrédulité, et peut-être l'effroi devant tant de résolution radicale, des réformateurs. Quelle impudence que celle de cet Espagnol exalté ! Œcolampade le chasse de sa maison comme un chien galeux. Et le qualifie de tous les motifs les plus répulsifs de l'époque : « juif, Turc, blasphémateur et possédé du démon[3] ». Bucer le dénonce du haut de sa chaire comme un suppôt de l'enfer avant de demander publiquement « qu'on lui arrache les entrailles ». Zwingli met le public en garde contre cet « Espagnol criminel dont la fausse doctrine prétend démolir toute notre religion chrétienne[4] ».

Il n'a que vingt ans à ce moment-là. Il écrit pourtant son premier livre important : *De Trinitatis erroribus*[5], (Des erreurs de la Trinité). Publié en 1531 à Haguenau par un imprimeur protestant, il connaît une grande diffusion, au point d'inquiéter les réformateurs. Il y pose déjà les fondements de son système de pensée et... sa condamnation future. Il est clairement coupable aux yeux de la chrétienté tout entière d'« hérésie arienne », du nom de cet évêque, Arius, excommunié au concile de Nicée en raison de sa contestation de la consubstantialité des trois personnes de la Trinité.

S'inspirant des Pères de l'Église, mais aussi de la pensée d'Érasme, dont il loue le scepticisme théologique, il emploie une méthode de recherche scientifique très sophistiquée pour l'époque. Il se fonde sur la linguistique, la philologie, le relativisme historique, les différents contextes bibliques, l'enseignement des Pères de l'Église, sans oublier les érudits hébreux et musulmans. Pour lui, la Bible est moins une « source » qu'un appoint pour étayer une recherche relevant de la métaphysique et de la logique. Son projet est de relire le message biblique et de « restituer » le christianisme, non pas seulement dans sa pureté originelle, mais conforme à l'esprit et aux connaissances nouvelles du temps. Aux yeux de Michel Servet, la venue du Christ constitue une manifestation de la présence de Dieu dans le monde. Pour lui, la dégradation du christianisme a commencé, comme pour les réformateurs, avec la prééminence de l'évêque de Rome devenu souverain pontife, mais il y ajoute le dogme de Nicée instituant la doctrine trinitaire. « Ce fut la sentence du châtiment divin que la Trinité se leva dans le même temps que le pape fut roi », écrit-il dans le livre III de son *Trinitatis erroribus*.

Une doctrine, souligne-t-il, incompréhensible et inacceptable, pour les autres fils d'Abraham, juifs et musulmans. Cette manière de fréquenter, au moins par les lectures, les rabbins et penseurs de l'Islam est remarquablement innovante et exceptionnelle pour l'époque... Et jusques et y compris pour aujourd'hui ! Pour lui, la Trinité est une « disposition » que Dieu a établie lui-même pour convenir au temps et au lieu choisi par Lui. Et en aucun cas une doctrine biblique : le mot *Trias* est effectivement parfaitement étranger à l'Écriture. Pour Servet, c'est le concile de Nicée qui s'est fourvoyé en développant, à l'appui de la philosophie grecque, ces distinctions et relations complexes entre « personnes » et « substances ». La Trinité est une disposition temporaire destinée à cesser avec l'accomplissement du projet messianique de Dieu, affirme-t-il dans son traité. Il estime que, dans la Trinité, la notion de « personnes » ne convient pas. Le Saint Esprit ne peut en aucune façon être une personne. Dieu n'est pas un être divisé en trois personnes, mais un être qui peut prendre trois « aspects », trois « visages » du Dieu unique. Manière pour lui de rattacher rationnellement les concepts de l'unicité de Dieu et celle de la pleine divinité du Christ. Il se considère tout simplement comme un chrétien d'avant Nicée. Se considère-t-il comme protestant ? Certainement, il s'en réclame ouvertement. Il est au fond, comme nombre d'étudiants de l'époque, un « humaniste luthéranisant ». Mais singulier, libre, fantaisiste parfois, et terriblement ironique si ce n'est sarcastique envers ses adversaires. Il s'abandonne aussi à un certain lyrisme poétique, voire mystique, mais toujours teinté d'audaces et de provocations et ce, depuis ses premiers écrits. Il est comme galvanisé et aveuglé par la dispute théologique. Il a appris et goûté la controverse dès son jeune âge, semble-t-il en Espagne. Une passion qui ne le quittera pas et le conduira même à la mort, tant il usera de violence et de sarcasmes dans ses futurs débats avec le réformateur de Genève.

Capable, cependant, de relative prudence, il comprend assez vite que, pour des raisons de sécurité personnelle, il faut qu'il s'intéresse pour le moment à d'autres sujets. Comme beaucoup de savants et d'humanistes de l'époque, il opte dans un premier temps pour le métier d'imprimeur. Les imprimeurs étaient alors des savants et des chercheurs. Il s'installe comme tel à Paris. Mais il y pousse en même temps ses études suffisamment loin pour enseigner bientôt au collège des Lombards. Une manière de reconnaissance de ses immenses capacités. Il y enseigne les mathématiques, mais aussi la géographie. Il traduit d'ailleurs la *Géographie* de Ptolémée. Il se lance ensuite dans des études de médecine, avec l'un de ses compagnons du même âge que lui, Ambroise Paré qui fera d'ailleurs plus tard le plus grand éloge de Servet. La traduction de ce dernier de la *Géographie* de Ptolémée, avec des notes explicatives, surprend beaucoup, car il y rectifie bon nombre d'erreurs. Il écrit également un traité de pharmacologie, un traité sur les sirops, et découvre la petite circulation du sang et le rôle qu'y jouent les poumons — peut-être en même temps que d'autres chercheurs. Il fait deux séjours à Paris entre 1532 et 1538 entrecoupés par une parenthèse lyonnaise de presque trois ans. Simultanément, il donne des cours sur les sujets les plus divers. Il semble qu'il ait été quasiment maître de conférences dans une chaire de médecine. Il a comme élève le futur archevêque de Vienne, Pierre Palmier. Et contribue à l'édition de quantité d'œuvres de l'Antiquité. On retrouve cependant sa trace à Paris en février 1538 alors qu'il publie un pamphlet contre un médecin de la Faculté et deux de ses confrères. Ce qui lui vaut un procès en bonne et due forme du recteur de l'Université devant le Parlement. Malgré le verdict assez bénin, Servet décide de quitter la capitale et de se consacrer exclusivement à l'exercice de la médecine. Il change de nom... Et prend dorénavant le patronyme de « Villanovanus ». Il quitte Paris en étant « gradué et savant en médecine ».

S'il paraît avoir délaissé la théologie et les disputes trinitaires, il découvre entre-temps le livre fondamental de Jean Calvin, le *Christianae religionis institutio*, *L'Institution de la religion chrétienne*. Toujours passionné de controverse, il tente d'entrer en contact avec l'auteur.

Il lui écrit sous le sceau du secret dans l'espoir de confronter son opinion à celle du nouveau maître réformé. Servet et Calvin ont-ils eu alors une entrevue secrète et ont-ils déjà apprécié leur radicale opposition ? Il semble bien que non. Théodore de Bèze, lui-même, mentionne un projet de rencontre, mais précise que l'entrevue ne put se tenir. Les deux humanistes conviennent selon le récit de Théodore de Bèze de disputer en tête à tête, sans témoins à Paris, à la demande de Calvin qui est prêt à « hasarder sa vie pour le gagner à nostre Seigneur » témoigne-t-il[6]. Mais les désaccords sont trop graves, le lieu et le moment trop périlleux. Le projet est abandonné. Seule demeure une vive antipathie. Servet dans les lettres envoyées à Calvin lui adresse des questions et objections en leur donnant ce tour sarcastique et polémique qu'on trouve déjà dans son propre livre, *De Trinitas erroribus* : « Il [Servet] était à Lyon, écrit Calvin, quand il m'envoya trois problèmes à résoudre comme s'il se moquait. » On imagine aisément les sentiments du brillant Calvin sûr de son savoir et fort des convictions, scellés par des nuits de veille et de travail. De cette époque naît certainement une antipathie que le temps n'allait qu'accroître.

Et, pendant une vingtaine d'années, on n'entend plus parler de Michel Servet. L'archevêque de Vienne, Pierre Palmier, le prend comme médecin et l'installe dans un bel appartement au palais épiscopal. Vienne, au sud de Lyon, est remarquable. C'est une cité romaine, mais aussi chrétienne, où se trouve l'une des plus anciennes églises de la Gaule. Au XVIe siècle, c'est une ville religieuse, où tout est fonction de l'archevêque. L'évêque de Genève dépend de ce dernier : un lien étroit existe ainsi entre Vienne et Genève.

Servet-Villanovanus, médecin, est fort honorablement connu et apprécié. Il est même tenté un moment de se marier, mais le projet n'aboutit pas, en raison, semble-t-il, d'un problème de stérilité. À Vienne, il devient non seulement médecin de l'archevêque, mais aussi président de la confrérie de Saint-Luc, patron des médecins. Aujourd'hui, on dirait président du conseil de l'Ordre. L'homme est donc non seulement libre de vaquer à toutes ses occupations, mais parfaitement considéré. Bon catholique et humaniste, il entretient d'excellentes relations avec l'archevêque de Vienne, comme avec le lieutenant général en Dauphiné, le représentant du pouvoir royal sur place. Il n'en continue pas moins d'exercer très discrètement sa réflexion religieuse, mais la prudence l'emporte pendant toutes ces années. Le polémiste se tient en retrait tout en poursuivant ses lectures philosophiques et théologiques. Si l'on apprenait que le réputé médecin est aussi l'auteur des *Trinitatis erroribus*, il serait aussitôt arrêté et ne pourrait continuer ses travaux théologiques.

Il entreprend néanmoins une correspondance avec Calvin. Ils s'envoient des dizaines de lettres toutes plus dures et polémiques les unes que les autres. En 1546, Calvin confie à Farel : « Servet m'a récemment écrit et joint à ses lettres un long volume plein de ses délires, affirmant avec sa jactance fanfaronne que j'y trouverai des choses étonnantes et neuves. Si cela me plaît, il viendra ici. Mais je ne veux pas engager ma parole. Car s'il venait, et que mon autorité vaille quelque chose, je ne souffrirai jamais qu'il sorte vivant[8]. » Claire menace pour l'imprudent Espagnol qui ne la perçoit visiblement pas. Manifestement, Calvin ne supporte plus tout dialogue avec Servet. Il faut dire que ce dernier l'interpelle vigoureusement et n'hésite pas à le traiter d'ignare ou d'âne... Servet le considère tranquillement comme quantité négligeable, ne comprenant rien à rien, et ne méritant pas d'être à la place où il se trouve. Alors que Calvin avait écrit *L'Institution de la religion chrétienne*, Servet écrit *La Restitution de la religion chrétienne*. N'y a-t-il pas là une allusion polémique évidente ? Il décide d'ailleurs d'éditer cette œuvre à Vienne même où se trouve un imprimeur, Guéroult, originaire de Genève et du parti des libertins qui s'opposent vertement à Calvin*.

Dans son *Christianismi restituio,* Servet confirme que la Trinité n'a pas de fondement biblique. Mais il introduit maintenant une étonnante théorie médicale de l'incarnation. Tout son système se fonde sur la prémisse que Dieu s'adapte à l'homme pour communiquer avec lui. La venue du Christ constitue à ses yeux la manifestation de Dieu dans le monde et il en donne une explication scientifique. Deux principes la fondent : l'être humain est composé du corps et de l'âme, et Dieu ne communiquant jamais son essence fait néanmoins un double effort pour se rapprocher des deux composants de sa créature. Il s'accommode à l'âme au moyen de l'Esprit saint qui lui donne la vie et le sens de la divinité. Et s'accommode au corps au moyen du Christ humain. S'ensuit une fumeuse théorie pseudo-médicale sur le fait que le Christ n'a pas été créé dans le ventre de Marie, mais qu'il fut généré par la semence provenant de la substance du Père ! Le Christ n'est donc pas, pour lui, n'importe quel humain, il est bel et bien progéniture

---

* On envisageait d'éditer cette *Restitution* à 800 ou 1 000 exemplaires. Au XVIe siècle, c'était considérable. Il a fallu des mois pour l'imprimer clandestinement. Pour en assurer la diffusion, on avait envoyé des ballots du livre un peu partout. Certains devaient passer par Genève, ce qui ne devait pas faire plaisir à tout le monde, d'autres par Lyon ou Francfort-sur-le-Main. Servet avait le sens d'une certaine forme de publicité, ce qui était alors assez rare. Mais ses adversaires vont réussir à faire en sorte qu'il ne subsiste que trois exemplaires de la *Restitution*. Il y en a un en Angleterre, un à Paris et un à la bibliothèque de Vienne, en Autriche. Ce dernier a servi de base à l'érudition, car son histoire est surprenante. Il a été offert par un noble hongrois à Joseph II qui en a fait grand cas et a couvert de récompenses celui qui lui avait offert cet ouvrage. En 1791, le livre a été réédité en Autriche.

de Dieu et résultat de l'insémination de Marie par le Verbe. Selon Servet, l'Esprit saint constitue une des opérations divines, son action étant visible notamment dans la circulation du sang entre le cœur et les poumons ! Une circulation sanguine qu'il avait été le premier à décrire sur le plan médical. Mais Servet nie dans le même temps que le Christ puisse, en tant que personne divine, préexister et être présent de tout temps dans le monde. Servet, à ce point, choque profondément ses interlocuteurs et Calvin en particulier, mais c'est cette affaire de « Verbe-semence » qui les fait s'étrangler d'indignation !

Jésus-Christ n'est pas présenté comme préexistant, mais la prédestination des élus, chère à Calvin, est aussi niée. Chose étonnante, Servet combat le salut par la foi, estimant que cette affirmation risque de devenir un oreiller de paresse. Il reprend l'hymne à la charité de Paul en 1 Corinthiens 13 : « Maintenant, ces trois choses demeurent : la foi, l'espérance et la charité, et la plus grande des trois, c'est la charité. » Selon Servet, Luther se trompe avec le salut par la foi, parce qu'il retire d'un côté ce qu'il accorde de l'autre. Pour lui ce qui compte, c'est la manifestation de la foi par nos œuvres. Sur ce point, il se distingue de l'ensemble de la Réforme, y compris des mouvements dissidents de l'époque. Il s'oppose aussi au baptême des enfants, estimant que, pour être baptisé, il faut être conscient de ce que l'on fait. Et se rattache, par là, au mouvement anabaptiste qui entend réserver l'eau du baptême à une conscience adulte. Mais il s'oppose, malgré tout, aux anabaptistes qui souhaitent rompre avec le monde, ses pouvoirs et dominations. Il estime que tout croyant peut porter les armes, si c'est pour se défendre ou défendre son pays, et peut exercer les fonctions de Magistrat. Il reconnaît au Magistrat le droit de prononcer une condamnation, mais s'élève contre les bûchers dressés à l'encontre des hérétiques. L'hérésie doctrinale n'est pas, à ses yeux, dangereuse pour la société. Même ayant dépassé toutes les bornes permises, l'hérétique ne doit être condamné qu'au bannissement. Plaidoyer *pro domo* qui ne sera cependant pas entendu, ni reçu par l'ensemble de la chrétienté.

LES PROCÈS DE SERVET

Il se passe alors quelque chose d'étrange. À Genève, parmi les amis de Calvin, se trouve un homme qui appartient à la petite noblesse et qui est dans les affaires. Il s'appelle Guillaume de Trie. Il entre en dialogue avec l'un de ses cousins restés à Lyon, ville où, avec Bâle, se sont cristallisés tous les mouvements porteurs d'une plus grande ouverture. Servet avait d'ailleurs été disciple d'un médecin, Symphorien Champier, de Lyon, qui fut l'une des grandes célébrités médicales du XVIe siècle. Servet avait alors pris parti pour les médecins grecs contre la médecine arabe, car il avait découvert toutes sortes de reproches à faire à celle-ci.

Le cousin, resté à Lyon, s'appelle Antoine Arneis. Ce dernier écrit à Guillaume de Trie que les Genevois mènent une vie désordonnée, que la pagaille règne à Genève. Guillaume de Trie prend alors la mouche et répond qu'à Vienne on tolère les pires hérétiques, au point de les héberger au palais archiépiscopal. Arneis demande des précisions. De Trie lui apprend que quelqu'un nie la Trinité, la plupart des dogmes chrétiens, jusqu'à la divinité de Jésus-Christ, et que cet homme est néanmoins le médecin de l'archevêque de Vienne, président de la confrérie de Saint-Luc. Arneis demande alors des preuves que Guillaume de Trie va trouver chez Calvin. De Trie sait que Calvin entretient une correspondance serrée avec Servet. Celle-ci n'était pas confidentielle, puisque l'essentiel en avait été imprimé par Servet lui-même à la fin de son dernier ouvrage. Des belles feuilles de la *Restitution chrétienne* avaient été également envoyées à Calvin, ainsi que des pages annotées par Servet de *L'Institution de la religion chrétienne*. On peut concevoir que Calvin se soit un peu formalisé de cette correction plus que radicale. De Trie avait prévenu le Réformateur de ce qu'il voulait envoyer un certain nombre de textes à son cousin de Lyon. Calvin était visiblement réticent. Livrer un homme, fût-il un hérétique, à l'Inquisition, pouvait en effet soulever quelques interrogations dans l'esprit du Réformateur, si définitivement opposé à Rome et à ses pompes et autres procès de cette institution dévoyée. Calvin n'a visiblement pas la conscience très tranquille en remettant ces textes à de Trie. Il s'en justifiera longuement par la suite et niera à toutes forces avoir servi et encouragé de la sorte le tribunal de l'Inquisition. Il le fait quand même. Calvin n'a pas vraiment dénoncé Servet à l'Inquisition mais il laisse de Trie le faire. Il se doute peut-être que l'histoire peut prendre un tour néfaste à son contradicteur. Ainsi, des documents autrefois chez Calvin se sont retrouvés, sans qu'on sache très bien comment, en possession de l'Inquisition à Lyon. Ils vont servir à condamner Michel Servet. Il n'en demeure pas moins que le bruit a couru par la suite « jusques à Venise et Padoue » d'une dénonciation de Servet par Calvin à l'Inquisition.

Pendant ce temps, la mobilisation bat son plein à Vienne. Des perquisitions permettent de retrouver l'imprimeur du *Christianismi restitutio*. L'impression était clandestine et l'ouvrage anonyme. Mais cette précaution n'empêche pas Servet-Villanovanus d'être rapidement démasqué et identifié comme l'auteur d'un nouvel ouvrage sulfureux. Tous les protagonistes de l'affaire sont emprisonnés. Dénoncés puis arrêtés et condamnés à mort comme hérétiques à Vienne en avril 1553. Miracle ? Manipulation ? Complicités ? Toujours est-il que Michel Servet, profitant d'un moment d'inattention de ses geôliers, saute par la fenêtre et peut s'enfuir de sa prison. Il disparaît alors pendant trois ou quatre mois. À Vienne, on le condamne à être brûlé vif par contumace avec ses livres. Servet est déclaré coupable d'hérésie, le 17 juin 1553, par une sentence de la cour. Conformément aux conclusions du procureur du roi et au vu de ses activités passées, Servet est déclaré coupable du « crime d'hérésie scandaleuse » et condamné à la peine du feu « estre brûlé en effigie avec ses livres, dépens et frais de justice étant à prélever ses biens confisqués ». On le brûle le même jour à midi... en effigie accompagné de toutes ses œuvres. On brûle en premier lieu tout le stock du libraire contenant la *Restitutio*. Parallèlement à la juridiction civile, l'Officialité de Vienne instruit son propre procès avec la collaboration de l'inquisiteur et dominicain Ory. Servet est déclaré *maximum haereticum* au vu des pièces du procès et principalement à la lecture des textes de la *Christianismi restitutio,* remplis de blasphèmes et d'hérésies contre la « Sainte Trinité », la messe et le baptême des petits enfants.

Servet, semble-t-il, tente de rejoindre alors l'Italie, car l'Italie, et plus particulièrement la région de Vicence, était le grand centre d'où était parti tout le mouvement antitrinitaire. Là vivaient des humanistes, généralement issus du milieu juridique. Sur la route, Servet s'arrête à Genève et descend à l'hôtel de la Rose. Combien de temps demeure-t-il sur place, on ne sait. Toujours est-il que le dimanche il va au culte au temple de la Madeleine. Là, Calvin prêche. Folie de Servet ? Ultime provocation ? Comment comprendre que Servet dans la situation qui est la sienne — il est ni plus ni moins pourchassé et condamné par l'Inquisition — se jette ainsi dans les mains de son adversaire ? Sauf qu'à Genève, l'assistance au culte est quasiment obligatoire. Il faut une dispense du Consistoire pour s'en passer. S'il n'y était pas allé, il aurait été repéré tout de suite. Mais il peut tout aussi bien poursuivre son intention première et aspirer ardemment — avant tout exil définitif — à cette confrontation avec Calvin qu'il a maintes fois annoncée et toujours dû remettre. Malheur ou chance provoquée ? On le reconnaît dans la foule des fidèles de ce dimanche-là. À la sortie du temple, il est arrêté. Quatre mois après son évasion de Vienne, le voici de nouveau en prison.

Dans cette Genève réformée, tenue en France pour le repaire des hérétiques, les pasteurs et les autorités civiles de la ville éprouvent le souci constant d'afficher une sérieuse orthodoxie face aux « hérétiques » anabaptistes ou antitrinitaires présents en Suisse de manière plus ou moins clandestine. À Genève pourtant, l'hérésie ne fait pas l'objet d'un dispositif particulier du droit canon et des lois de l'État comme en France. Mais l'hérésie et le blasphème quand ils impliquent une dimension d'ordre public et de scandale sont criminalisés. Ils relèvent alors, comme tout crime, de la compétence d'une juridiction civile, les quatre Syndics et le Petit Conseil (vingt-cinq personnes au total). Dans ce cas, les pasteurs de la ville sont appelés comme « experts en doctrine ». Calvin, prévenu, demande aux Syndics de le faire arrêter. Servet est incarcéré dans l'ancien palais épiscopal qui fait office de prison.

Dans la Genève de ce milieu du XVIe siècle, quand on accuse quelqu'un, on doit se présenter pour être détenu avec lui. Tant que les deux ne sont pas départagés, ils restent en prison. Évidemment, on conseille à Calvin de ne pas y aller, mais d'envoyer son secrétaire, de la Fontaine. Calvin présente celui-ci comme son cuisinier ! De la Fontaine arrive avec trente-huit propositions contre Servet. Elles émanent évidemment toutes de Calvin. En prison Servet se trouve dans des conditions très dures de sous-alimentation et de mauvais traitements. Il n'est pas frappé, mais il y a de la vermine partout. Les conditions d'hygiène sont lamentables. Il s'en plaint. On l'entend, mais sans commisération superflue. Il reviendra sur le sujet plusieurs fois, réclamant de meilleures conditions d'internement. À chaque demande, le Conseil consent à le mieux vêtir, chausser ou nourrir. Paradoxalement, il peut écrire tout ce qu'il veut. On lui apporte du papier. En vue de sa défense, il peut commander tous les ouvrages qu'il souhaite. Ceux qu'il commande sont intéressants. Il se réfère pour sa défense à l'Église de l'Antiquité et non pas à celle du Moyen Âge. Il demande des ouvrages d'Irénée de Lyon et de Tertullien[*].

Avant de rendre ces livres, Servet souligne tous les passages qui lui conviennent, afin que ses adversaires sachent sur quoi il va se baser pour sa défense. Elle sera extrêmement adroite et habile, contrairement à ce qui a été dit parfois. Il a le don de présenter les choses le plus favorablement possible pour lui. Calvin va demander à assister au procès qui se déroule devant le Petit Conseil. En 1553, une situation délicate s'impose pourtant à lui. Sa position à Genève n'est pas encore établie

---

[*] Tertullien est le premier théologien qui ait écrit en latin, alors qu'Irénée, l'un des plus anciens théologiens, écrivait en grec. C'est à leur époque, au début du IIIe siècle, qu'un tournant eut lieu qui aboutit à des affirmations doctrinales très fortes qui n'existaient pas précédemment.

définitivement. Officiellement, il n'y est rien, n'ayant toujours pas le droit de bourgeoisie, qu'il n'obtiendra qu'en 1559. Il est un simple prédicateur. Il parle. On l'écoute et on le suit, souvent. Mais pas toujours. En ce début d'été 1553, Calvin doit affronter une sérieuse difficulté : en effet, le parti des libertins a pratiquement pris le pouvoir au Conseil des Deux-Cents qui gouverne la ville. Ses membres sont tous des adversaires du réformateur et des pasteurs du Consistoire. Ils cherchent visiblement à sauver Servet. Et à mettre en difficulté Calvin. Mais, prudents, ils ne veulent pas apparaître comme des hérétiques. Ils ne défendront pas Servet comme ils auraient pu le faire. Servet sera victime de la situation la plus mauvaise pour lui mais aussi pour Calvin. La condamnation de Servet, on le découvre à ce moment-là, est une affaire hautement politique.

Pour un observateur extérieur, on comprend que Calvin et les pasteurs de Genève ne peuvent ignorer le jugement de Vienne. La réputation de Servet a dépassé les frontières, un procès de l'Inquisition l'a même condamné par contumace en Espagne. Il y va non seulement de la réputation de la ville-refuge, mais plus encore de l'avenir de la Réforme, estiment les pasteurs de Genève. Bullinger, Farel et Théodore de Bèze exhortent Calvin à ne pas faiblir face à la menace que représente Servet. Les Églises suisses ne peuvent supporter de se voir ranger parmi les hérétiques. Le mouvement réformé, qu'on se le dise, n'est en rien adossé à l'hérésie arienne qui nie l'enseignement des grands conciles dont celui de Nicée. La Réforme est un retour aux sources initiales, à la pureté de l'Évangile, elle n'est en rien un mouvement dissident, mais la véritable Église. Ne pas condamner Servet revient en réalité à condamner le mouvement réformé. Mais la situation politique est tout aussi compliquée pour le Réformateur à Genève même.

Vue de l'intérieur, cette situation est très complexe. Elle oppose à Calvin un parti, celui des libertins qui souhaitent se défaire de l'emprise du Consistoire sur la ville. Le Conseil, en septembre 1533, inflige à Calvin un sérieux camouflet en autorisant l'un des leaders du parti des libertins, Philibert Berthelier, que l'on accusait de licences diverses, à participer à la Sainte Cène, contre l'avis du Consistoire. Les incidents se multiplient entre le Consistoire et le Conseil des Deux-Cents. Les mauvaises langues s'en délectent dans la ville où toutes sortes de rumeurs circulent. Calvin en conçoit un très profond dépit. Malgré ses protestations, le Conseil ne lâche rien. Excédé, Calvin déclare qu'il songe à nouveau à l'exil. Les pasteurs font alors remontrance au Conseil de son abus de pouvoir en ce qui concerne la participation à la Cène, qui demeure du ressort du seul Consistoire. Résolu et ferme sur les prérogatives qui ne devaient, selon lui, relever que de la seule compétence des Églises, Calvin déclare en chaire, devant la foule tendue et impatiente qui s'est rassemblée dans la cathédrale de Genève : « Comme maintenant nous devons recevoir la Cène de notre Seigneur Jésus-Christ, si quelqu'un voulait ingérer à cette table à qui il serait défendu du Consistoire, il est certain que je me monterai pour ma vie tel que dois[9]. » Devant la fermeté des pasteurs, le Conseil temporise et évite la rupture. Mais le procès de Servet suit son cours et le Conseil, compte tenu de ces tensions avec Calvin, décide d'un nouveau débat contradictoire entre le prisonnier et les ministres. Le procès reprend donc tous ses droits.

La plainte rédigée par Calvin lui-même comporte trente-huit articles récapitulant toutes les erreurs de Servet, erreurs sur la Trinité, sur la nature de Jésus-Christ, sur l'âme de l'homme, sur le baptême des petits enfants, sur l'Esprit de Dieu. Et au surplus, sur la « diffamation » de la doctrine de Calvin ! Servet répond point par point. Il justifie ses publications : loin de l'esprit de sédition, ce qui le meut, c'est l'appel évangélique à communiquer aux autres la lumière et la Vérité. Le Conseil genevois s'adresse par écrit au tribunal de Vienne et réclame différentes pièces du procès. Réponse de Vienne : nous réclamons l'extradition de Servet au motif qu'il relève de la justice française et que la sentence contre ce prisonnier — dont une copie est jointe — doit être exécutée. La réaction de Servet est immédiate : « il se jette à terre avec larmes requérant qu'on le jugeat icy[10] ». Cependant à Genève, les juges demeurent indécis, d'autant que la tension entre Calvin et les libertins demeure explosive. Certains parmi les opposants de Calvin ne pensent qu'à bannir Servet, ce qui est une façon de sauver la face, mais constitue un camouflet pour le réformateur. Le Conseil réclame cependant de Calvin ses dernières propositions. Il en rédige trente-huit avec des renvois précis aux textes de Servet. La *disputatio* théologique se fait en latin, elle est publique et, à la manière réformée, les arguments doivent être tirés de la raison et de l'Écriture. Servet répond aux sentences de Calvin, mais y ajoute force invectives contre le Réformateur, le traitant de menteur, de calomniateur et d'ignorant. Servet, lassé par des semaines de cachot — détenu depuis le mois d'août, il est mort le 27 octobre —, s'emporte et n'attaque plus que la seule personne de Calvin, il va jusqu'à dire : « C'est lui ou moi. Il s'agit de savoir qui vous voulez suivre. » Attitude maladroite et contre-productive, s'il en est.

Calvin souhaite malgré tout que d'autres capitales protestantes soient consultées. On demande l'avis d'un certain nombre de villes, du moins à leurs pasteurs et autorités. Les Églises de Zurich, celles de Berne, de Bâle, de Schaffhouse sont consultées. Les réponses sont toutes en faveur de Calvin. On considère partout Servet comme un surexcité. Et un hérétique notoire. En même temps, les réponses sont modérées : aucun canton ne propose la peine de mort. On affirme seulement la nécessité de réagir. On estime que le bannissement suffit. Finalement, le 26 octobre 1553, après avoir repoussé une tentative de Perrin de porter la cause devant les Deux-Cents, le Conseil condamne Servet à être « bruslé tout vyfz » et ses livres brûlés dès le lendemain.

Calvin rend visite à Servet, peu de temps avant son exécution et tente encore de le convaincre. Servet a demandé à le rencontrer. Le récit qu'en laisse Calvin dans sa *Déclaration pour maintenir la vraie foi,* écrit un an après les faits, est troublant. Calvin assure à Servet n'avoir poursuivi contre lui aucune « injure particulière ». Il confie lui avoir parlé « doucement » et confirmé sa parfaite humanité envers lui alors que Servet a jeté contre lui « rage et colère ». Il lui conseille alors de crier merci à Dieu, alors que l'autre rétorque qu'il veut plutôt « lui crier merci ». Calvin persiste et lui commande de demander pardon de ses blasphèmes et rêveries. Sans signe de repentir le Réformateur confesse s'être « retiré d'un hérétique qui était condamné de soi-même, portant sa marque et flétrissure en son cœur[11] ». Touché par une sorte de remords inavoué, Calvin confie à Farel qu'il est intervenu au Conseil pour que celui-ci renonce au bûcher et se contente d'une décapitation, moins cruelle pour le supplicié. « Nous avons tenté de modifier le genre de la mort », écrit-il le 26 octobre, « mais en vain. » Servet meurt, selon le récit qu'en fait Calvin, sans repentir et sans aucune confession de ses « fautes ». La mort de Servet demeure pour le Réformateur celle d'un anti-martyr. Face à la mort, il est resté muet au lieu de confesser sa foi. Sauf que pour nombre de ses contemporains, la mort de Servet s'apparente plutôt à celle du Christ qui n'a pas ouvert la bouche devant ses contradicteurs et persécuteurs... L'affaire Servet ne faisait que commencer.

LE PROCÈS DE CALVIN

Avant même le bûcher, la condamnation de Servet provoque des remous en Suisse. À Bâle, en particulier, dans les milieux de réfugiés français où des voix protestantes et évangéliques s'élèvent en faveur de l'accusé. Ou contre Calvin sur le principe de la punition des hérétiques. C'est en réalité Servet lui-même qui a initié, lors de sa défense publique, cette inversion des rôles et des accusés. Calvin accusateur devenait dans la bouche de Servet celui par qui le scandale même était arrivé à Genève. Calvin ne défend pas la cause de Dieu seulement, expliquait Servet, mais la sienne propre et sa vanité... Les protestations de Servet vont alors prendre une ampleur insoupçonnée. Comme si sa condamnation avait tout d'un coup réveillé les consciences protestantes. Certes Servet et d'autres, tels les anabaptistes, sont condamnés et brûlés allégrement en terres catholiques, mais la Réforme se doit-elle de suivre ces agissements, elle qui s'est élevée contre l'obscurantisme, les superstitions et la domination ou l'exploitation des âmes ? Comme si la Réforme n'était pas allée jusqu'au bout de son élan, libérant les consciences et les esprits emprisonnés par les carcans d'une chrétienté qui avait perdu ou oublié les paroles des Évangiles. Sans réellement admettre que cette liberté conquise était due aussi à tout un chacun, fût-il hérétique ou déviant. Il y a là comme une régression de la Réforme que d'aucuns perçoivent cependant clairement. Curieusement, de divers lieux de la Suisse protestante et d'Allemagne proviennent, timidement et poliment tout d'abord, questions et doutes. Des réactions plutôt bienveillantes à l'égard de Calvin, mais critiques, se font jour, notamment de la part d'hommes d'État.

Le chancelier de Berne, Zurkinden, estime ainsi que cette manière violente ne peut servir à la conversion des pêcheurs ou des hérétiques. Même si quelqu'un est actuellement un fléau pour l'Église, il peut devenir un champion de la bonne cause. Non, désormais, les magistrats ne doivent plus sonder les consciences, il leur faut se contenter de réprimer les actes répréhensibles. L'usage du glaive ne s'impose plus en matière de foi. On n'a donc pas le droit de supprimer tout avenir à quelqu'un.

Plus radicales encore, d'autres réactions réformées s'organisent. Dès novembre 1553, deux mois après la mort de Servet, deux courts récits imprimés, *Historia de morte Serveti* circulent à Genève, tous deux en provenance de Bâle et anonymes. L'un de ces textes est certainement de Sébastien Castellion qui a quitté Genève en 1544 en raison de désaccords croissants avec Calvin. Ce texte met en évidence le rôle de Calvin dans les deux procès, celui de Vienne où il aurait fourni des arguments à l'Inquisition et celui de Genève où il demeura le principal accusateur de Servet. Sur le fond, on reproche au Réformateur le fait qu'un homme ait pu être tué à Genève du fait de sa religion, contre la parabole évangélique du bon grain et de l'ivraie (Matthieu 13) qui croissent forcément ensemble. Et ne peuvent être séparés par le feu. Pis, les « évangéliques » se sont, de cette manière, acoquinés avec les « papistes » et ont singé leurs manières superstitieuses et violentes. Pourquoi ce meurtre, s'indignent les rédacteurs anonymes de ces pamphlets contre Calvin, alors que Genève avait pris l'habitude du bannissement pour se séparer des hérétiques ? Théodore de Bèze peut à bon droit rappeler plus tard qu'« il y a peu de villes de Suisse et d'Allemagne où l'on n'ait fait mourir des anabaptistes et à bon droit : ici à Genève on s'est contenté de bannissement... Un seul, Servet a été mis au feu. Et qui ne fut jamais plus digne que ce malheureux[12] ? »

Genève tente bien de réagir et de se justifier. Pour prévenir ces accusations, Farel a déjà demandé, dans un premier temps, au Petit Conseil que les faits de l'affaire Servet, les attendus du jugement et la condamnation soient publiés. Mais cela ne suffit pas. La polémique enfle à mesure que les jours passent depuis ce funeste 27 octobre 1553. Les proches de Calvin, comme Théodore de Bèze, tenteront par la suite de confirmer la justesse de l'attitude des pasteurs de Genève. Mais leur plaidoyer acharné ne fera qu'aviver le drame. Théodore de Bèze tient des propos d'une violence et d'une virulence rares. Lui qui d'habitude se montre plutôt diplomate va jusqu'à dire qu'il faut exterminer les hérétiques comme des chiens. Il en demeure à cette antique conception où le crime de sang ne faisait périr que le corps. Alors que la corruption par l'hérésie touchait l'âme éternelle. Ceux qui corrompent l'âme sont donc pires que les criminels de sang, explique Théodore de Bèze.

Calvin, inquiet de la tournure des événements et poussé par les pasteurs de Genève publie, en 1554, la *Déclaration pour maintenir la vraye foy, la Trinité des personnes en un seul Dieu, par Jean Calvin, contre les erreurs détestables de Michel*

Servet. Où il est aussi montré qu'il est licite de punir les hérétiques, et qu'à bon droict ce meschant a esté executé par justice en la ville de Genève. Il recense scrupuleusement dans son plaidoyer les étapes et les arguments échangés avec Servet. Il reconnaît publiquement son rôle à Genève, mais pas celui qu'on lui impute à Vienne. Pour présenter sa position, il se situe comme un « prisonnier » qui doit « rendre compte de sa doctrine vis-à-vis de l'accusé ». Une attitude modeste qu'il oppose à celle d'un Servet « enflé d'orgueil ».

Ses explications tiennent en quelques mots : Dieu nous enseigne clairement que nous devons fouler aux pieds toutes nos affections naturelles quand il est question de Son Honneur. Il multiplie les périodes rhétoriques répétitives : « Ce n'est pas en vain que Dieu prive notre cœur de tous les sentiments naturels auxquels il est habitué [...] si ce n'est pour nous montrer qu'il n'est pas honoré proprement s'il y a le moindre obstacle à son zèle sacré. » Propos que l'on hésite à qualifier tant ils semblent loin de nos cadres de pensée marqués par les droits de l'homme. Cette défense des droits de Dieu contre les sentiments humains marque dramatiquement le XVIe siècle et la Renaissance. Calvin, comme le relèvera Castellion, ne parvient pas à se hisser ici à la hauteur des intuitions et de la liberté d'être et de pensée qu'il a gagnée ailleurs. Comme le lui reprochera Castellion, il ne peut ignorer les exhortations qu'il a lui-même prononcées où il appelle les hommes à se libérer des chaînes que font peser sur les consciences superstitions et tutelles religieuses. Il en reste pourtant là à une religion barricadée, menacée de l'extérieur et vivement contestée alors à l'intérieur. Un contexte tendu et malsain qui a forcément induit et obscurcit les perspectives.

Calvin espère, malgré tout, mettre fin au procès qu'avait lancé Michel Servet lui-même. Espoir rapidement et vivement déçu. Parmi ses amis même on chercherait en vain une approbation sans réserve. Si tous ont approuvé Calvin avant l'exécution de Servet alors qu'il consultait les autres Églises suisses, ce temps est passé aujourd'hui. La conscience s'est effectivement réveillée. Calvin lui-même semble aux prises avec quelques remords alors qu'il écrit à son ami Bullinger : « Vous au moins, même dans vos critiques, vous me jugez avec équité. D'autres m'attaquent durement, me reprochent d'être un professeur de cruauté, de poursuivre de ma plume un homme qui est mort de ma main[13]. » La réaction de Calvin et de ses proches se veut ferme et définitive. Il faut faire front et justifier cette condamnation, car il était au fond politiquement impossible d'ignorer celle de Vienne et de l'Inquisition. Une illustration de la formule du grand prêtre Caïphe au moment de la crucifixion de Jésus dans les Évangiles : « Il faut mieux qu'un seul homme meure pour tout le peuple et que la nation entière ne périsse pas[14*] » ? Donc il vaut mieux qu'un seul meure. Il y a des tueurs qu'il faut tuer pour que la maison du

---

* Évangile de Jean 11, v. 49 et 50 : « L'un d'eux, Caïphe, qui était souverain sacrificateur cette année-là, leur dit : "Vous n'y entendez rien, vous ne réfléchissez pas qu'il est dans votre intérêt qu'un seul homme meure pour le peuple, et que la nation entière ne périsse pas". »

Christ tout entière ne soit pas renversée. Abattre les loups qui environnent l'Église véritable, c'est affirmer la permanence de la parole de vérité dans le monde...

Mais la contestation la plus radicale viendra effectivement de Sébastien Castellion. Castellion publie un *Traité de la persécution des hérétiques*. L'ancien responsable du collège de Genève a cultivé au cours de ces années une véritable rancœur envers Calvin. Il a quitté Genève accompagné de lettres de recommandation de Calvin qui tente alors, malgré ses réticences, de ne pas l'accabler. Mais Castellion éprouve de grandes difficultés à trouver un point de chute. On l'accueille cependant à Bâle où il patientera pendant plusieurs dures années avant de se stabiliser et de retrouver une fonction universitaire. Il va finalement enseigner le grec à l'université de la ville.

Ses relations avec Calvin, à la fois confiantes et filiales en leurs débuts, ont visiblement mal tourné. Après lui avoir confié un rôle essentiel dans l'enseignement à Genève, Calvin s'irrite visiblement des prétentions de son jeune disciple. De contestations théologiques ou bibliques leur opposition devient frontale quand Castellion insiste sur le libre examen. Ce point crucial nouera le procès que Castellion inflige à Calvin dans l'affaire Servet. Ce n'est pas le seul Servet qui importe à Castellion, mais les conséquences de l'attitude doctrinale de Calvin. De fait, c'est de Bâle même que partiront tous les libellés contre Calvin. Castellion a pourtant la très grande habileté de publier des textes pour ou contre la persécution des hérétiques, sans en dire plus. Il y cite des textes de Calvin, allant dans le sens d'une plus grande compréhension que celle qu'il venait de manifester. Mais sans nommer le réformateur de Genève. Il écrit son libellé sous un pseudonyme et se cite également à l'occasion... Pour donner le change sans doute.

On saura assez vite malgré tout qu'il est l'auteur de cet ouvrage. Par la suite, il écrit un second ouvrage intitulé *Contre le Libelle de Calvin*, qui n'est imprimé qu'en 1612, bien après la bataille et la mort de Castellion.

C'est dans son livre de 1612 que Castellion écrit à propos du cas Servet sa célèbre formule, et là se trouve toute la modernité de sa pensée, dénonce la vanité de l'orthodoxie théologique et insiste, à l'inverse, sur le caractère moral de l'enseignement du Christ. Il introduit, peut-on dire, une sorte de relativisme absolu de la théologie qui ne peut être qu'une science approximative et toujours à remettre sur l'ouvrage. Il relève que l'exigence véritable de l'Évangile ne se situe pas sur le terrain métaphysique ou théologique, mais éthique. La foi chrétienne est plus une manière d'être et de se comporter qu'une certaine manière de croire. Castellion écrit[15] :

On dispute, non pas de la voie par laquelle on puisse aller au Christ — qui est de corriger notre vie — mais de l'état et office de Christ, à savoir où il est maintenant, ce qu'il fait, comment il est assis à la dextre du Père, comment il est un avec le Père. *Idem* de la Trinité, de la prédestination, du franc arbitre, de Dieu, des anges, de l'état des âmes après cette vie, et d'autres semblables choses, lesquelles ne sont grandement nécessaires d'être connues pour acquérir salut par la foi — car sans la connaissance d'icelle, les publicains et les paillardes ont été sauvés.

À l'appui de sa thèse, Castellion cite l'apôtre Paul dans son fameux hymne à l'amour[16] : « Si j'entendais tous les mystères et secrets du monde, si je n'ai pas la charité, je ne suis rien. » Il vaut mieux laisser vivre cent, voire des milliers d'hérétiques que faire mourir un seul homme sous le prétexte d'une doctrine erronée. Son *Traité des hérétiques* est en soi tout un programme dont le sous-titre est explicite : « À savoir si on les doit persécuter, et comment on se doit conduire avec eux, selon l'advis, opinion et sentence de plusieurs autheurs, tant anciens, que modernes. »

Et parmi ces auteurs, Calvin lui-même. Le Réformateur n'avait-il pas écrit, tout au début de son ministère, alors qu'il était lui-même persécuté : « Ce n'est pas agir en chrétien que de poursuivre par le fer et le feu ceux que l'Église a chassés et de leur refuser les droits de l'humanité » ? Castellion le reconnaît, Calvin et son ami Farel ne se sont-ils pas montrés les plus hardis et les plus résolus des réformateurs ? N'ont-ils pas ensemble transformé de fond en comble l'Église et interprété avec la plus grande liberté les textes de l'Écriture ? « Non seulement Calvin s'est livré à une véritable débauche d'innovations, mais il les a si bien imposées qu'il est devenu très dangereux de les contredire ; en fait, il a plus innové lui-même en dix ans que l'Église catholique en dix siècles », écrit Sébastien Castellion. Et de fait voilà peut-être la clé du comportement de Calvin, un homme emporté et comme paralysé à un certain moment par sa propre audace. C'est la chrétienté tout entière qu'il craignait de voir emportée si on ne lui fixait pas de limites fortes et intangibles. Comment comprendre autrement la diatribe que Théodore de Bèze s'est mis en tête de rédiger à la demande de Calvin contre le Traité des hérétiques ? Bèze va jusqu'à écrire « *Libertas conscientia diabolicum dogma* » (la liberté de conscience est une doctrine diabolique). Mieux vaut un tyran, voire bien cruel, que d'avoir une licence telle que chacun fasse à sa fantaisie... Prétendre qu'il ne faut pas punir les hérétiques, c'est comme si l'on disait qu'il ne faut pas punir les meurtriers de père et de mère, vu que les hérétiques sont encore infiniment pires. Donner libre cours à ses propres pensées libres et ne pas les soumettre à la « doctrine » et ne pas les contrecarrer serait « une charité diabolique et non chrétienne » pour Théodore de Bèze. On le voit bien, c'est cet espace libéré et cette possibilité d'une création nouvelle sans limites qui panique l'homme du XVIᵉ siècle. Face au péril de la totale décomposition du christianisme et, partant, à celui de la société, il « vaut mieux qu'un seul périsse » plutôt que la société tout entière. L'affirmation de Caïphe dans l'Évangile à propos de l'exécution de Jésus : « Il est avantageux pour vous qu'un seul homme meure pour le peuple et que la nation entière ne périsse pas » peut sembler l'archétype de la phrase scandaleuse. Reste qu'elle sert de justification à toutes les atteintes aux droits individuels quand il est question de l'intérêt collectif ou général. Elle demeure en tout cas l'arrière-fond de l'attitude de Calvin en l'espèce.

Mais il faudra attendre la fin du XVIIe siècle et un homme comme Pierre Bayle, pour voir apparaître une pensée sur la tolérance. Bayle développe alors un discours sur la « conscience errante ». La conscience peut errer, mais il n'y a pas de liberté sans la liberté de se tromper. Bayle réclama le droit à l'erreur, non pas l'erreur volontaire, mais la possibilité de se tromper en toute bonne foi. Sans ce droit, on ne peut rien entreprendre, on ne peut rien faire. Le *Contra libellum Calvini* de Castellion connaîtra une fortune immense longtemps après la mort des deux protagonistes. La charge qui ouvrait le procès du Réformateur n'était pas près de se calmer même si le temps et les polémiques antiprotestantes et plus tard antireligieuses allaient l'obscurcir durablement. Ainsi les philosophes des Lumières vont — en prétextant de Michel Servet — renvoyer dos à dos les religions catholique et protestante. Ce qui n'est historiquement pas exact au vu de l'exception que constitue le bûcher de Servet. Sans prétendre entrer dans d'inconvenantes et horribles comptabilités, mentionnons cependant pour mémoire l'étendue des victimes de l'Inquisition. Même les exécutions d'anabaptistes pourchassés à la fois par les luthériens, les réformés et les catholiques ont eu lieu à 90 % dans les pays catholiques.

Chez Sébastien Castellion, qui est sans doute l'un des hommes les plus éclairés de son temps sur ce point, la tolérance a malgré tout une limite. Dans son dernier ouvrage sur l'impunité des hérétiques, il suggère qu'on a le droit d'être chrétien, d'être mahométan ou juif, mais pas d'être athée, car la révélation de Dieu s'est faite dans le cœur de tout homme. Toutefois ce n'est pas une raison pour tuer les athées, affirme Castellion, il faut seulement les bannir. De même, pour lui, celui qui a été chrétien a connu la vérité ; il ne peut plus y renoncer. Nul n'a le droit d'être relaps, de changer de religion quand il a été chrétien. Un discours dont les relents d'intolérance n'ont visiblement pas totalement disparu. La pensée et la tolérance de factures humanistes doivent questionner sans relâche, jusques et y compris de nos jours, les conditions d'une gestion pacifique de la dissidence et le maintien dans nos sociétés d'un véritable pluralisme institutionnalisé.

Guerres et apaisements

> *Mais en l'obéissance que nous avons enseignée être due aux supérieurs, il y doit y avoir toujours une exception*[1].

La situation genevoise change du tout au tout à l'occasion des élections de février 1555. Les « perrinistes » sont définitivement battus. L'affaire Servet, si elle agite le monde protestant d'alors, ne semble pas avoir troublé plus que de mesure la population de Genève. Quelques libertins avaient déjà eu maille à partir avec le Magistrat. Les exécutions capitales ne sont pas vraiment exceptionnelles à Genève au temps de Calvin.

Les esprits sont plutôt échauffés par d'autres événements, l'arrivée massive de réfugiés français, par exemple. Dans la cité, l'attirance pour la pensée et le modèle développés par Calvin en même temps que le désir d'échapper aux persécutions provoquent un bouleversement considérable. Les réfugiés français, toujours plus nombreux, ont quasiment conquis la ville. Nombre d'entre eux viennent, en effet, d'accéder au rang de la bourgeoisie. Lors des élections du 3 février 1555, quatre Syndics partisans de Calvin sont élus. Dans la foulée, une fournée de vingt-huit réfugiés français sont reçus bourgeois de Genève, parmi lesquels Germain Colladon, universitaire et enseignant, un proche de Calvin. Entre 1555 et 1557, quelque trois cent quarante et un Français sont admis à la bourgeoisie. Calvin dispose ainsi d'une majorité stable et favorable à ses vues à partir de 1555. Le parti français prend de l'ampleur. Le travail de consolidation de la Réformation est en cours.

Dans le même temps, des renforts intellectuels s'ajoutent à l'Église de Genève. L'Académie qui sera fondée en 1558 reçoit, dès ces années, l'assistance de nombreux universitaires et intellectuels venus de France, mais aussi de Lausanne — Viret et Théodore de Bèze en particulier — alors en plein désaccord avec le Magistrat de la ville, autour des sempiternelles questions de l'excommunication et de la prédestination.

Il s'agit, en réalité, d'une double institution que fonde Genève sur l'insistance de Calvin : un collège, qui se compose de sept classes, doublé d'une académie. Trois chaires de lecteurs, pour le grec, l'hébreu et le latin sont établies en 1559, ainsi que sept régents. Théodore de Bèze est chargé du grec et deviendra le recteur de l'institution. Calvin lui-même y enseignera la théologie jusqu'à la limite de ses forces. L'Académie est en réalité une des grandes réussites de Calvin. À sa mort, en 1564, plus de trois cents étudiants dont de nombreux étrangers s'y pressent. Calvin voulait élever le niveau général des connaissances dans sa ville et l'armer pour la défense de la vraie foi. Il percevait que la qualité de l'enseignement général en était la clé. De cette Académie partiront en quelques années des centaines de ministres formés pour la mission en France et ailleurs.

Reste que, malgré ces succès, l'opposition à Calvin ne désarme pas. Au mois de mai de cette même année 1555, après la défaite des libertins, la ville bruisse encore de rumeurs antifrançaises. Les « vieux Genevois » s'indignent contre toutes ces naturalisations de Français admis à la bourgeoisie. Mais, dans le même temps, les mesures contre les paillards et les fêtards sont confirmées et renforcées au besoin. L'influence de Calvin s'illustre dans nombre de dispositions contre le lucre et la luxure supposée de nombreux Genevois encore influencés par les libertins. Les autorités de Genève interdisent, par exemple, la mixité des établissements de bains. Les étuves sont désormais nommément ouvertes aux uns ou aux autres, selon les jours de la semaine. Demeurent malgré tout d'importantes poches de résistance qui se renouvellent au rythme des arrivées de réfugiés, qui s'étonnent de la rigueur d'une ville pourtant « sous la loi de la grâce ». Le Réformateur se plaint régulièrement des errements de ses concitoyens. Plusieurs incidents se produisent. Chahuts, manifestations bruyantes et avinées, ou tentatives d'insurrection ? On ne sait au juste. Toujours est-il que Calvin relate lui-même le (ou les) incident(s) avec force détails et références bibliques devant le Conseil. Et attribue l'heureux dénouement, qui voit les derniers partisans de Perrin quitter la ville et l'exécution des autres, à la Providence divine.

Prétexte bienvenu ? Calcul politique ? Une insurrection menaçait-elle réellement le Conseil de la ville ? Probablement, même si aucun élément définitif ne permet de l'assurer. Toujours est-il que le danger avait été jugé, et ressenti, grand par les responsables de la cité. Ils avaient en conséquence décidé de frapper vite et fort. Conséquence — directe ou pas ? — après ces derniers incidents, l'opposition au Réformateur n'a plus grande vigueur. Au total, soixante-dix personnes, considérées comme des ennemis de Dieu et de la ville, ont été l'objet de poursuites. Parmi elles, huit ont été exécutées, quinze condamnées à mort par contumace. Même si les guerres intestines sont légion dans les grandes cités de la Renaissance, et toujours sanguinaires, cette quasi-épuration nuira évidemment à la réputation du Réformateur.

Au-delà de Genève, c'est, en effet, une autre histoire. On l'accuse de tous les maux et rien moins que de tyrannie. Il doit lui-même s'en expliquer devant Heinrich Bullinger, le très aimé et modéré successeur de Zwingli à Zurich, qui l'interroge sur sa conduite. Non, il n'a pas assisté à l'interrogatoire des prisonniers ni à leur supplice. Oui, il a bien visité les conjurés dans leurs cachots et recueilli leurs confessions. Quand plus tard ils reviennent sur leurs aveux, il leur a effectivement demandé publiquement raison de ce revirement. À l'un deux, François Comparet, il a même lancé ce singulier avertissement « Songe, mon François que tu dois maintenant te présenter avec une conscience pure devant le céleste tribunal de Dieu[2]. » Un plaidoyer à Bullinger que l'on pourrait juger confondant de naïveté ou de cruauté, n'était cette idée en cours au XVIᵉ siècle que la mort du supplicié en elle-même ne vaut pas la pureté d'une conscience devant le jugement de Dieu. Au reste, ces luttes fratricides entre factions rivales au sein d'une même cité semblent bien appartenir à l'histoire tout entière de cette période en Europe. Calvin n'est pas l'inventeur des pratiques exclusives et discriminatoires envers ceux qui s'opposent au pouvoir civil. Mais il apparaît ici totalement habité par cette conviction que le règne de Dieu et l'affermissement de l'Église à Genève ne méritent pas que l'on s'arrête sur le destin de l'un ou l'autre. Seule importe la destinée collective de l'aventure genevoise. Calvin exhorte régulièrement les Genevois à se souvenir de la situation d'assiégés qui est la leur. Ce qui ne l'empêchera pas, très souvent, de s'émouvoir ou d'être pris de pitié. Mais l'office qui lui a été confié prime tout. Il ne peut en aucune manière — fût-ce par esprit de compassion — s'abstraire de la mission reçue de Dieu.

Une véritable période de purge s'ensuit. Des hommes nouveaux arrivent aux affaires et dominent les différents conseils. Les ennemis libertins, Perrin en tête, sont en fuite, ils seront condamnés par contumace. Calvin n'y va pas de main morte et traite sans véritable aménité la faction antifrançaise. Les « suppôts de Satan » sont désormais sous la stricte surveillance du Conseil auquel Calvin a conseillé de faire usage du glaive de justice qui lui a été confié. Ainsi, chaque année, des centaines de citoyens de Genève, anciens ou nouveaux arrivants, sont convoqués devant le Consistoire et sommés de s'expliquer sur une absence au culte, à la Sainte Cène, ou sur leurs connaissances de la « vraie doctrine du Christ » ou sur le délit de « papisterie » notoire : il suffit pour se faire de continuer à réciter une prière à Marie et en latin. Leurs dépositions sont dûment répertoriées dans les registres officiels du Consistoire. De là aussi l'existence d'une véritable police des mœurs, précédemment évoquée. Le Magistrat prête main-forte à la vision de Calvin d'une cité éthique dans laquelle la chair et ses passions sont dominées. Pour le Réformateur, la sphère du privé, comme celle du public, ne doit pas échapper à la surveillance du Consistoire ou du Magistrat, il y va de l'honneur et de la gloire de Dieu. Soutenue par le Magistrat, l'Église doit remettre en mémoire la finalité de la vie terrestre des hommes énoncée par le Christ.

Calvin ne cessera jamais de se tenir dans la position du combattant. Un combat sans fin contre le Prince de ce monde rempli de haine et de fureur à seule fin d'attenter à la vie et à la foi des fidèles. Calvin n'imagine jamais de la sorte attenter lui-même à la liberté et au bonheur de ses concitoyens. Bien au contraire. Mais cette vision des tribulations traversées par le peuple élu l'emportent. Inéluctables, inévitables, elles constituent le vrai chemin vers une terre promise où Dieu conduit son peuple. Face aux fidèles et à l'Église du Christ se tient le Satan qui tente de s'opposer par toutes sortes d'« escarmouches ». Pour lui répondre, il ne faut point fléchir ni douter, mais répondre à toutes ses attaques, assuré que Dieu donne la victoire aux siens. La figure biblique qui lui sert de modèle dans ce combat est celle de Moïse, intransigeant face aux infidélités du peuple, violent même quand il brise les tables de la Loi devant l'idolâtrie toujours renaissante des enfants d'Israël. Ainsi armé spirituellement contre tous ses ennemis, et contre les déviances du monde, Calvin qui tempête, s'emporte parfois contre les atermoiements du Conseil, est cependant sûr de la victoire qui appartient à ceux qui savent compter sur la patience de Dieu. À la fin, Dieu triomphe toujours. De fait, à partir de 1555, et de plus en plus nettement au fur et à mesure que l'on se rapproche de sa mort, en 1564, personne n'ose plus contester le Réformateur ni l'affronter. Genève devait être la cité où l'on apprend la crainte de Dieu. Au fil d'une chronique douloureuse, elle l'était devenue.

POLITIQUE RÉFORMÉE

Toujours convaincu de l'importance de ce « coin de terre pour la propagation du royaume de Christ[3] » dans le monde, Calvin veille sur Genève, mais ses vues vont maintenant bien au-delà. Le Réformateur regarde le monde. La lointaine Amérique et le Brésil en particulier qui vient de recevoir une expédition huguenote qui connaîtra diverses infortunes. Tout près ce sont la France, bien entendu, mais aussi l'Allemagne et l'Angleterre qui demeurent au centre de ses préoccupations. Cette dernière nourrit d'ailleurs ses plus grandes espérances. Lorsqu'en 1547 le seul fils légitime d'Henri VIII, Édouard VI, âgé de dix ans, monte sur le trône de Grande-Bretagne, Calvin prend conscience que l'Angleterre peut devenir le fer de lance de la Réforme. Le jeune roi, conseillé par son oncle, le réformé Édouard Seymour, porte les espoirs de la propagation de la vraie foi. Dès l'année suivante, Calvin n'hésite pas à s'adresser à Édouard Seymour pour l'exhorter à « réduire les hommes à la pure obéissance de Dieu » et à « réprimer par le glaive » les anabaptistes et les catholiques qui veulent « soutenir les ordures et abominations de leur idole romaine[4] ». Son intention est bien de mobiliser le bras séculier pour écarter ceux qui d'un côté comme de l'autre s'opposent au « pur Évangile ». Pas de doute, dans l'esprit de Calvin les princes sont de bonnes aides pour avancer et maintenir l'état de la chrétienté. Las, Édouard VI mourra précocement en 1553, brisant les espoirs d'une grande monarchie réformée en Europe. Plus tard, cependant, après la mort de Marie Tudor en 1558 et l'avènement d'Élisabeth, la victoire d'un des aspects de la Réforme se dessine.

Pour Calvin, le bon modèle du politique, c'est Josias, le roi de l'Ancien Testament, qui a retrouvé la Loi et l'a mise en pratique. Son intention est bien de mobiliser le bras séculier pour écarter ceux qui, à droite comme à gauche, ne partagent pas son interprétation de l'Évangile. Vision pour le moins traditionnelle et peu différente de la pratique des rois « très chrétiens » d'Europe.

Mais le Réformateur développe par la suite sa conception du politique. Certes, le roi est vu comme un « vrai ministre de Dieu » et son règne a pour but « de servir la gloire de Dieu », mais c'est en étant le garant de la justice et de l'équité qu'il remplira sa mission plutôt qu'en prenant position pour une confession ou une autre. Il doit maintenir l'unité de son royaume dans la paix, par-dessus les partis, ne poursuivant que les séditieux. Ce que ne sont évidemment pas les réformés.

Calvin reconnaît un double régime en ce qui concerne l'humanité : l'un spirituel, l'autre politique. Le spirituel, c'est le règne de la conscience, elle est instruite et enseignée des choses de Dieu et de ce qui appartient à la piété. Le politique, ou l'ordre civil, concerne l'autre part, celle où il est appris (enseigné) des offices d'humanité et civilité qu'il faut garder entre les hommes. Toutes les manifestations de la vie politique, l'art aussi bien que la science, sont considérées positivement et sont tendues vers le futur, déjà préparé par Dieu. L'État a comme vocation de travailler à faire vivre les hommes ensemble, il doit au moins permettre à l'Église de subsister dans l'attente du retour du Christ.

Pour Calvin, nul doute que les magistrats, qu'ils soient ou non chrétiens, ont été institués par Dieu. Quiconque prétend s'absoudre de leur autorité ou veut renverser l'ordre établi, s'insurge contre Dieu. Contester le pouvoir serait s'élever contre la providence, car le politique assume dans l'ordre des affaires humaines un rôle essentiel : « nous former à toute équité requise à la compagnie des hommes », « instituer nos mœurs à une justice civile » et « entretenir et conserver une paix et une tranquillité commune[5] ». Lorsque le politique s'occupe des choses de ce monde et de la justice, il a sa place dans le projet de Dieu, même s'il ne le sait pas. Peu importe alors la forme que prend le régime politique. La monarchie, l'aristocratie et la démocratie ont chacune leurs avantages et leurs inconvénients.

À dire vrai, Calvin semble incliner naturellement vers une sorte de régime aristocratique où les éléments les plus compétents et responsables assureraient la bonne marche de l'ensemble et l'intérêt public. S'il ne remet jamais en question l'autorité du Magistrat, ni la légitimité des élections qui décident de la majorité au pouvoir à Genève, il manifeste régulièrement quelque agacement face à la populace, vite accusée de se vautrer, et avec facilité, dans les plus bas instincts.

Ainsi le politique a-t-il, pour lui, une dimension théologique, même s'il reste séculier. Mais cette mission est limitée par un double argument : elle ne saurait être qu'extérieure alors que le spirituel à proprement parler est intérieur, et surtout elle relève fondamentalement de la nature humaine, d'un ordre naturel qui n'a besoin ni de la Bible ni de la révélation.

Et si le politique se comporte de manière injuste et tyrannique ? Qu'importe répond Calvin. Il est lui aussi soumis à la Providence et accomplit peut-être à notre insu la volonté de Dieu. En tout état de cause, il reste à l'homme à demeurer dans la confiance et attendre le salut de son Dieu

À noter enfin que l'inquiétude constante de Calvin à Genève touche aux empiétements du pouvoir civil sur la vie de l'Église. La séparation des pouvoirs civil et religieux est une évidence réformée mais, plus encore que la séparation, c'est l'indépendance et la liberté de parole du Consistoire qui le préoccupent. Une manière qui s'imposera plus tard, par exemple, dans la Constitution américaine, où l'effort porte moins sur la séparation stricte des pouvoirs que sur la préservation de l'indépendance des Églises face à la toute-puissance de l'État.

Un principe pourtant l'emporte : c'est qu'il faut obéir à Dieu plutôt qu'aux hommes, ainsi que le recommande les Actes des apôtres* : « Mais en l'obéissance que nous avons enseignée être due aux supérieurs, il y doit y avoir toujours une exception, ou plutôt une règle qui est à garder devant toutes choses : c'est que telle obéissance ne nous détourne point de l'obéissance de celui sous la volonté duquel il est raisonnable que tous les

---

* Actes 5, v. 28-29 : « Les ayant donc amenés, ils les firent comparaître devant le Sanhédrin. Le grand prêtre les interrogea : "Nous vous avions formellement interdit d'enseigner en ce nom-là. Or voici que vous avez rempli Jérusalem de votre doctrine ! Vous voulez ainsi faire retomber sur nous le sang de cet homme-là !" Pierre répondit alors : "Il faut obéir à Dieu plutôt qu'aux hommes." »

édits des Rois se contiennent, et que tous leurs commandements cèdent à son ordonnance[6]. » La volonté de Dieu à laquelle se réfère ici le Réformateur n'est pas forcément celle que la Bible révèle, mais une loi plus fondamentale reconnue de tous. Une sorte de loi naturelle qui concerne tous les hommes. Le politique peut ignorer la révélation, mais Calvin pense qu'il ne peut pas ignorer qu'il y a un Dieu et que la loi de ce Dieu est plus fondamentale que le pouvoir des princes. Calvin concède cette exception qui vise peut-être la situation des « frères de France » persécutés pour leur foi. Lorsque le prince prend son pouvoir comme le fondement absolu du bien et du mal ; quand il déclare bien ce qui, dans la conscience de tous est une cruelle injustice, il peut et doit être renversé. Il semble bien que la situation française ait provoqué quelques évolutions chez Calvin, sinon dans sa pensée, du moins dans sa pratique.

LES AFFAIRES DE FRANCE

Face à la France, qui demeure sa mission et sa préoccupation principale, le discours de Calvin prend une tournure particulière. Le roi de France est pour le réformateur un « vrai ministre de Dieu » et son règne a pour but « de servir la gloire de Dieu », mais c'est en étant le garant de la justice et de l'équité qu'il doit remplir sa mission plutôt qu'en prenant position pour une confession ou une autre. Il doit maintenir l'unité de son royaume dans la paix, par-dessus les partis, ne poursuivant que les séditieux, les hérétiques ou les révoltés. Ce que ne sont manifestement pas les réformés pour Calvin. Toujours assuré que la Réformation s'installera durablement en France ou ailleurs par l'intermédiaire des puissants, Calvin cultive la noblesse de toute l'Europe et de France en particulier. La liste de ses correspondants s'allonge d'ailleurs au fur et à mesure des progrès de la Réforme dans les esprits. Une correspondance immense qui s'adresse journellement aux princes, à leurs proches, époux ou épouses, conseillers avec lesquels il use tantôt d'un style affectif, tantôt « rude », selon ses propres termes. Quand il n'utilise pas un vocabulaire d'imprécation à l'image des prophètes de l'Ancien Testament. Si Antoine de Navarre reçoit des lettres dures et menaçantes, Gaspard de Coligny est, lui, toujours traité avec grande attention et affection.

C'est autour des années 1555 que le mouvement réformé prend un nouveau visage en France. Les petites communautés « plantées » ici ou là et menacées quotidiennement dans leur existence cèdent la place à des « Églises dressées ». La persécution d'Henri II n'a pas eu l'effet escompté par le royaume. Après une longue période de clandestinité, les réformés se découvrent et osent s'affirmer. Même s'il leur en coûte encore beaucoup. Témoin cet épisode de l'assemblée de la rue Saint-Jacques à Paris. La maison où est célébré le culte réformé est assaillie par une foule hostile. Des centaines de réformées réussissent à fuir, mais d'autres, parmi lesquels de nombreuses femmes nobles, sont arrêtés et incarcérées. Calvin, sitôt l'affaire connue, dépêche Jean Budé en Allemagne pour demander l'intervention des princes allemands. Rien n'y fait ou presque. Les pasteurs genevois et Calvin envoient aux prisonnières un message plein d'affection et de compassion, mais avouent leur impuissance. Elles sont condamnées à avoir la langue tranchée et seront finalement brulées. La situation des protestants de France est, en effet, fragile, sinon inconstante du fait des persécutions sporadiques dont ils sont victimes.

De fait, les communautés plus ou moins spontanées ont laissé place à des assemblées plus structurées, encadrées par des pasteurs venus de Genève. Et soutenues quasi quotidiennement par le réformateur de Genève qui entretient une correspondance suivie avec chacune de ces nouvelles Églises. Calvin a compris tout le parti que l'on pouvait tirer de l'industrie du livre. Des éditeurs et imprimeurs sont venus en nombre de France et se sont peu à peu installés à Genève d'où ils inondent la France de la littérature réformée et des écrits de Calvin en particulier. Au fond, il exerce sur les communautés de France un véritable magistère à distance. Il nomme des pasteurs, les anciens ou prodigue de multiples conseils. L'impératif n'est plus l'exil ou la fuite face aux instigations malveillantes de Rome, mais de résister, d'enraciner la Réforme en France. Et de transmettre l'Évangile tel que reçu dans la nouvelle foi.

La préoccupation et l'interrogation permanente du Réformateur au cours de ces années touchent à l'attitude des protestants de France. Doivent-ils aller de l'avant et s'affirmer plus nettement encore ? Mais comment être sûr de la bonne doctrine ? Les Églises ne doivent pas être édifiées à la « fantaisie » de tel ou tel prêcheur. Ne faudrait-il pas attendre l'installation de pasteurs et leur ministère d'unité avant de se lancer dans l'administration de la parole et des sacrements ? Plus grave, Calvin doit s'employer à temporiser souvent les ardeurs des nouveaux réformés. Prendre les armes au besoin ? Non, enjoint Calvin, il faut attendre encore le temps favorable. De ses missives, il conseille, admoneste, met en garde et exhorte de la même manière qu'à Genève. Mais il reçoit à travers sa correspondance une mine d'informations et de nouvelles de toute la France et de l'Europe. Il en réclame aussi le plus souvent et se plaint, de temps en temps, de la parcimonie de tel ou tel correspondant. Il dispose à cette heure probablement du poste d'observation le plus abouti de l'histoire du temps.

Quoi qu'il en soit, l'essor du mouvement réformé est proprement spectaculaire au cours de ces années 1555-1562. Un développement orchestré de Genève et de Lausanne. Près de quatre-vingt-dix pasteurs formés dans les Académies de Lausanne, puis de Genève sont ainsi envoyés pour la plupart en France, entre 1555 et 1562. Peu à peu, les Églises de France sont conduites à se structurer sous la haute vigilance de Calvin. Et à inventer un mode de relation entre elles. Le modèle du Consistoire est reproduit. Lequel élit un homme dont la vocation est de prêcher l'Évangile. Le Consistoire a en son centre les premiers chefs de famille ou notables de la nouvelle religion, le plus souvent autodésignés.

Le premier synode de l'Église réformée de France se déroule à Paris en mai 1559. Les communautés réformées se développent considérablement. Le royaume de France en compte alors un bon millier en 1561, on en dénombre semble-t-il près de mille cinq cents un an plus tard. Les dernières années de la vie de Calvin sont marquées par la diffusion du modèle de Genève dans toutes les provinces françaises, mais aussi par les débuts des guerres de Religion. Calvin prend, semble-t-il, conscience que le mouvement progresse trop vite. Il cherche à temporiser et à mettre en garde ses correspondants contre un retournement toujours possible de la conjoncture politique de la France. Prémonition, la même année, en 1562, se déroule le massacre de Vassy. Les Églises « dressées » ne peuvent plus être ignorées par le pouvoir royal. Tant qu'il s'agissait d'actes isolés, souvent qualifiés de provocations, l'ordre était sauf. Quand le mouvement réformé devient un phénomène de masse, les enjeux ne sont plus les mêmes. Ni les risques. Calvin, en conséquence, tente d'endiguer ou de contrôler l'impatience des réformés français. Une foi conquérante semble succéder rapidement à la foi patiente réclamée par le réformateur de Genève. En quelques mois, les « religionnaires » passent de la clandestinité la plus totale à une exhibition contagieuse. Des provinces à la cour du roi, les réformés ne se cachent plus, mais témoignent ouvertement de leur foi restituée. Mais le militantisme des nouveaux convertis les conduit parfois à quelques débordements. Ainsi, dans le Midi de la France, une action d'envergure iconoclaste s'en prend aux édifices et aux lieux de culte papistes. Images détruites et statues décapitées, églises occupées, le désordre est quasi insurrectionnel. Calvin tente de se tenir autant que faire se peut en dehors de cette immense secousse. Il assure les autorités françaises de sa soumission au Magistrat et de son refus de toute insurrection, et qualifie ces actions iconoclastes d'« audace et présomption ».

Dans le même temps, Calvin se montre favorable aux tentatives de concorde religieuse de la part de Catherine de Médicis et de Michel de l'Hospital, en 1561. Il laisse Théodore de Bèze se rendre au colloque de Poissy pour trouver un compromis acceptable avec l'Église de Rome qui permette la libre célébration dans le royaume du culte réformé. Le point d'ancrage de la discussion semble se focaliser autour de la Confession d'Augsbourg. Bèze fait forte impression à la Cour et s'y déploie avec la plus grande liberté et confiance. Mais il ne cède pourtant pas sur ce qui semble, à Calvin et à lui-même, l'essentiel. Calvin est informé quasiment en permanence par son envoyé. Le point de rupture porte sur la présence réelle du Christ dans l'eucharistie. Le colloque de Poissy s'achève sur un échec.

Le Calvin qui apparaît dans ses écrits ou ses sermons dès cette époque semble tout d'un coup bien différent du prudent conseiller qu'il était pour ses frères de France. S'il ne prône pas la révolte contre le prince et les pouvoirs du Magistrat, la situation a effectivement grandement évolué. S'il demeure à l'écoute de la Providence de Dieu, il lui semble que cette main de Dieu sur le monde conduit la France sur d'autres voies que celles du compromis. Providentialisme et réalisme le mènent peu à peu à modifier ses recommandations. Et si Dieu voulait engager le royaume de France sur la voie d'un retour au véritable Évangile ? Dès lors, il n'élimine plus de ses lettres le recours à la violence dont les « frères » pourraient user pour mettre à bas la tyrannie. Même s'il redoute l'anarchie, il ne se contente plus d'accompagner par la pensée ses frères, il participe à la lutte. Il lui semble alors que les faits en eux-mêmes rendent compte d'une nouvelle disposition de la Providence. Dieu est le maître d'une histoire qui se déroule. Rien ne serait plus vain que de se cabrer au nom de principes supérieurs contre les événements. La tâche du fidèle qui s'attend à Dieu et espère en Lui est plutôt de reconnaître sa trace. L'histoire, comme la vie humaine, n'est en rien assurée, aucune fatalité ni aucune nécessité ne la domine. Le seul refuge se trouve en Dieu. Cette assurance même permet d'appréhender l'histoire sans peur et le futur avec un regard d'espérance.

Lorsque Calvin s'éteint en mai 1564, l'édit d'Amboise met provisoirement fin à la première guerre de Religion. Mais elle ne devait pas être la seule. Le Réformateur a, entre-temps, provoqué l'élan qui va doter le protestantisme français d'une unité et d'une identité fondées sur la résistance à l'oppression qui allaient durablement le marquer.

Le dernier repas

> *Mes frères, je vous viens voir pour la dernière fois, car hormis ce coup, je n'entrerai jamais à table*.

À maintes reprises au cours de ces années 1563 et 1564, les registres du Conseil portent cette mention laconique, « en l'absence de maître Calvin... ». De plus en plus malade et souffrant de mille maux, Calvin demeure la plupart du temps alité dans son domicile de la rue des Chanoines. De temps en temps, on le transporte de sa chambre à la chaire de l'église Saint-Pierre toute proche, à l'Auditoire où il commente l'Écriture et parfois à l'Académie pour ses enseignements. Sa maison, située à quelques pas du siège du Conseil, reçoit les nombreuses visites des Conseillers venus l'interroger sur quelque affaire. Mais tous se rendent compte que le maître, malgré l'extraordinaire vivacité de son esprit, décline inéluctablement. Il

---

* Tiré du récit que Théodore de Bèze a composé sous la forme d'une préface de la version française du *Commentaires de Josué* par Calvin. Ce « Discours de Théodore de Bèze », titré *L'Histoire de la vie et mort de maître Jean Calvin* fut publié séparément à Genève en 1564. (*Œuvres françaises de J. Calvin*, I, édition P.-L. Jacob [Lacour] Paris, Ch. Gosselin, 1842.)

n'a pas encore cinquante-cinq ans, mais sa santé est si fragile qu'il semble achever sa course.

Dans son *Discours sur L'Histoire de la vie et mort de maître Jean Calvin*, Théodore de Bèze en témoigne tristement à sa manière :

> Il ne laissoit de travailler à la maison, quelque remontrance qu'on lui fît, tellement que pendant ce temps il commença et paracheva sa dernière *Institution [de la religion] chrétienne*. Cette maladie [une fièvre quarte] le laissa tellement débilité, que jamais depuis il n'a pu revenir en une pleine santé. Il traîne depuis la jambe droite qui parfois lui faisait grandes douleurs. On voyait bien que ses anciennes infirmités se rengrénaient, c'est à savoir ses douleurs de tête, et grandes crudités qui lui causaient une défluxion perpétuelle [...]. La cause de si grande indisposition était qu'en ne donnant nul repos à son esprit, il était en perpétuelle indigestion, à laquelle il ne pensa jamais qu'étant contraint par la douleur. Les coliques [néphrétiques] s'en suivirent, et puis à la fin la goutte et le calcul[1].

Depuis son retour à Genève, sa santé a souvent été chancelante. Ses correspondances mentionnent régulièrement ses migraines qui le tourmentent et le conduisent à des veilles excessives. Il souffre aussi de bronchite. C'est d'ailleurs cette affection pulmonaire qui va l'emporter. Plusieurs fois, il crache du sang, jusqu'en chaire qu'il est l'une ou l'autre fois obligé d'abandonner au cours du culte. Sa respiration est de plus en plus difficile et courte. Chaque soir fiévreux, il lui est quasiment impossible d'avaler plus qu'un bouillon par jour et il se voit affecté d'une maigreur qui désespère tous ses proches. Il n'en continue pas moins inlassablement de poursuivre ses multiples tâches. Il traduit du latin au français et corrige ses commentaires sur la Genèse, Josué et ses annotations sur le Nouveau Testament. « Outre cela, jamais il ne s'est épargné aux affaires de l'Église, répondant de bouche ou par écrit quand il en était besoin ; encore que pour notre part nous lui fissions remontrances d'avoir plus d'égard à soi. Mais sa réplique ordinaire était, qu'il ne faisait comme rien ; que nous souffrissions que Dieu le trouvât toujours veillant et travaillant à son œuvre comme il pourrait, jusques au dernier soupir[2] », raconte Bèze. Il diminuera simplement le nombre de ses correspondances durant les quatre derniers mois de sa vie.

Calvin témoigne lui-même souvent de ses souffrances physiques. « Les douleurs, ou plutôt les tourments d'une colique désespérée ne peuvent plus me lâcher [...]. L'affliction du corps m'a quasi hébété l'esprit », raconte-t-il à Bullinger à qui il précise que, pour se délivrer de ses calculs rénaux, ses médecins lui ont proposé de « monter à cheval pour que les secousses m'aident à rejeter le calcul, gros comme une noisette[3] » Violente médecine ! Néanmoins efficace, puisque Calvin s'avoue soulagé quelques jours plus tard, alors qu'il était jusque-là tourmenté, l'esprit rendu inutile par la véhémence de la douleur.

Le 27 mars, il se fait transporter à l'hôtel de ville pour présenter aux magistrats le nouveau recteur Colladon. Prenant la parole dans un souffle, il leur dit : « Je sens que je suis venu en ce lieu pour la dernière fois. » Tout en remerciant ses hôtes pour leurs bontés au cours de sa maladie, précise Colladon qui décrit un Calvin s'exprimant alors « grande difficulté de respiration, et une merveilleuse débonnaireté, ce qui faisait quasi venir les larmes aux yeux aux dits seigneurs[4] ».

Quelques jours auparavant, il prend grand soin de retourner un cadeau de vingt-cinq écus confié à son frère par les Syndics pour subvenir aux besoins du mourant. Il s'estime déjà indigne de recevoir son salaire et les avantages courants, alors qu'il est « empêché de servir ». Le 28 avril, il assiste à la dernière séance du Consistoire, le 31 à celle de la Compagnie des pasteurs.

Quelques jours auparavant, Calvin convoque le notaire Chenelat pour lui dicter son testament et lui faire part de ses dernières volontés car, dit-il, « me sentant tellement abattu de diverses maladies que je ne puis autrement penser sinon que Dieu me veut retirer en brief de ce monde[5] ». Bèze qualifie ce testament de « fort bref ». Calvin n'abuse jamais de paroles, relève-t-il. « Mais contenant un singulier et excellent témoignage à jamais qu'il a parlé comme il a cru [...] pour être perpétuels témoignages qu'un même esprit de Dieu les a gouvernés en la vie et en la mort[6]. »

De fait, Calvin confirme à ce moment l'engagement qui fut le sien et reprend le fil de sa mission pour la replacer sous le regard de Dieu : « C'est en premier lieu que je rends grâce à Dieu de ce que non seulement il a eu pitié de moy sa pauvre créature, pour me retirer de l'abyme d'idolâtrie où j'estoie plongé, pour m'attirer à la clarté de son Évangile [...]. Il m'a supporté en tant de vices et provretez qui méritoyent que je fusse rejetté cent mille fois de luy. Mais qui plus est, il a estendu vers moi sa merci jusques là de se servir de moy et de mon labeur pour porter la vérité de son Évangile. » Remerciant Dieu de sa grâce et du salut offert en Jésus-Christ, il confirme et assume les combats de sa vie de belle manière. « Je proteste aussi que j'ai taché, selon la mesure de grâce qu'il m'avait donnée d'enseigner purement sa Parole, tant en sermons que par esprit, et d'exposer fidèlement l'Escriture saincte. Et mesmes qu'en toutes les disputes que j'ay eues contre les ennemis de vérité, je n'ay point usé de cautèle, ni sophisterie, mais ay procédé rondement à maintenir sa querelle ![7] » « Procéder rondement à maintenir sa querelle », signifie en français moderne : « agir en toute clarté pour défendre sa cause », mais avouons : l'expression est formidable et raconte mieux que toute autre la vigueur et la verdeur de l'engagement du Réformateur !

Calvin évoque ainsi, en quelques lignes, son parcours spirituel et exprime sa reconnaissance « à la seule gloire de Dieu ». Il ne se lance pas dans une longue confession des péchés pour regretter erreurs ou fautes. Ce serait faire trop grand étalage de soi-même. Non, il préfère, de manière plus discrète, évoquer sa disqualification première, lui qui était aux prises avec « l'abyme d'idolâtrie ». Et, avant toute chose, rappeler à chacun le caractère gratuit, sans considération de mérites ou de démérites, du salut accordé par Dieu. Le grand sujet de ce testament est en même temps le besoin de faire définitivement taire les assertions mensongères sur le supposé enrichissement de Calvin ou ces accusations répétées de frivolité, sinon de turpitudes inavouables. Bèze reprend en détail ces allégations et précise que Calvin avait déjà prévenu qu'à sa mort on verrait bien la fausseté de ses contradicteurs. Point de biens, ni richesses personnelles, ni avantages en nature dont quelque héritier aurait pu jouir. La « Préface » des *Commentaires aux Psaumes* en témoigne déjà : « S'il y en a à qui je ne puisse persuader de mon vivant que je ne sois riche et pécunieux, ma mort le monstrera finalement. Certes d'autant que je n'appète rien de plus que ce que j'ay, je confesse n'estre pas povre[8]. » Ni riche ni pauvre, l'idéal calviniste appliqué à la lettre par le maître[*].

Calvin dresse ainsi scrupuleusement et méticuleusement la liste précise de ses biens. Et de ses ayants droit. Inutile de préciser sa brièveté. Pas de propriété. Son logis comme ses meubles appartenaient aux Syndics. Ils leur seront rendus. Il laisse plusieurs livres, distribue quelques écus, entre dix et vingt, au collège et à la Bourse des pauvres étrangers, à ses neveux et nièces, trente écus à d'autres membres de sa famille. Mais son neveu David, lui, se voit distingué « pour ce qu'il a été volage et léger, je ne lui donne que vingt-cinq écus[9] ». Son frère Antoine, pourtant exécuteur testamentaire, se voit gratifié d'une simple coupe léguée par Guillaume de Trie. Le pauvre Antoine avait dû subir quelques mésaventures conjugales

---

[*] Calvin, après une augmentation générale des salaires en 1563, recevait 600 florins en espèces et par an de la seigneurie de Genève. Il faut ajouter à cette somme une prime de 10 %, distribués en nature, quelques réserves de froment et de « piquette » locale. Il était logé aux frais de la ville qui avait contribué à meubler aussi sa maison.

avec une épouse peut-être volage. Inconvénient dont eut à s'occuper le Consistoire. Une aventure qui n'a visiblement pas laissé que de bons souvenirs au Réformateur... Pour preuve définitive de l'humble condition de son frère, Antoine rapporte qu'une fois les dettes du grand homme payées et ce qu'il restait réparti en legs et donations, il n'y avait plus grand-chose.

LA FIN

Les dernières heures de Calvin appartiennent à ses proches et, en particulier, à Théodore de Bèze qui rapporte presque minute par minute les derniers instants du maître :

« Le vendredi 19 mai, pource que selon la coutume de cette Église tous les ministres s'assemblent pour ce censurer en leur vie et doctrine, et puis en signe d'amitié prennent leur repas ensemble, il accorda que le souper se fît en sa maison, là où s'étant fait porter en une chaire il dit ces mots en entrant : "Mes frères, je vous viens voir pour la dernière fois, car hormis ce coup, je n'entrerai jamais à table." Ce nous fut une pitoyable entrée, combien que lui-même fit la prière comme il pouvait et s'efforçat de nous réjouir, sans qu'il pût manger que bien peu. Toutefois, avant la fin du souper il prit congé, et se fit remporter en sa chambre qui était prochaine en disant ces mots avec la face la plus joyeuse qu'il pouvait : "Une paroi entre deux n'empêchera point que je ne sois conjoint d'esprit avec vous"*. » Le récit de De Bèze passe ensuite à la première personne. Le repas partagé évoque immanquablement la dernière Cène du Christ avec ses disciples. Les phrases de Calvin qu'il rapporte appartiennent souvent aux textes de ce dernier, tirés notamment de son *Traité sur la forme des prières*.

Calvin prend en ces derniers moments pour ses proches la figure d'un sage, résolu à son dernier combat et empreint d'une grande sérénité. Le vendredi 28 avril, un mois à peine avant son décès, Calvin confie à ses amis les plus intimes : « J'ai eu beaucoup d'infirmités lesquelles il a fallu qu'ayez supportées, et même tout ce que j'ai fait n'a rien valu[10]. » Toujours ce déni de soi, cette manière de se passer par pertes et profits, alors que la conscience de soi et de la puissance de sa pensée est tout aussi certaine. Mais le sentiment aussi d'une véritable lucidité. L'épilogue tel que rapporté par Bèze, s'il n'évoque pas la mort d'un saint, est au moins celle d'un père, d'un modèle spirituel. À la nouvelle de sa mort, « tous pleuraient leur vrai père et consolateur après Dieu[11] ».

La mort de Calvin par sa sobriété et sa simplicité porte témoignage, selon Bèze, que cet homme a traversé vie et mort dans la même fidélité à lui-même : « Le jour qu'il trépassa, il sembla qu'il

---

* « Testament et dernière volonté de M. Jean Calvin », par Théodore de Bèze, dans *Œuvres françaises de J. Calvin, op. cit.* Ce testament est dicté au notaire, puis le texte mis au propre est relu devant des témoins proches, dont Bèze, qui le signent, ainsi que le notaire et Calvin. Bèze a adjoint ce testament à son propre résumé de la vie de maître Calvin.

parlait plus fort et plus à son aise, mais c'était un dernier effort de nature. Car sur le soir, environ, huit heures, tout soudain les signes de la mort toute présente apparurent, ce que m'étant soudain signifié d'autant qu'un peu auparavant j'en étais parti, étant accouru avec quelqu'autre de mes frères, je trouvai qu'il avait déjà rendu l'esprit si paisiblement que jamais n'ayant râlé, ayant pu parler intelligiblement jusqu'à l'article de la mort, en plein sens et jugement, sans jamais avoir remué pied ni main, il semblait plutôt endormi que mort[12]. » Bèze raconte alors que des pleurs et des cris se font entendre dans toute la ville. Les registres du Conseil mentionnent la nouvelle en deux lignes : « Ce jour environ huit heures du soir, le spectable Jean Calvin est allé à Dieu sain et entier, grâces à Dieu, de sens et d'entendement[13]. »

D'aucuns désirent le voir une dernière fois, le toucher peut-être. En particulier des étrangers venus de loin se pressent autour de sa maison, rapporte Bèze. Mais par fidélité à ses demandes et pour pallier toutes les calomnies, il est porté le lendemain sur les deux heures de l'après-midi, selon les Ordonnances de 1541, au cimetière commun de Plain-Palais, « sans pompe, ni appareil quelconque ».

Conformément à son vœu, il ne devait rien rester de lui, ni sépulture, ni ossements, ni aucun des objets lui ayant appartenu. Seuls son témoignage et sa parole méritaient qu'on les conserve. « Les méchants prendront bien ce mot », avait-il prévenu quelques semaines avant sa mort, « mais je dis encore que tout ce que j'ai fait n'a rien valu et que je suis une misérable créature. Mais si puis-je dire [...] mes vices m'ont toujours déplu et que la racine de la crainte de Dieu a été en mon cœur. Et vous pouvez dire cela que l'affection a été bonne et je vous pris que le mal me soit pardonné, mais que s'il y a du bien, que vous vous y conformiez et l'ensuiviez[14] »

Le récit que Bèze fait de la vie de Calvin dévie pourtant rapidement sur un sujet qui semble bien l'inquiéter quelques semaines après la disparition du maître. C'est la polémique sur la dureté du Réformateur, l'accusation de tyrannie ou domination sans partage sur Genève. Les Bolsec, Castellion et Valentin se sont employés avec zèle et constance contre le Réformateur. Un seul a-t-il été condamné, demande le successeur de Calvin ? « Il y en a eu d'autres qui l'ont appelé irréconciliable, cruel, et même sanguinaire[15] [...]. » Véhément, chagrin et colérique, il l'était peut-être à certains moments, concède Bèze. Les maladies et les ennuis de santé ne l'ont, en effet, pas beaucoup épargné, plaide-t-il pour sa défense. Mais n'est-ce pas aussi la nature même des prophètes ? Genève était sévère avec les adultères et les hérétiques, certes. Mais l'adultère, pas plus que l'hérésie anabaptiste, n'a jamais été puni de mort ici, contrairement aux autres villes de Suisse ou d'Allemagne. Où l'on reparle même de Servet, le seul, justifie Bèze qui ait été mis à mort à Genève en raison de ses hérésies doctrinales. Seul, Servet a été mis au feu, soutient-il, en accord avec l'ensemble des Églises suisse et allemande et l'approbation du « doux » Melanchthon.

Calvin, lâche-t-il, n'a fait que son devoir le plus absolu en avertissant le Magistrat, afin qu'une « telle peste n'infectât son troupeau[16] ». Ceux qui trouvent un tel acte mauvais, signent par là leur ignorance conclut Bèze. Fermer le ban. Point de regret ni de repentance en la matière. Il valait mieux qu'un seul meure. Calvin lui-même ne reviendra pas sur l'événement. Ses doutes et ses hésitations demeurent quant au zèle qu'il a pu déployer au service de l'Évangile. Mais le sens et la vigueur de sa mission ne sont pas remis en question. Pour lui, à l'instant de sa mort, raconte Bèze, il s'agit de demeurer, malgré la fin qui approche, dans l'état et les conditions d'une existence vouée à « la gloire de Dieu ». Il importe absolument à Calvin que sa mort soit à l'image de ce qu'il a vécu et prêché. La dernière scène du théâtre de sa vie doit être très précisément réglée. C'est même à cette fin que son testament est rédigé et lu devant témoins.

Ainsi l'ouverture du présent ouvrage avec la cérémonie de son ensevelissement prend tout son sens. Calvin souhaitait que le témoignage de sa propre vie soit une parole adressée à ses contemporains. Cette dernière scène devait ressembler, à s'y méprendre, à la mort d'un patriarche biblique. Tel Moïse qui ne verra pas de ses propres yeux l'arrivée de son peuple en terre promise, mais la contemplera de loin, Calvin est peut-être aussi au soir de sa vie dans cet entre-deux. L'humilité de celui qui a seulement servi au mieux Son maître, mais dans l'espérance et la conviction, probablement, que cette vie offerte était une préfiguration de temps nouveaux. Calvin se veut le continuateur des prophètes bibliques, sa mort elle-même en portera témoignage.

Son testament précise même les conditions de son enterrement et de sa sépulture : « Au reste, je désire que mon corps soit enseveli à la façon accoustumée en attendant le jour de la résurrection bienheureuse[17]. » Calvin demande que soient appliquées à son égard les Ordonnances ecclésiastiques de 1541 : « de la sépulture, qu'on ensevelisse honnestement les morts au lieu ordonné ; de la suite et compagnie nous laissons à discrétion d'un chacun [...] les pourteurs ayant serment à la Seigneurie d'empescher toutes superstitions contraire à la parole de Dieu[18] ». Le document précise qu'il faut procéder à l'inhumation entre douze et vingt-quatre heures après le décès, et pendant certaines heures du jour. Ordonnances concernant la sépulture et le devenir des morts dont l'argument est donné dans *l'Institution de la religion chrétienne*[19] : « Qu'est-ce qui se pourrait adviser que les corps que nous avons, dont aucuns pourrissent en terre, aucuns sont mengez des verms, les autres des oiseaux, les autres des bestes, aucuns sont rédigez par feu en cendres, doivent une fois estre remis en leur entier ? Toutefois le Seigneur a très bien obvié à ceste difficulté, non seulement en testifiant par certaines paroles ceste résurrection future, mais en nous donnant certitude visible en Jésus-Christ. » Étonnant et froid réalisme d'un homme dont la foi pourrait être, au choix, qualifiée de dépouillée, rigoureuse. Ou adulte.

L'espérance ne peut être fondée sur aucune croyance miraculeuse, tous savent où finissent les morts, dans les cendres ou la pourriture. La seule certitude, que rien ne peut confirmer ni attester dans l'expérience humaine, est celle que donne la parole biblique. Une manière d'attester cette distinction fondamentale pour Calvin du « monde d'en haut » radicalement opposé et séparé du « monde d'en bas ». Mystère insondable de Dieu qu'aucun intermédiaire humain ne peut combler ou approcher. Le seul lien possible entre ces « mondes » est celui du témoignage de l'Écriture. Toutes les constructions religieuses ou philosophiques qui tenteraient de les rapprocher sont immanquablement vouées à l'échec. Ou ne seraient qu'impostures, séductions et superstitions hasardeuses.

POSTÉRITÉ

Ainsi était Calvin. Un homme de foi. Reste à savoir au juste ce qu'est la foi. Chacun peut en juger. Pour Calvin, il ne s'agit pas d'une croyance, encore moins d'une crédulité naïve en un autre monde possible. Elle est pour lui une confiance quotidienne en la Providence. Mais se soumettre à cette Providence n'est jamais une assurance sur le devenir immédiat. Sa manière d'être dans la foi consiste en un juste réalisme, accompagné de modestie et mesure de soi.

Calvin fait partie de la seconde génération du mouvement de la Réforme. Par son enseignement et par sa vie, il a contribué de façon décisive à le consolider. L'étendue et la cohérence de sa pensée ont permis la constitution des Églises réformées qui s'installent alors dans le paysage français. Guerres de Religion, persécutions et discriminations de toutes sortes s'ensuivront qui ne prendront fin que des siècles plus tard.

On tient souvent Calvin pour responsable de la façon dont les choses ont évolué, historiquement, dans les siècles suivants. A-t-il ouvert la route au monde moderne ? Été à l'origine du capitalisme ? Est-il responsable du moralisme biblique étroit qui caractérisera plus tard le puritanisme anglo-saxon ? Probablement en partie. Il fallait cependant rendre compte de la situation particulière qui fut la sienne pour en juger. Attaqué par un grand nombre d'ennemis et même contesté dans sa propre ville de Genève, il a dû défendre sa conception de l'Évangile dans une époque plus que troublée. Ce qui a contribué à lui conférer cette image rugueuse, dogmatique et rigide, alors que sa personnalité s'avère bien plus contrastée et complexe. Acteur engagé, il n'a pas été uniquement un auteur théologique et un spirituel inspiré. Sa vie ne peut être rangée au catalogue des saints. Loin s'en faut.

On aurait tort cependant de ne pas entretenir la mémoire de sa réflexion théologique et de ses intuitions spirituelles. Une théologie dont la marque principale est une attention constante à l'humanité. Évoquer la gloire de Dieu, c'est aussi se soucier du devenir humain. Insister sur la création comme don de Dieu, c'est affirmer sans ambages l'égalité humaine et rendre hommage à la différence entre les humains. Ce qui suppose une attention au caractère profondément interdépendant de tous les aspects de la création, la vocation des êtres humains à incarner des relations justes et une constante affirmation de la dignité humaine. Au cœur de sa vision, un attachement profondément humain à l'amour, à la justice, à une sollicitude attentive et à l'hospitalité envers les plus petits « les veuves, les orphelins, les étrangers, ceux qui sont sans défense, affamés, isolés, malades, brisés dans leur corps et leur esprit... ». Sa conviction profonde est résumée par cette phrase du commentaire de Jérémie : « Là où l'on connaît Dieu, l'humanité est bien prise en charge » (22,16).

Calvin affirme que le Christ peut être vu dans chaque personne. Cette présence nous réconforte et nous juge, mais en conséquence nous rend responsables et non plus le jouet de forces occultes et mystérieuses. Nous sommes même les gardiens de l'intégrité de la création comme « théâtre de la gloire de Dieu ». Dans ce sens-là, bien entendu, Calvin est un moderne.

Mais il demeure aussi un croyant de son siècle, confiant dans un monde troublé et agité par la fureur et la cruauté, celui de la Renaissance. Calvin y fut un grand maître de foi, mais aussi un stratège et un croyant pragmatique. Cette manière particulière de se tenir devant Dieu, confiant en son dessin de miséricorde, réaliste et responsable, connaîtra une fortune considérable dans le monde. Et participera probablement à sa libération ou au moins à son émancipation.

Calvin a tenté jusqu'au bout de proposer une foi libérée de ses angoisses mortifères. Il voulait réduire l'écart radical qui sépare le monde d'en bas, celui des humains, d'avec l'immensité de la grandeur divine en retrouvant les accents, la fraternité et la confiance des premiers témoins du Christ. L'homme, aussi limité et incapable soit-il, transformé par la confiance et la grâce du Christ, pouvait être l'instrument de ce renouveau. Cette espérance demeure.

ANNEXES

REPÈRES CHRONOLOGIQUES

- 1509. *10 juillet* : naissance de Jean Calvin.
- 1512. *Mai* : Luther nommé prieur du couvent des ermites de Saint-Augustin de Wittenberg, dédié à Thomas Moore. Premières leçons de Luther sur les Psaumes.
- 1515. *1er janvier* : avènement de François Ier.
- 1515. Année de décès de Jeanne Le Franc, mère de Calvin.
  Octobre : Martin Luther affiche ses « 95 thèses » à Wittenberg contre les indulgences. Début de la Réforme dans les pays germaniques
  Avril-juin : installation de Lefèvre d'Étaples (1450-1536) à Meaux. Constitution d'un groupe d'« évangéliques » autour de l'évêque Briçonnet.
- 1521. *23 janvier* : excommunication de Luther.
  8 mai : Luther est mis au ban de l'Empire par la diète de Worms.
- 1522. Traduction de la Bible allemande de Luther.
- 1523. *Août* : Calvin à Paris, élève externe au collège de la Marche. Lefèvre d'Étaples (1450-1536) publie une traduction française du Nouveau Testament.
- 1524. *Janvier* : Calvin admis au collège Montaigu.
- 1528. Calvin à l'université d'Orléans
- 1529. *Avril* : *Grand Catéchisme* de Luther.
  Juillet : *Petit Catéchisme* de Luther.
  Calvin à l'université de Bourges
- 1530. Philippe Melanchthon (1497-1560) rédige la Confession d'Augsbourg, pour les Églises luthériennes.
- 1530. *23 octobre* : passage de Neuchâtel à la Réforme.

1531. 11 octobre : mort de Zwingli.
Février-mars : mort de Gérard Cauvin, père de Calvin, qui est auparavant excommunié.
Calvin est licencié en droit. Il s'inscrit à Paris au collège de Fortet.
1532. *Avril* : commentaire du *De Clementia* par Calvin.
1533. *Juin* : Calvin est à Orléans.
août : passage de Calvin à Noyon.
1er novembre : discours inaugural « évangélique » de Nicolas Cop, recteur de l'Université de Paris.
Novembre : présence probable de Calvin à Paris. Calvin fuit Paris et se réfugie à Angoulême.
1534. *17-18 octobre* : affaire des Placards.
Mai : Calvin renonce à ses bénéfices ecclésiastiques.
1535. *Janvier-février* : Calvin réfugié à Bâle.
Juin : Olivétan publie à Neuchâtel la première traduction réformée de la Bible.
1535. *Août-septembre* : premier manuscrit de *L'Institution de la religion chrétienne* achevé.
1536. *Printemps* : séjour à Ferrare.
Mai : le peuple de Genève assemblé en Conseil général adopte la Réforme.
Juillet : installation de Calvin à Genève.
1er octobre : dispute de Lausanne à propos de la Trinité.
1537. *16 janvier* : rédaction des *Articles* sur le gouvernement de Genève.
1538. *22 avril* : Farel et Calvin bannis de Genève.
Septembre : Calvin à Strasbourg. Il est chargé du ministère des réfugiés français dans la ville.
1540. *Décembre* : mariage de Calvin avec Idelette de Bure. Épître à Sadolet.
21 septembre : décision du Magistrat genevois de rappeler Calvin à Genève.
1541. *8 septembre* : retour de Calvin à Genève.
20 novembre : les « ordonnances », constitution de l'Église de Genève, sont votées.
20-27 novembre : rédaction du catéchisme.
Édition française de *L'Institution de la religion chrétienne*.
1543. *Traité des Reliques*. La même année : *Petit Traité montrant que c'est que doit faire un homme fidèle*.
1544. *30 mai* : dispute de Calvin avec Sébastien Castellion.

1545. *13 décembre* : séance d'ouverture du concile de Trente.
1546. *18 février* : mort de Luther.
1547. *31 mars* : mort de François Ier. Avènement d'Henri II.
   29 mars : mort d'Idelette de Bure, épouse de Calvin.
1551. *16 octobre* : dispute de Calvin contre Jérôme Bolsec.
1553. *Février* : Ami Perrin élu syndic.
   13 août : Michel Servet arrêté à Genève.
   27 octobre : exécution de Michel Servet à Genève.
1559. *Mai* : tenue clandestine à Paris du premier synode des Églises réformées de France.
   24 mai : maladie de Calvin.
   25 décembre : Calvin reçu bourgeois de Genève.
1560. *15 mars* : conjuration d'Amboise.
   13 décembre : édition définitive de *L'Institution de la religion chrétienne* en français.
1561. *Septembre* : échec du colloque de Poissy.
1562. *30 mars* : première guerre de Religion ; saisie de Tours par les réformés.
1563. *19 mars* : fin de la guerre de Religion. Édit d'Amboise.
1563. *4-5 décembre* : clôture du concile de Trente.
1564. *24 avril* : testament de Calvin.
   27 mai : mort de Calvin.
1566. Première édition collective à Genève du *Recueil des opuscules* de Calvin.
1572. Massacre de la Saint-Barthélemy.
1593. Abjuration d'Henri IV.
1598. Édit de Nantes.

BIBLIOGRAPHIE

ŒUVRES DE CALVIN EN FRANÇAIS

Commentaires bibliques de Jean CALVIN, en français modernisé, Éditions Kerygma, Aix-en-Provence :
Le Livre de la Genèse (relié).
L'Évangile de Jean (relié).
L'Épître aux Romains (relié).
Les Épîtres aux Galates : Éphésiens, Philippiens, Colossiens (relié).
Les Épîtres pastorales : Thessaloniciens, Timothée, Tite et Philémon (relié). *Les Épîtres catholiques I : Hébreux* (relié) ; *II : Jacques* (relié).
L'Harmonie évangélique : commentaires parallèles de Matthieu, Marc et Luc (en 4 volumes, reliés).
L'Institution de la religion chrétienne (en 3 volumes, reliés), édition de Jean Daniel Benoit, Genève et Paris, Labor et Fides, 1955-1958.
Commentaires de Jehan Calvin sur le livre des Psaumes : avec une table fort ample des principaux points traittez ès commentaires. Paris, C. Meyrueis, 1859, 2 vol. L'intégralité des Tomes 1 et 2 peut être consultée sur le site de l'université de Genève : http://www.unige.ch.

ŒUVRES DIVERSES

JEAN CALVIN, *Œuvres choisies*, édition d'Olivier Millet, Gallimard, coll. « Folio classique », 1995.
Traité des Reliques, présenté par Irena Backus, Genève, Labor et Fides, « Grands textes », 2000.

Advertissement contre l'astrologie judicaire, édition d'Olivier Millet, Genève, Droz, 1985.

Épître à tous les amateurs de Jésus-Christ, Strasbourg, Éditions J. Pannier, 1929.

« Lettres de Jean Calvin recueillies pour la première fois et publiées d'après les manuscrits originaux », *Lettres françaises*, Paris, Jules Bonnet édition, 1854, 2 vol.

La Vraie Piété. Divers traités de Jean Calvin et Confession de foi de Guillaume Farel, textes présentés par Irena Backus et Claire Chimelli, Genève, Labor et Fides, 1986. (Contient *L'Épître à tous les amateurs de Jésus-Christ* et *L'Épître à Sadolet* ainsi que la *Lettre de Sadolet.*)

Les Lettres à Jean Calvin de la Collection Sarrau, publiées par Rodolphe Peter et Jean Rott, PUF, 1972.

Supplementa Calviniana. Genesis. Sermons inédits sur la Genèse, édition de Max Engammare, Allemagne, Neukirchener verlag, 2000, 2 vol.

Registres du Consistoire de Genève au temps de Calvin, 4 tomes déjà parus de 1542 à 1548, édition : Thomas A. Lambert ; Isabella M. Watt ; Robert M. Kingdon ; Jeffrey R. Watt, « Travaux d'humanisme et Renaissance », Genève, Droz, 1996 à 2007. La publication de ces procès-verbaux se fait à partir des registres manuscrits, conservés aux Archives d'État de Genève. Les chercheurs disposent de 21 tomes pour la période de 1541 à 1564 (période du ministère de Calvin).

ŒUVRES COMPLÈTES

(*Opera Calvini*). *Ioannis Calvini opera quae supersunt omnia*, Brunswick, Éditions G. Baum, E. Cunitz et E. Reuss, puis Berlin, Braunschweig, 1830-1900.

Opera Selecta, P. Barth et W. Niesel éditions, Munich, Kaiser, 1926-1936.

Œuvres françaises de J. Calvin, I, édition P.-L. Jacob [Lacour] Paris, Ch. Gosselin, 1842.

ÉTUDES HISTORIQUES SUR JEAN CALVIN

Il existe depuis les origines quelques centaines de biographies de Calvin. Nous avons utilisé pour le présent ouvrage une partie de cette abondante documentation dont la liste suit, mais avec une prédilection particulière pour quelques auteurs récents dont Denis Crouzet, Bernard Cottret et Jean Rillet, mais aussi François Wendel, Albert-Marie Schmidt ou Alain Perrot... Leur travail, souvent original et très précisément documenté, nous fut un soutien précieux. La liste suivante n'est donc que partielle.

Jean Cadier, *Calvin, sa vie, son œuvre*, PUF, Paris, 1967.

—, *L'homme que Dieu a dompté*, Genève, Labor et Fides, 1958.

Pierre Chaunu, *L'Aventure de la Réforme. Le Monde de Calvin*, Paris, Éditions Hermé-Desclée de Brouwer, 1986.

Bernard Cottret, *Calvin, biographie*, Paris, Jean-Claude Lattès, 1995.

Denis Crouzet, *Jean Calvin, Vies parallèles*, Paris, Fayard, 2000.

Émile Doumergue, *Jean Calvin, les hommes et les choses de son temps*, Lausanne, Bridel, puis Neuilly, 1899-1927, 7 vol.

Denise Hourticq, *Calvin, mon ami*, Genève, Labor et Fides, 1970.

T.H.L. Parker, *John Calvin, a Biography*, Philadelphie, 1975, puis Londres, Lion Publishing, 1982.

Alain Perrot, *Le Visage Humain de Jean Calvin*, Genève, Labor et Fides, 1986.

Jean Rillet, *le Vrai Visage de Calvin*, Toulouse, Privat, 1982.

Giorgio Tourn, *Jean Calvin, le réformateur de Genève*, Lyon, Éditions Olivétan, « Figures protestantes », 2007.

Albert-Marie Schmidt, *Jean Calvin et la tradition calvinienne*, Paris, Seuil, 1984.

François Wendel, *Calvin et l'Humanisme*, Paris, PUF, 1975.

—, *Calvin, sources et évolution de sa pensée religieuse*, Paris, PUF, 1950. Et plus particulièrement la 2ᵉ édition revue et complétée, avec une préface de Richard Stauffer, Genève, Labor et Fides, 1985.

ÉTUDES SPÉCIALISÉES

Ronald H. Bainton, *Michel Servet, hérétique et martyr*, Genève, Droz, 1953.

Karl Barth, *Évangile et Loi* (1935), traduction française in *Karl Barth textes de 1932-1968*, Lausanne, Klauspeter Blaser, Université de Lausanne, 1996.

Guy Bedouelle et Bernard Roussel, (éd.), *Le Temps des réformes et la Bible*, Paris, Beauchesne, 1989.

André Bieler, *La Pensée économique et sociale de Calvin*, Genève, Georg, 1959.

—, *L'Homme et la Femme dans la morale calviniste*, Genève, Labor et Fides, 1963.

Ferdinand Buisson, *Sébastien Castellion. Sa vie et son œuvre, (1515-1563)*, Paris, Hachette, 1892, 2 vol.

Sébastien Castellion, *Contre le libelle de Calvin après la mort de Michel Servet*, traduit du latin et présenté par Étienne Barilier, Genève, Éditions Zoé, 1998.

Pierre Chaunu, *Le Temps des Réformes, Histoire religieuse et système de civilisation*, Paris, Fayard, 3 vol., 1975.

Bernard Cottret, *Histoire de la Réforme protestante, XVIe-XVIIe siècle*, Paris, Perrin, « Pour l'histoire », 2001.

—, *La Renaissance, 1492-1598 : civilisation et barbarie*, Paris, les Éditions de Paris, 2000.

Jean Delumeau, *Naissance et affirmation de la Réforme*, Paris, PUF, 1973.

A. Disselkamp, *L'Éthique protestante de Max Weber*, Paris, PUF, 1994.

Alain Dufour, *Théodore de Bèze, poète et théologien*, Genève, Droz, 2006.

Olivier Fatio, *Confessions et Catéchismes de la foi réformée*, Genève, Labor et Fides, 1986.

Éric Fuchs, *La morale selon Calvin*, Paris, Édition du Cerf, 1986.

René Gerdan, *La Vie quotidienne au temps de Calvin*, Paris, Hachette littérature, 1973.

Abel Lefranc, *La Jeunesse de Calvin*, Paris, Fischbacher, 1888.

Émile Guillaume Léonard, *Histoire générale du protestantisme*, Paris, Quadrige / PUF. 1988, 3 vol.

Olivier Millet, *Calvin ou la dynamique de la Parole. Étude de rhétorique réformée*, Paris, Éditions Honoré Champion, 1992.

Gabriel Muetzenberg, *L'Obsession calviniste*, Genève, Labor et Fides, 1979.

Denis Müller, *Jean Calvin, Puissance de la loi et limite du pouvoir*, Paris, Éditions Michalon, 2001.

Jacques de Senarclens, *De la vraie Église, selon Jean Calvin*, Genève, Labor et Fides, 1965.

Richard Stauffer, *Dieu, la création et la providence dans la prédication de Calvin*, Berne, Lang, 1978.

GILBERT VINCENT, *Exigence éthique et interprétation dans l'œuvre de Calvin*, Genève, Labor et Fides, 1984.

MAX WEBER, *L'Éthique protestante et l'Esprit du capitalisme*, (trad. fr), Paris, Plon, 1964.

VALENTINE ZUBER *Les Conflits de la tolérance, Michel Servet entre mémoire et histoire*, Paris, Honoré Champion, 2004.

—, (coll.) *Michel Servet (1511-1553). Hérésie et pluralisme du XVIe au XXIe siècle*, Actes du colloque, École pratique des hautes études, 11-13 décembre 2003, Paris, Honoré Champion, 2007.

STEFAN ZWEIG, *Conscience contre violence*, Zurich, Williams Verlag, 1976 ; Le Castor astral, 2004. (traduction de Alzir Hella).

ARTICLES, COLLOQUES

JEAN CARBONNIER, « Le calvinisme entre la fascination et la nostalgie de la Loi », *Études théologiques et religieuses*, n° 64, 1990.

FRANCIS HIGMAN, « Calvin polémiste », *Études théologiques et religieuses*, n° 69, 1994.

—, « De l'affaire des Placards aux Nicodémites : le mouvement évangélique français sous François Ier », *Études théologiques et religieuses*, 70, 1995.

—, *Regards contemporains sur Jean Calvin*. Actes du Colloque Calvin, Strasbourg 1964, Paris, PUF, 1965.

OLIVIER MILLET, (coll.), *Calvin et ses contemporains. Actes du colloque de Paris 1995*, Genève, Droz, « Cahiers Humanisme et Renaissance », 1998.

JACQUES PANNIER, *Calvin écrivain. Sa place et son rôle dans l'histoire de la langue et de la littérature française*, Paris, Fischbacher, 1930.

PAUL VIALLANEIX, « Calvin polémiste », onze études sur l'esprit de la satire, Tübingen, Hoorst-Baader, G. Narr et Paris J.-M. Place, 1978.

THIERRY WANNEGFFELENT, « La Reconnaissance mutuelle du baptême entre confessions catholiques et réformée au XVIe siècle », *Études théologiques et religieuses*, n° 69, 1994.

—, *L'Éthique protestante. Histoire et enjeux*, Paris-Genève, Labor et Fides, « Les bergers et les Mages », 1990.

NOTES

PRÉFACE

1. Jean Calvin, « Préface » de « Commentaires des Psaumes », (1577), *Opera Calvini*, 31, 25, Brunswick, Éditions G. Baum, E. Cunitz et E. Reuss, Brunswick et Berlin, Braunschweig, 1830-1900[*].

2. *Conscience contre violence ou Castellion contre Calvin* de Stefan Zweig, Paris, Le Castor astral, 2004.

3. Nicolas Colladon, « Vie de Jean Calvin », dans *Joannis Calvini Opera quae supersunt omnia*, C. A. Schwetschke, 1879.

4. Jean Calvin, « Préface » de « Commentaires des Psaumes », *Opera Calvini*, 31, 26, *op. cit*.

5. Sébastien Castellion, « Traité des hérétiques, à savoir si on doit les persécuter, et comme on se doit conduire avec eux, selon l'avis, opinion et sentence de plusieurs auteurs tant anciens que modernes » (1554) dans *Sébastien Castellion, sa vie, son œuvre, avec un exposé de sa philosophie*, de Ferdinand Buisson, Paris, Hachette, 1892.

6. Émile-Guillaume Léonard, *Histoire générale du protestantisme*, Paris, PUF, 1961, t. 1, *La Réformation*, chap. VII : « Calvin, fondateur d'une civilisation ».

7. Jean-Jacques Rousseau, *Du contrat social*, dans *Œuvres complètes*, Paris, Gallimard, 1964.

ENFANCES

1. Jean Calvin *Traité des Reliques*, introduction et notes d'A. Autin, Paris, Bossard, « Collection des chefs-d'œuvre inconnus », 1921.

---

[*] Pour *Opera Calvini*, on a gardé la présentation de l'œuvre dans les références. Le premier nombre correspond au chapitre, le second à la page.

2. Jean Calvin, « Épître à Sadolet », dans *Œuvres choisies*, édition d'Olivier Millet, Paris, Gallimard, « Folio classique », 1995.
3. Jean Calvin, *Traité des Reliques*. Présenté par Irena Backus, Genève. Labor et Fides, « Grands textes », 2000.
4. *Ibid.*
5. *Opera Calvini*, 29, 439.
6. « Préface » de *Commentaires des Psaumes*, op. cit.
7. Théodore de Bèze, « L'Histoire de la vie et mort de maître Jean Calvin », *Œuvres françaises de J. Calvin*, édition P.-L. Jacob [Lacour] Paris, Ch. Gosselin, 1842, t. I.
8. Cité par F. Wendel, *Calvin, sources et évolution de sa pensée religieuse*, Paris, PUF, 1950. C'est durant l'hiver 1531-1532 que Calvin rédige un commentaire sur le traité *De Clementia* (« Sur la clémence »), de Sénèque.

HUMANITÉS

1. *Les Épîtres pastorales : Thessaloniciens, Timothée, Tite, Philémon*, Aix-en-Provence, Éditions Kerygma.
2. *Ibid.*
3. Lucien Giraudo, *Gargantua, François Rabelais*, Paris, Nathan, 1994.
4. Augustin Renaudet, *Pré-Réforme et Humanisme à Paris*, Paris, Slatkine, 1981.
5. « Préface » de *Commentaires des Psaumes*, op. cit.
6. *Ibid.*
7. *Histoire de la vie, mœurs, actes, doctrine et mort de Jean Calvin, jadis grand ministre de Genève. Recueilly par Hierosme-Hermès Bolsec, docteur, médecin à Lyon. Dédié au révérendissime archevêque* [Pierre d'Espignac], *comte de l'église de Lyon et primat de France*, Paris, 1583, cité par Bernard Cottret, dans *Calvin, biographie*, Paris, Petite bibliothèque Payot, 1998.
8. *Commentaires des Psaumes*, op. cit.

CONVERSION

1. Jean Calvin, *Trois Traités. Épître à Sadolet, Traité de la Sainte Cène et Traité des scandales*, Paris et Genève, Je sers, Labor, 1935.
2. Jean Calvin, *Commentaires des Psaumes*, op. cit.
3. Romain 1, 17.
4. *Commentaires des Psaumes*.
5. *Ibid.*
6. *Ibid.*
7. Jean Calvin, *Trois Traités*, op. cit.
8. « Préface » de *Commentaires des Psaumes*, op. cit.

VOCATION

1. *Opera Calvini*, 10, 210, *op. cit.*
2. *Opera Calvini*, 9, 893.
3. *Ibid.*
4. Dans Olivier Millet, *Calvin et ses contemporains*, Genève, Droz, « Cahiers Humanisme Renaissance », 1998.
5. *L'Institution de la religion chrétienne*, livre 1, « Argument du présent livre par Jean Calvin » (édition de 1541), Genève, Labor et Fides, 1967.
6. « Préface » de *Commentaires des Psaumes*, *op. cit.*

EFFERVESCENCES

1. Antoine Marcourt, extrait d'un « Placard » affiché sur la porte du roi, dans Gabrielle Berthoud, *Antoine Marcourt : réformateur et pamphlétaire. Du « Livre des Marchands » aux Placards de 1534*, Genève, Droz, 1974.
2. « Discours de début de semestre dans l'Église des Mathurins prononcé le 1er novembre 1533, par le médecin Nicolas Cop, recteur de l'université de Paris », dans *Calvin's First Reformed Sermon? Nicholas Cop's Discourse, 1 November 1533*. J. N. Tylenda, Westminster, *(The) Theological Journal*, 1976, vol. 38.
3. Jean Calvin, « Psychopannychia. Traité par lequel il est prouvé que les âmes veillent et vivent après qu'elles sont sorties des corps, contre l'erreur de quelques ignorants qui pensent qu'elles dorment jusqu'au dernier jour », (1558), *Œuvres françaises de J. Calvin*, *op. cit.*
4. *Antoine Marcourt : réformateur et pamphlétaire...*, *op. cit.*
5. *Ibid.*
6. *Ibid.*
7. Théodore de Bèze, *Histoire ecclésiastique des Églises réformées au Royaume de France*, Baum G., Cunitz, Ed., Reuss, R. (éd.), édition nouvelle avec commentaire, notice bibliographique et table des faits et des noms propres, Nieuwkoop, B. de Graaf, 1974, réimpression de l'édition de Paris, 1883-1889.

ERRANCES

1. Jean Calvin, *Opera Selecta*, P. Barth et W. Niesel (sous la dir. de), Münster, C. Kaiser, 1926-1936, vol. 1.
2. Jean Calvin, « Registres du Conseil de Genève, 1536-1564 », *Opera Calvini*, *op. cit.*
3. Théodore de Bèze, *L'Histoire de la vie et mort de maître Jean Calvin*, *op. cit.*
4. Cité par Denis Crouzet, dans *Jean Calvin, vies parallèles*, Paris, Fayard, 2000.

5. Jean Calvin, *Psychopannychia* (1558), *op. cit.*
6. Théodore de Bèze, *L'Histoire de la vie...*
7. « Préface » de « Commentaires des Psaumes », *Opera Calvini*, 31, *op. cit.*
8. *Opera Calvini*, 5, 223 sq.
9. *Ibid.* 5, 223.
10. « Préface » de *Commentaires des Psaumes*, *op. cit.*
11. Théodore de Bèze, *L'Histoire de la vie, op. cit.*
12. *Ibid.*
13. Jean Calvin, *Opera Selecta*, vol. I, *op. cit.*
14. *Ibid.*
15. *Commentaires des Psaumes, op. cit.*

REFUGE

1. Jean Calvin, « Préface » de « Commentaires des Psaumes », 31,26, *op. cit.*
2. « Registre du Conseil », *Annales calviniennes*, *Opera Calvini*, 21, *op. cit.*
3. *Ibid.*
4. *Ibid., Opera Calvini*, 31-25-26.
5. Stefan Zweig, *Conscience contre violence, op. cit.*
6. *Opera Calvini*, 10 b, 147 sq.
7. *Ibid.*, 290 sq, lettre du 1er décembre 1538.
8. Dans *Le Catéchisme français de Calvin publié en 1537...*, Genève, A. Rillet, T. Dufour, H. Georg, 1878.
9. *Opera Calvini*, 5, 319.
10. Thomas d'Aquin, « Secunda secundae, questions 8-10 et 11 », *Summa theologica* (1269-1272), Bibliothèque des Éditions du Cerf, 1999, (traduction dominicaine de 1984).
11. *Le Catéchisme français de Calvin, op. cit.*
12. Jean Calvin, « Préface » de *Commentaires des Psaumes*, *Opera Calvini*, 31, 26.
13. « Registre du Conseil », *Opera Calvini*, 21, 219-220.
14. *Ibid., Opera Calvini*, 21, 425.
15. *Ibid.*, 21, 226-227, lettre à Viret et Couraud.

BONHEUR ET MARIAGE

1. *Opera Calvini*, 10-2, lettre du 19 mai 1539 à Farel qui s'inquiétait passablement du célibat persistant de Calvin.
2. Lettre à Farel, *Correspondance des réformateurs dans les pays de langue française*, recueillie par Aimé-Louis Herminjard, 1893, G. Fischbacher, éditeur.
3. Jean Calvin, *Correspondance française avec Louis du Tillet*, lettre du 10 juillet 1538, A Crottet, Genève, Cherruliez, 1850.
4. Dans Gottfried Hammann, *Entre la secte et la cité — Le projet d'Église de Martin Bucer*, Genève 1984.

5. Lettre à Farel du 8 octobre 1539, *Correspondance des réformateurs dans les pays de langue française, op. cit.*
6. *Ibid.*
7. *Ibid.*
8. *Opera Calvini*, X/1, 226-229, traduction d'un extrait, c. 228-229, réponse à un pasteur qui lui écrit que son Église préconise le célibat des ministres.
9. *Ibid.*, lettre à Farel du 10 mai 1539.
10. *Opera Calvini*, 10-1.
11. 1 Corinthiens 7, 3.
12. Jean Calvin, *Commentaires sur le Deutéronome (24, 5). Commentaires de M. Jean Calvin sur les cinq livres de Moyse ; Genèse est mis à part, les autres quatre livres sont disposez en forme d'Harmonie*, Genève, François Estiene, 1564.
13. *L'Institution de la religion chrétienne*, Tome I, Livre IV, chapitre 12. Édition nouvelle publiée par la Société calviniste de France, Genève, Labor et Fides, 1967.
14. Jean Calvin, *Commentaires de Jehan Calvin sur le Nouveau Testament : le tout revu diligemment et comme traduit de nouveau tant le texte que la glose*, Paris, C. Meyrueis, 1854-1855, à propos de I Co. 7, 5.
15. *Opera Calvini* 10, 12.
16. *Ibid.*, 10, 25.
17. *Opera Calvini*, lettre à Farel du 6 février 1540.
18. *Ibid.*
19. *Ibid.*
20. *Opera Calvini*, XI, 78
21. *Ibid.* XI, 83,84.
22. *Ibid.*
23. Théodore de Bèze, *L'Histoire de la vie et mort de Calvin, op. cit.*
24. *L'Institution de la religion chrétienne*, I. XVI.
25. *Correspondance des réformateurs dans les pays de langue française*, 7, 66-72, *op. cit.*

RÉFORMATEUR

1. *L'Institution de la religion chrétienne*, édition de Jean-Daniel Benoit, Genève, Paris, Labor et Fides, 1955-1958.
2. Commentaires bibliques de Jean Calvin (en français modernisé) *L'Épître aux Romains*, III, Aix-en-Provence, Éditions Kerygma.
3. *Ibid.*
4. *Institution de la religion chrétienne*, Tome II, Livre VII, chapitre I.
5. *Ibid.*, Livre II, chap. VII.
6. *Ibid.*
7. *Ibid.*
8. *Ibid.*
9. *Ibid.*
10. *Ibid.* livre I.

11. Jean Calvin, *Évangile de saint Jean*, 396-398, Aix-en-Provence, Éditions Kerygma.

12. Jean Calvin, « Préface » de *Commentaires des Psaumes*, *Opera Calvini*, 31.18.

13. *L'Institution de la religion Chrétienne*, livre I, chap. III : « Que la connaissance de Dieu est naturellement enracinée en l'esprit des hommes ».

14. *Ibid.*, livre III, chap. VIII.

15. *Ibid.*, livre III, introduction.

16. *Traité du serf arbitre. Du serf arbitre de Martin Luther, Didier Érasme*, traduction et notes par Georges Lagarrigue, Gallimard, « Folio/essais », 2001.

17. *Institution de la religion chrétienne*, livre III, chap. XI, *op. cit.*

18. *L'Éthique protestante et l'esprit du capitalisme* (1904-1905), traduction par J. Chavy, Plon, 1964 ; nouvelle traduction par J.-P. Grossein, Gallimard, 2003.

19. *L'Institution de la religion chrétienne*, « De l'élection éternelle : par laquelle Dieu a prédestiné les uns au salut, et les autres à la condamnation », livre III, chap. XXI, *op. cit.*

20. *Ibid.* chap. XXI.

21. Théodore de Bèze, *L'Histoire de la vie et mort de maître Jean Calvin*, *op. cit.*

22. *Opera Calvini*, 8, 145 ; extrait du « Registre de la Compagnie des pasteurs » de Genève.

23. Jérome-Hermès Bolsec, *Histoire de la vie, moeurs, actes, doctrine, constance et mort de Jean Calvin*. À Paris, chez Guillaume Chaudiere, 1577, [4]-50-[6] f. (BNF, Gallica).

24. Jean Calvin, « Préface » de *Commentaires des Psaumes*, *op. cit.*

25. Jacques Sadolet, « La Lettre au Sénat et le peuple de Genève. Jacques Sadolet, évêque de la Sainte Église romaine à Carpentras, le cardinal, le prêtre de l'Odre de Saint-Calixte à son bien-aimé frère, les magistrats, Sénat, et les citoyens de Genève, Carpentras, le 18 mars 1539 », dans *Les Lettres françaises*, Paris, Jules Bonnet édition, 1846.

26. Jean Calvin, *Épître à Sadolet*, *op. cit.*

27. *Ibid.*

28. *Ibid.*

29. *Ibid.*

30. *Ibid.*

31. Théodore de Bèze, *L'histoire de la vie et mort de maître Jean Calvin*, *op. cit.*

CITÉ DE DIEU

1. A. Roger, *L'État et l'Église à Genève du temps de Calvin. Étude d'histoire politico-ecclésiastique*, Genève, J. Julien, 1867.

2. Cité dans Jacques Dupâquier et Marcel Lachiver, *Les Temps modernes*, Paris, Bordas, « Nouvelle collection d'histoire », 1970.

3. *Calvin, homme d'Église*, Genève, Labor et Fides, 1971.

4. A. Roger, *L'État et l'Église à Genève du temps de Calvin...*, *op. cit.*

5. *Opera Calvini*, 9, 864.

6. *Ibid.*, 10a, 40.

7. Irena Backus et Claire Chimelli, *La Vraie Piété. Divers traités de Jean Calvin et confession de foi de Guillaume Farel*, Genève, Labor et Fides, 1986.
8. *Ibid*.
9. Cité par Jean Rillet, *Le Vrai Visage de Jean Calvin*, Toulouse, Privat, 1982.
10. . *Opera Calvini*, 21, 66.

ÉCONOMIE DIVINE

1. « Commentaire de l'épître aux Corinthiens », cité par A. Biéler, *L'Humanisme social de Calvin*, préface de W.A. Visser't Hooft, Genève, Paris, Labor et Fides, 1961.
2. *Jehan Calvin à quelqu'un de ses amis* (7.11.1545), lettre publiée pour la première fois en 1575 dans *Joannis Calvini, Opera Selecta*, Ediderumt Petrus Barth, Guilelmus Niesel, MCMLII, Monachii in Aedibus, Chr. Kaiser, 1952.
3. « Commentaire de l'Épître aux Corinthiens », cité par A. Biéler, *L'Humanisme social de Calvin*, préface de W.A. Visser't Hooft, 1961, *op. cit*.
4. « Sermon CXLII sur le Deutéronome », dans *Opera Calvini, op.cit*.
5. Jean Calvin, « Commentaire sur le Nouveau Testament », (t. II), dans *Évangile selon saint Jean*, texte de 1561 établi par Michel Réveillaud, Aix-en-Provence/Fontenay-sous-Bois, Éditions Kerygma — Éditions Farel, 1978.
6. Jean Calvin, « Commentaire sur l'Ancien Testament », (t. I), *Le Livre de la Genèse*, texte de 1564 établi par André Malet avec la collaboration de Pierre Marcel, Aix-en-Provence, Kerygma, 1991.
7. *Ibid*.
8. Jean Calvin, « Sermon XLIII sur l'Épître aux Ephésiens », chap. VI, dans *Opera Calvini*, LI, *op. cit*.
9. Jean Calvin, « Commentaire sur le Nouveau Testament », (Matthieu 25, 13), édition française de 1561, Paris, C. Meyrueis, 1854, cité par André Biéler, *La Pensée économique de Calvin*, Genève, Georg, 1959.
10. Jean Calvin, *Commentaire sur le Nouveau Testament*, (t. VII), « Épîtres aux Thessaloniciens, Timothée, Tite et Philémon », édition française de 1561, Aix-en-Provence/Marne-la-Vallée, Éditions Kerygma-Éditions Farel, 1991.
11. *Ibid*.
12. 1, Corinthiens 7,20.
13. Jean Calvin, « Commentaire aux Épîtres de saint Paul », éd. française de 1561, dans *Opera Calvini*, XLIX, *op. cit*.
14. Éric Fuchs, *L'Éthique protestante. Histoire et enjeux*, Paris, Les Bergers et les Mages, 1990.
15. *Ibid*.

LES RECALÉS

1. Jean Calvin, « Réformation pour imposer silence à un certain belître nommé Antoine Cathelan, jadis cordelier d'Albigeois », *Œuvres choisies*, édition présentée par Olivier Millet, Gallimard, coll. « Folio classique », 1995.

2. *Opera Calvini*, 11, lettre de janvier 1542.

3. *Ibid.*, 21.

4. *Correspondance des réformateurs dans les pays de langue française*, recueillie par Aimé-Louis Herminjard, chap. VIII, *op. cit.*

5. *Ibid.*

6. *Ibid.*

7. Jean Calvin « Réformation pour imposer silence à un certain belître nommé Antoine Cathelan, jadis cordelier d'Albigeois », *op. cit.*

8. Jean Calvin, *Lettres françaises*, (*op. cit.*), lettre à Marguerite de Navarre, le 28 avril 1545.

9. « Contre un franciscain, sectateur des erreurs des libertins », lettre du 20 août 1547, dans *Œuvres françaises de Calvin*, *op. cit.*

10. *Ibid.*

11. « Registres du Conseil », *Opera Calvini*, 21.

12. « De la liberté chrétienne », *L'Institution de la religion chrétienne*, livre III, chap. XIX, *op. cit.*

13. Jean Calvin, *Traité des scandales*, éd. Olivier Fatio, Genève, Droz, 1984.

14. Jean Calvin, « Briève instruction pour armer tous bons fidèles contre les erreurs de la secte commune des anabaptistes », *Opera Calvini*, 7, 150-151, Genève, Jean Girard, 1554.

15. Jean Calvin, *Traité des Reliques*, présenté par Irena Backus, Genève, Labor et Fides, « Grands textes », 2000.

16. Jean Calvin, « Traité des Reliques » dans *Œuvres choisies*, édition d'Olivier Millet, *op. cit.*

17. *Ibid.*

18. *Ibid.*

19. *Ibid.*

20. *Traité des Reliques*, présenté par Irena Backus (*op. cit.*) qui cite à ce propos dans son introduction au texte de Calvin l'historien F. Higman (Jean Calvin, *Three French Treatises*, F. Higman, éd., Londres, 1970).

21. « Advertissement contre l'astrologie », *Opera Calvini*, 7, 509-542.

22. *Ibid.*, *Opera Calvini*, 7, 513.

23. *Opera Calvini*, 9, 894.

24. Tiré de l'édition de 1579 : *Histoire, disputes et discours des illusions et impostures des diables, des magiciens infâmes, sorcières et emprisonneurs ; des ensorcelez et démoniques et de la guérison d'iceux : item de la punition que méritent les magiciens, les empoisonneurs et les sorciers ; Le tout comprins en sex livres (augmentez de moitié en ceste dernière édition). Deux dialogues touchant le pouvoir des sorcières et la punition qu'elles méritent par Thomas Erastus*, pour Jacques Chovet, 1579, 2 vol. (source Michel Collée dans *Frénésie*, n° 3, *Coche-mare*, printemps 87).

DÉPRESSIONS

1. *Opera Calvini*, 14, 611.

2. *Ibid.*

3. *Opera Calvini*, 13, 1187, lettre à Bullinger, 7 mai 1549.

4. *Ibid.*

5. *Opera Calvini*, 11, 409, lettre du 16 juin 1542.

6. *Ibid.*

7. *Ibid.*

8. *Ibid.*, 11, 436.

9. *Ibid.*, 12, 638.

10. *Ibid.*, 13, 228, 229.

11. *Ibid.*, 13, 230, 231.

12. *Ibid.*, 12, 582 et 570.

13. *Concilium Tridentinum*, Fribourg-en-Brisgau, Gurres Society, I-V, 1901-1911.

14. *Ibid.*

15. Dans *Recueil des opuscules, c'est à dire, petits traictez de M. Jean Calvin : les uns revus et corrigez sur le latin, les autres translatez nouvellement de latin en françois*, Genève, Baptiste Pinereul, 1566.

16. *Ibid.*

17. *Ibid.*

18. D'après Théodore de Bèze, « *Les discours à la première personne dans les* sermons de Calvin », *Regards contemporains sur Jean Calvin. Actes du colloque Calvin*, Strasbourg, 1964, Paris, PUF, 1965.

LE BRÛLEMENT DE MICHEL SERVET

1. Stefan Zweig, *Conscience contre violence ou Castellion contre Calvin*, Paris, Le Castor astral, 2004.

2. Traduction officielle utilisée dans la liturgie catholique.

3. Cité par R. H. Baiton. *Michel Servet, hérétique et martyr*, Droz, Genève, 1953.

4. *Ibid.*

5. *De Trinitatis erroribus, libri septem. Per Michaelem Serveto, alias Reves ab Aragonia Hispanum*, Anno M.D. XXXI. [Haguenau, 1531]. Publié sur les presses de Johann Setzer (Secerius). Plusieurs copies sont préservées par plusieurs éditeurs. Il est réimprimé à Regensburg en 1721.

6. *Opera Calvini*, VIII, 481.

7. *Ibid*, VIII, 1.

8. *Ibid.*

9. *Opera Calvini*, 21, 551.

10. *Opera Calvini*, VIII, 789.

11. VIII, 826.

12. *Vie de Calvin*, *Opera Calvini*, XXI, 39.

13. *Opera Calvini*, 15, p. 124, lettre à Bullinger, 27 février 1554.

14. Évangile selon saint Jean 18, 14.

15. Sébastien Castellion, « Préface » latine au duc de Wurtemberg citée par Ferdinand Buisson dans *Sébastien Castellion, sa vie, son œuvre, avec un exposé de sa philosophie, op. cit.*

16. Épître de saint Paul aux Corinthiens 13, 3.

GUERRES ET APAISEMENTS

1. *L'Institution de la religion chrétienne*, t. IV, chap. XX, *op. cit.*
2. *Opera Calvini*, 15, lettre du 18 octobre 1555. Calvin décrit à son ami Bullinger par le menu les incidents de cette période que nous ne connaissons d'ailleurs essentiellement que par le récit qu'il en fait.
3. *Opera Calvini*, 13, 303, lettre à Bullinger, *op cit.*
4. Lettre à Édouard Seymour, du 22 octobre 1548, dans *Jehan Calvin, Lettres anglaises (1548-1561)*, textes choisis, transcrits et présentés par Albert-Marie Schmidt, Paris, Berger-Levrault, 1959.
5. *L'Institution de la religion chrétienne*, t. IV, chap. XX, *op. cit.*
6. *Ibid.*, IV, XX, 32.

LE DERNIER REPAS

1. *Opera Calvini*, 21, p. 18-19.
2. *Ibid.*, p. 19.
3. *Ibid.*, 20, p. 53-54.
4. *Opera Calvini*, 21, 813-814 et 96.
5. *Ibid*, 20, 298-301.
6. *Ibid*, 21, p. 19.
7. *Ibid*, 20, 298-301.
8. *Commentaires de Jehan Calvin sur le livre des Psaumes, avec une table fort ample des principaux points traittez és commentaires*, Paris, C. Meyrueis, 1859.
9. *Ibid.*
10. *Opera Calvini*, 9, p. 893.
11. *Opera Calvini*, 21, p. 45.
12. *Ibid.*, p. 45-46.
13. *Ibid.*, 21, 815.
14. *Ibid.*, 893.
15. *Ibid.*, 21, 17.
16. *Ibid.*
17. *Ibid.*, 19.
18. *Registres de la Compagnie des pasteurs de Genève au temps de Calvin* I : 1546-1553, publié par Bergier, Jean-François, t. 1er, 1546-1553, Genève, Droz, 1964.
19. *L'Institution de la religion chrétienne*, t. II : « Résurrection de la chair ».

Préface	9
Enfances	25
Humanités	34
Conversion	53
Vocation	71
Effervescences	84
Errances	103
Refuge	127
Bonheur et mariage	155
Réformateur	183
Cité de Dieu	218
Économie divine	240
Les recalés	250
Dépressions	280
Le brûlement de Michel Servet	302
Guerres et apaisements	343
Le dernier repas	361

ANNEXES

Repères chronologiques	379
Références bibliographiques	382
Notes	387

FOLIO BIOGRAPHIES

Lou Andreas-Salomé, par Dorian Astor
Attila, par Éric Deschodt. Prix « Coup de cœur en poche 2006 » décerné par *Le Point.*
Joséphine Baker, par Jacques Pessis
Balzac, par François Taillandier
Baudelaire, par Jean-Baptiste Baronian
James Brown, par Stéphane Koechlin
Maria Callas, par René de Ceccatty
Calvin, par Jean-Luc Mouton
Le Caravage, par Gérard-Julien Salvy
Céline, par Yves Buin
Jules César, par Joël Schmidt
Cézanne, par Bernard Fauconnier. Prix de biographie de la ville de Hossegor 2007.
Cléopâtre, par Joël Schmidt
Albert Cohen, par Franck Médioni
Colette, par Madeleine Lazard
James Dean, par Jean-Philippe Guérand
Diderot, par Raymond Trousson
Marlene Dietrich, par Jean Pavans
Albert Einstein, par Laurent Seksik
Fellini, par Benito Merlino
Freud, par René Major et Chantal Talagrand
Gandhi, par Christine Jordis. Prix du livre d'histoire de la ville de Courbevoie 2008.
De Gaulle, par Éric Roussel
Geronimo, par Olivier Delavault
Goya, par Marie-France Schmidt
Billie Holiday, par Sylvia Fol
Ibsen, par Jacques De Decker
Jésus, par Christiane Rancé
Janis Joplin, par Jean-Yves Reuzeau
Kafka, par Gérard-Georges Lemaire
Kerouac, par Yves Buin
Louis XIV, par Éric Deschodt
Louis XVI, par Bernard Vincent

Michel-Ange, par NADINE SAUTEL
Modigliani, par CHRISTIAN PARISOT
Molière, par CHRISTOPHE MORY
Marilyn Monroe, par ANNE PLANTAGENET
Moïse, par CHARLES SZLAKMANN
Mozart, par JEAN BLOT
Pasolini, par RENÉ DE CECCATTY
Pasteur, par JANINE TROTEREAU
Picasso, par GILLES PLAZY
Louis Renault, par JEAN-NOËL MOURET
Shakespeare, par CLAUDE MOURTHÉ
Stendhal, par SANDRINE FILLIPETTI
Jacques Tati, par JEAN-PHILIPPE GUÉRAND
Tchekhov, par VIRGIL TANASE
Toussaint Louverture, par ALAIN FOIX
Van Gogh, par DAVID HAZIOT. Prix d'Académie 2008 décerné par l'Académie française (fondation Le Métais-Larivière)
Verlaine, par JEAN-BAPTISTE BARONIAN
Boris Vian, par CLAIRE JULLIARD
Léonard de Vinci, par SOPHIE CHAUVEAU
Oscar Wilde, par DANIEL SALVATORE SCHIFFER
Virginia Woolf, par ALEXANDRA LEMASSON
Stefan Zweig, par CATHERINE SAUVAT

Composition Nord Compo
Impression Maury-Imprimeur
45330 Malesherbes
le 3 août 2009.
Dépôt légal : août 2009.
Numéro d'imprimeur : 148391.

ISBN 978-2-07-035842-7. / Imprimé en France.

171509